Independencia Financiera:
de la A a la Z

Independencia Financiera: de la A a la Z

Jubílate cuando quieras... y como te mereces

Gregorio Hernández

VERGARA

Papel certificado por el Forest Stewardship Council®

Primera edición: marzo de 2025

© 2025, Gregorio Hernández Jiménez
© 2025, Penguin Random House Grupo Editorial, S. A. U.
Travessera de Gràcia, 47-49. 08021 Barcelona

Penguin Random House Grupo Editorial apoya la protección de la propiedad intelectual. La propiedad intelectual estimula la creatividad, defiende la diversidad en el ámbito de las ideas y el conocimiento, promueve la libre expresión y favorece una cultura viva. Gracias por comprar una edición autorizada de este libro y por respetar las leyes de propiedad intelectual al no reproducir ni distribuir ninguna parte de esta obra por ningún medio sin permiso. Al hacerlo está respaldando a los autores y permitiendo que PRHGE continúe publicando libros para todos los lectores. De conformidad con lo dispuesto en el artículo 67.3 del Real Decreto Ley 24/2021, de 2 de noviembre, PRHGE se reserva expresamente los derechos de reproducción y de uso de esta obra y de todos sus elementos mediante medios de lectura mecánica y otros medios adecuados a tal fin. Diríjase a CEDRO (Centro Español de Derechos Reprográficos, http://www.cedro.org) si necesita reproducir algún fragmento de esta obra.
En caso de necesidad, contacte con: seguridadproductos@penguinrandomhouse.com

Printed in Spain – Impreso en España

ISBN: 978-84-10467-00-2
Depósito legal: B-586-2025

Compuesto en Llibresimes, S. L.

Impreso en Black Print CPI Ibérica
Sant Andreu de la Barca (Barcelona)

VE 67002

A mi padre, por haberme enseñado a sumar, restar, multiplicar y dividir con las cotizaciones y los dividendo

A mi madre y mis dos hermanos, por su apoyo en todo momento

A todos los miembros del Club de la Independencia Financiera, los usuarios de la aplicación Tu Independencia Financiera, los lectores de mis libros, los foreros y visitantes de InvertirenBolsa.info, y a todos los que me siguen en las redes sociales y comparten y ayudan a difundir mis contenidos

ÍNDICE

Prólogo: ¿Mito o realidad? 11

1. Piensa a lo grande (pero a tu manera) 15
2. ¿Es posible que una persona normal y corriente consiga la Independencia Financiera? 21
3. ¿Sabes que todo el que empieza a ahorrar empieza a vivir mejor que antes de ahorrar (mejor, sí)? 29
4. La seguridad excesiva te empobrece (y debe ser así, para que el mundo funcione bien) 35
5. ¿Muchos gastos pequeños o mejor unos pocos gastos grandes? 45
6. ¿Nos vamos a Ibiza este verano o mejor no? 49
7. Si entiendes qué es realmente el lujo, vivirás mucho mejor . 55
8. Con los juegos de azar pierdes algo mucho más importante que el dinero 61
9. Piensa en tu vida como en un proyecto a largo plazo 67
10. Para vivir de las rentas necesitas... ¡rentas! 71
11. ¿En qué invertimos el dinero que ahorramos? 85
    Billetes y monedas 85
    Cuentas corrientes 86
    Renta fija 87
    Invertimos en vivienda, ¿o mejor no? 94
    La forma más cómoda y rentable de invertir en inmuebles 98
    Vivienda habitual, ¿inversión o gasto? 100

    ¿Sabes cuánto valen las criptos? 106
    ¿Y el oro? 112
    Otra gran ventaja de las inversiones que dan rentas es
        que ¡pueden comprarse a sí mismas! 115
    La inversión que te cambiará la vida: las acciones
        de las mejores empresas del mundo 119
12. Cómo gestionar tu dinero (¡directos al grano!) 125
    Piensa como una empresa 125
    Conocer, medir y mejorar nuestra situación 125
    Haz tu presupuesto 126
    ¿Cuánto dinero tienes que ahorrar para conseguir
        la Independencia Financiera? 140
    ¿Tienes ingresos variables? 141
    Haz tu balance 144
    Optimiza tu balance 145
    Qué tienes que poner de tu parte para conseguir
        la Independencia Financiera de verdad 146
    Pero no te endeudes para comprar acciones...
        ¡porque a lo mejor te sale bien! 149
    ¿Tienes deudas actualmente? 156
    Si ya tienes deudas con tipos de interés altos, elimínalas . 157
    El crecimiento de nuestras inversiones es fundamental . 158
    Por qué no es posible vivir de los intereses de la renta fija . 161
13. Cómo invertir en Bolsa por dividendos: la mejor
    estrategia de inversión que conozco 163
    Invertir es fácil... si sabes que no tienes que adivinar
        el futuro 163
    Por qué esta es la mejor estrategia para la mayoría
        de la gente 165
    ¡La Bolsa se hunde! 166
    Resumen rápido de la estrategia 174
    Por qué los dividendos son cruciales 176
    Cómo diversificar 177
    Cuál es la principal desventaja de esta estrategia 182
    Principales errores que evitar en esta estrategia
        de inversión 183

Si quieres tener una vida fácil, no vendas 186
Si te informas mucho, estarás mal informado 196
¿Y cuáles son esas pocas veces que sí debemos vender? . 200
Por qué esta estrategia debería seguir funcionando
    en el futuro 203
Cómo elegir las empresas y los sectores en los que
    invertir 206
Cómo saber si una empresa está cara o barata 213
Otras cuestiones sencillas que debes saber para analizar
    empresas 224
Otras cosas que debes tener en cuenta para invertir
    bien en Bolsa 229
Si conoces este «secreto», te será fácil comprar cuando la
    Bolsa está barata y casi todo el mundo tiene mucho
    miedo 243
Anunciarte el fin del mundo es un muy buen negocio . 249
¿Se necesita mucho tiempo para invertir así? 253
14. Vale, pero si necesito el dinero, ¿qué hago? 255
    ¿Universidad o acciones? 255
    ¿Nos vamos a una casa mejor o mantenemos
    las acciones? 256
    Me he quedado en paro: ¿vendo parte de mis acciones
    para montar un negocio? 258
    La Independencia Financiera no es un camino lineal .. 259
    Ahorra... pero ¡no demasiado! 260
15. ¿No hablar de dinero a los niños? 263
16. Por qué la Bolsa ha sido una buena inversión a largo
    plazo y lo seguirá siendo 267
17. ¿Son realistas las suposiciones que he hecho a lo largo
    del libro? 271
18. Así que ¿qué es realmente la Independencia Financiera? . 275
19. Cómo vivir de las rentas: cómo disfrutar de tu
    Independencia Financiera 279

EPÍLOGO: TU INDEPENDENCIA FINANCIERA ES INEVITABLE ... 283
SOBRE MÍ 285

Prólogo

¿Mito o realidad?

Es curioso que mucha gente aún se pregunta si la Independencia Financiera es algo real o solo una leyenda urbana, cuando es algo que ha existido desde siempre. Muchos siglos antes de nacer nosotros ya había personas que la tenían. Por ejemplo, aquellos que vivían de sus tierras y ganados. Esas tierras y ganados eran cuidados por sus trabajadores, y los dueños recibían las rentas de esas cosechas y esas ganaderías. Y sus hijos heredaban todo eso y, si lo gestionaban correctamente, también tenían Independencia Financiera.

¿Qué es lo que hace diferente a la época actual de los siglos anteriores? Que nunca ha sido tan fácil conseguir la Independencia Financiera como ahora.

Estamos en un momento decisivo de la historia, por muchos motivos, y uno de ellos es precisamente este: Nunca fue tan fácil conseguir la Independencia Financiera como en la actualidad.

Sin embargo, vamos con retraso, y a eso se deben los problemas económicos de nuestra sociedad. Porque, realmente, hace ya algunas décadas que es más fácil que nunca conseguir la Independencia Financiera y hasta ahora mucha gente lo ha desaprovechado. Muchísima.

¿Por qué?

Esta es una de las cosas que veremos a lo largo del libro, aunque la idea principal con la que quiero que te quedes ahora es que cuando una persona cree que algo es imposible no hace nada por conseguirlo, porque «es demasiado bonito para ser cierto».

¿Es demasiado bonito para ser cierto tener agua corriente o electricidad en todas las casas, por ejemplo?

En su día, solo los ricos tenían agua corriente y electricidad en sus hogares. Los demás tenían que ir a la fuente más cercana y alumbrarse con velas.

¿Piensas que en aquellos momentos la mayoría de todas esas personas que tenían que ir a la fuente más cercana cada vez que querían agua, y alumbrarse con velas, creían que algún día todo el mundo tendría agua corriente y electricidad en sus casas, y que además les parecería «lo normal», y no le darían importancia?

Muy probablemente, no. Muy probablemente casi todas aquellas personas pensaban que sus hijos, sus nietos, sus bisnietos... seguirían teniendo que ir a por agua a la fuente más cercana, y alumbrándose con velas hasta el fin del mundo.

Ahora vemos que no fue así, y que el agua corriente y la electricidad dejaron de ser algo de ricos y pasaron a ser una necesidad básica que todo el mundo tiene cubierta, y a la que no se le da ninguna importancia porque se da por hecho.

Algo así pasará en algún momento con la Independencia Financiera. Algún día todo el mundo la tendrá, e incluso nacerá con ella, porque también será una necesidad básica que todo el mundo tendrá cubierta, pero...

Pero eso no va a caerte del cielo ahora, sino que tendrás que creer en ella, y en ti, y empezar a hacer unas pocas cosas sencillas que, con paciencia, te acercarán cada día un poco más a tu Independencia Financiera. Hasta que sea realidad y te parezca que es «lo normal».

Cuanto antes empieces el camino de la Independencia Financiera, más fácil lo tendrás, por dos motivos:

1. El tiempo es fundamental, porque dejar pasar el tiempo (mientras estás invirtiendo, por supuesto), es lo que te hará ganar más dinero. Incluso más que el propio dinero que tú ahorres, como ahora veremos.
2. Si empiezas a invertir hoy, probablemente conseguirás mejores precios de compra en tus inversiones que las personas que empiecen a invertir después de ti.

Lo más importante ahora es que creas que es posible que consigas tu Independencia Financiera. Es más, que creas que es seguro que vas a conseguir tu Independencia Financiera, porque es así.

¿Por qué? De la misma forma que no se puede saber inglés sin aprenderlo primero, y no se puede empezar a aprender inglés si crees que es imposible conseguirlo, lo mismo pasa con la Independencia Financiera.

El mayor obstáculo que tiene mucha gente actualmente para conseguir la Independencia Financiera es que creen que no lo pueden lograr. En cuanto algo les hace clic en la cabeza, empiezan a dar sus primeros pasos, y cada día la ven más cerca, hasta que la alcanzan realmente.

Espero que este libro sea lo que te haga clic a ti ahora mismo.

¿Y qué es en realidad la Independencia Financiera y por qué merece tanto la pena conseguirla?, probablemente te estarás preguntando.

La Independencia Financiera, a estas alturas de la vida, debería ser el estado normal de la inmensa mayoría de la población. La Independencia Financiera es tener cubiertas tus necesidades económicas para poder dedicar tu tiempo a lo que quieras. A cosas mucho más elevadas que pasarte la vida preocupado por la hipoteca, las facturas o si perderás el trabajo o no.

Estar todo el día tumbado en la playa o sentado en el sofá mirando la televisión son imágenes caricaturescas, que ocultan la transformación total y absoluta que supone alcanzar la Independencia Financiera. Cosa que ya ha conseguido mucha gente, y muchas familias, desde hace mucho tiempo. Porque la Independencia Financiera no es un «invento nuevo», sino algo que existe desde hace muchísimo, y que ya tienen muchas personas.

Así que, igual que tener agua y electricidad en casa dejó de ser «algo de ricos» hace tiempo y ya lo tiene toda la población, ahora tenemos que conseguir que la Independencia Financiera también deje de ser «algo de ricos» y la tenga toda la población lo antes posible.

¿Empezamos con ello?
¡Vamos allá!

Ideas principales

- Nunca ha sido tan fácil conseguir la Independencia Financiera como ahora.
- El tiempo es fundamental. Cuanto antes empieces, mejor.
- Tenemos que conseguir que tener la Independencia Financiera también deje de ser «algo de ricos» y la tenga toda la población lo antes posible.

1
Piensa a lo grande (pero a tu manera)

Como te acabo de contar, conseguir la Independencia Financiera es principalmente una cuestión de mentalidad, y de tiempo. Luego veremos cómo el tiempo te hará ganar más dinero que el propio dinero, pero ahora vamos a ver cuál es la mentalidad adecuada que debes tener, con la historia de Javier y Andrés...

> Javier y Andrés eran amigos del barrio desde hacía años.
> Al acabar la universidad, Javier tenía muy claro que quería ser emprendedor y llegar a tener una gran empresa. No pensaba en otra cosa. Se había leído decenas y decenas de biografías de grandes empresarios de todas las épocas: Steve Jobs, Jack Welch, Sam Walton, David Packard, Lee Iacocca... Y cientos de libros sobre emprendedores, organización empresarial, motivación, etcétera. Apenas hacía otra cosa que leer y leer todo lo que encontraba sobre este tema.
> Andrés estaba en el otro extremo. Había conseguido un trabajo normal y corriente, y no miraba más allá. No hacía planes de futuro, ni pensaba a largo plazo. Simplemente iba dejando pasar un día detrás de otro, sin esperar mucho más que la rutina a la que ya se había acostumbrado.
> —Yo no creo que merezca la pena pensar a largo plazo —decía Andrés—. Con ir viviendo el presente ya tenemos suficiente.
> —Pero ¿no ves la cantidad de oportunidades que hay? El otro día

leí que, cada pocas horas, una nueva persona se hace multimegamillonaria en el mundo. Y millonarios... hay uno nuevo casi cada minuto.

—¿Y? —le preguntó Andrés.

—¿De verdad que no lo ves? Nunca en la historia ha sido tan fácil hacerse megamillonario tan rápidamente, y yo estoy decidido a conseguirlo.

—No te digo que no, pero de momento yo te veo cada vez más cansado. Y ya me has contado varias ideas de empresas que ibas a montar y al final no has montado ninguna.

—Es que aún no he dado con la idea que funcionará. Por eso sigo pensando en ello. Estoy cansado, sí, pero al menos tengo ilusiones. Tengo la sensación de que tú has perdido un poco la alegría de vivir que tenías hace unos años.

—Es posible, sí. Es porque me parece tan difícil llegar a ser multimillonario que creo que lo mejor es ni siquiera intentarlo.

Vivimos en una sociedad de extremos en cuanto a las expectativas de la gente. Pasa con las inversiones, y con todo lo demás.

Está muy bien hacer las cosas lo mejor posible, pero sabiendo que cualquiera no puede ser el mejor jugador de fútbol del mundo, ni el mejor guitarrista, ni el mejor contable, ni el mejor electricista, etcétera. Solo una persona puede ser la mejor del mundo en su profesión. ¿Y qué pasa con todas las demás? ¿Tienen que resignarse a dejar pasar los días uno detrás de otro, sin esperar nada de la vida?

En absoluto.

Es más, para que el mundo funcione se necesitan muchísimos millones de personas que estén en un nivel medio, y que tengan una buena vida y estén satisfechos estando en ese nivel medio.

Es completamente imposible que el mundo funcione únicamente con los mejores de cada profesión, mientras el resto de la población viva la vida como si fueran simples espectadores. Ese mundo no tiene sentido, pero ahí es hacia donde los medios de comunicación (televisión, música, cine, etcétera) llevan a la gente desde hace varias décadas, y por eso cada vez hay más personas frustradas por no ser «el mejor en lo suyo», no ser multimegamillonario, etcétera.

Además, la vida de «los mejores» no siempre es todo lo buena que parece desde fuera, ni es la mejor para todo el mundo.

Ser uno de los youtubers más vistos del mundo, por ejemplo, lleva muchas horas de trabajo, y mucha presión social. Esa imagen de «hablar diez minutos a la cámara y hacerse millonario» es completamente falsa.

También supone mucho trabajo ser un deportista famoso o crear una empresa de éxito mundial.

Está muy bien que haya gente que haga todo eso, y muchas más cosas. Lo que no está nada bien es hacer creer al resto que las únicas alternativas sean conseguir algo así o dejar pasar sus días sin pena ni gloria.

¿Por qué hay tanta frustración en la sociedad actual, en la que mucha gente ha perdido la alegría de vivir?

Porque el grueso de la población, en lugar de estar donde debería estar, ha caído en uno de esos dos extremos que acabamos de ver, en los que por definición debería haber muy poca gente. Porque poca gente debería aspirar a ser «el mejor del mundo», y poca gente debería aceptar la mediocridad indefinida en sus vidas.

Si nos centramos en el tema del dinero, creo que actualmente hay demasiadas personas pensando en montar una empresa con el único objetivo de hacerse multimegamillonaria, y aún muchas más pensando que nunca van a conseguir mejorar su situación actual.

El problema de verdad no es la gente que, probablemente, se ha puesto unos objetivos muy difíciles de alcanzar, como crear una empresa de éxito mundial. Porque, aunque no lo consigan, probablemente encontrarán la forma de ganarse la vida y además tienen dentro de sí mismos la idea de mejorar su vida, que es algo fundamental.

El gran problema es la gran cantidad de gente que se ha adaptado a la mediocridad, y ha perdido la esperanza de tener una vida mejor.

¿Es lento conseguir la Independencia Financiera?

Depende de cómo se mire.

Casi nadie la puede conseguir en unos pocos años, pero todo el mundo la puede lograr a lo largo de su vida, unos antes y otros después. Lo malo de verdad es pensar que no se va a alcanzar nunca, porque eso es lo que hace que haya tanta gente «arrastrándose» por la vida, sin esperanzas de mejorar.

Si eres una de esas pocas personas que es capaz de ser «el mejor empresario», o «el mejor profesor», o «el mejor carpintero», o «el mejor lo que sea», entonces consíguelo y disfrútalo.

Y si estás en el otro 99,999999 % de la población, entonces piensa a lo grande, pero a tu manera. Tu objetivo no debe ser dejarte la vida en ser el mejor del mundo en nada, sino mejorar tu vida desde hoy mismo todo lo que puedas, con tranquilidad, y disfrutando de esa mejora continua que te hará ser una persona mejor cada día, en todos los sentidos.

Si estás empezando a invertir, o aún no te has decidido a dar ese primer paso, entonces no te pongas como objetivo tener un millón de euros el año que viene.

Empieza ahorrando lo que puedas ahorrar ahora, e inviértelo. No te compares con nadie. Haz planes realistas, y siempre con ilusión y esperanza por tener un futuro mejor.

Y recuerda siempre que puedes llegar a vivir mucho mejor que esos «mejores del mundo», porque tu vida será la que tú quieras. No vivirás mejor simplemente por tener mucho más dinero que otros, sino por invertir y utilizar con inteligencia el dinero que tengas, haciéndolo crecer con seguridad y tranquilidad, y consiguiendo una buena rentabilidad que te haga dar ese «salto de nivel» que quieres dar en tu vida.

Está muy bien tener un trabajo normal. No hace falta ser «el mejor del mundo» para vivir bien, por suerte. Lo que sí hace falta para vivir bien, y además es totalmente imprescindible, es que construyas tu futuro con ilusión y optimismo.

De paso, te cuento un secreto que, probablemente, nadie te haya contado hasta ahora.

Todo este lujo excéntrico de habitaciones de hotel a 10.000, 20.000 o 50.000 euros la noche, las botellas de champán a 5.000 euros en un reservado de una discoteca, y otras cosas similares, en realidad son formas de blanquear dinero. Nadie vive mejor por gastar esas cantidades absurdas. Lo que están haciendo es fingir que mucha gente paga esas cantidades desorbitadas, cuando no es verdad, para blanquear dinero de las actividades ilegales que ya conoces.

Imagina que si compraras un palillo (de estos que venden cien por un euro, o menos) por 50 euros, te ahorrases 1.000 euros en impuestos. Comprarías ese palillo por 50 euros, te ahorrarías 1.000 euros en impuestos, y después podrías tirar ese palillo a la basura, porque su función real era ahorrarte 950 euros (1.000 - 50) en impuestos. Más o menos en esto consiste el blanqueo de capitales, y más o menos este es el motivo real de todas esas cosas que ves a diario y que te parecen que no valen ni la centésima parte de lo que cuestan. Pues sí, estás en lo cierto: esas cosas no valen ni la centésima parte de lo que cuestan, porque son solo una treta para blanquear dinero de procedencia ilícita.

Por eso, ten claro que vivir bien de verdad es muchísimo más barato de lo que parece, si nos creyéramos que vivir bien consiste en pagar todas esas cosas absurdas que muestran continuamente los medios de comunicación, y que en realidad no valen ni la centésima parte de lo que se supone que cuestan.

Mucha gente que no sabe este «secreto» considera que llegar a vivir bien está tan fuera de su alcance que no merece la pena ni intentarlo. Porque para gastar el dinero en todas esas cosas absurdas, haría falta tener muchísimo dinero, cantidades enormes de dinero.

Pero no es así. Una cosa es vivir bien, que es algo que está al alcance de todo el mundo, y otra totalmente distinta son estos circos absurdos que montan algunos para blanquear capitales.

Ideas principales

- El tiempo te hará ganar más dinero que el propio dinero.
- Márcate unos objetivos realistas, para mejorar tu vida desde hoy mismo.
- Vivir bien es mucho más barato de lo que aparentan los medios de comunicación y las redes sociales.

2

¿Es posible que una persona normal y corriente consiga la Independencia Financiera?

Esta es la gran pregunta que probablemente te estarás haciendo en este momento.

No es que sea posible, sino que es inevitable, si se hacen bien unas pocas cosas sencillas.

Si sigues los pasos que te explico en este libro, la conseguirás con toda seguridad. Lo que no puedo decirte es cuándo la lograrás exactamente, pero puedes estar seguro de que la alcanzarás.

Te voy a contar la historia de Juan e Iván, dos hermanos gemelos. Cuando la leas, dime qué gemelo quieres ser a partir de ahora.

> Juan e Iván son gemelos y casi iguales en todo, salvo en una cosa. A ver si la adivinas.
>
> Los dos empezaron a trabajar a la vez, de técnicos, en la misma empresa tecnológica. Y tuvieron exactamente el mismo sueldo todos los años de su vida.
>
> —¿Otra vez mirando eso de las acciones? —le preguntó Juan a Iván.
>
> —Sí, así es.
>
> —¿Y no te cansas?
>
> —Aparte de que no me canso, es que tú también deberías hacerlo.

—Para lo que ganamos, no merece la pena. ¿O es que te crees que vas a ser millonario por invertir 300 euros cada mes?

—No sé si me voy a hacer millonario, pero lo que sí sé es que cada vez tengo más dinero, y eso me hace ver la vida de otra forma, con mucha más seguridad y confianza.

—Si me dijeras cuánto tiempo vas a tardar en hacerte millonario, a lo mejor te hacía caso. Pero a mí me parece que estás perdiendo el tiempo.

¿Has visto ya en qué se diferencian Juan e Iván?

Ambos están en uno de los tres grupos que vimos en el capítulo anterior. Te recuerdo los tres tipos de personas que vimos:

1) Los que creen que la única opción es ganar muchos millones rápidamente, y se dedican a ello en cuerpo y alma.
2) Los que se acostumbran a la mediocridad, y no hacen ningún plan para mejorar porque han llegado a creer que no pueden mejorar.
3) Los que hacen planes realistas para mejorar, y viven la vida a la vez que van ahorrando e invirtiendo todos los meses una parte del dinero que ganan con su sueldo, o con su pequeño negocio.

Evidentemente, Juan es de las personas que caen en el grupo 2, e Iván es de las personas que viven con ilusión y esperanza y están en el grupo 3, que es el grupo en el que debería estar la inmensa mayoría de la población. Y el grupo en el que deberías estar tú, si no lo estás ya.

¿Merece la pena ahorrar 300 euros al mes como cree Iván, o no se llega a ningún sitio como dice Juan?

Vamos a ver qué sucede en este escenario:

1) La inflación media anual es del 2 %.
2) Se invierte en «cosas» que crecen el 10 % al año.
3) Los 300 euros de ahorro mensual aumentan cada año lo mismo que la inflación (2 %), porque el sueldo también crecerá

más o menos lo mismo que la inflación. Es decir, el primer año se ahorran 300 euros al mes, el segundo año se ahorran 306 euros al mes, etcétera.

Con estas condiciones, a los treinta años de empezar a invertir, Iván tendrá aproximadamente 774.000 euros, y a los cuarenta años de empezar a invertir, 2,1 millones de euros.

Si a estas cifras les restamos la inflación acumulada de todos estos años, como siempre hay que hacer, entonces a los treinta años Iván tiene el equivalente a 436.000 euros de hoy, y a los cuarenta años, el equivalente a 984.000 euros de hoy, casi un millón de euros.

Fíjate que si le preguntas a todos tus conocidos si creen que pueden llegar a tener un patrimonio de uno o dos millones de euros a lo largo de su vida, casi todos te dirán que no, que eso es imposible. Por desgracia, esa creencia falsa la tiene la mayor parte de la gente en este momento.

Pero, sin embargo, todos ellos podrían ahorrar 300 euros al mes si conocieran esto que te acabo de contar.

Una cosa parece fácil y la puede hacer cualquiera (ahorrar 300 euros al mes o una cifra parecida a esta), y la otra hoy le parece imposible a casi todo el mundo (que lleguen a tener uno o dos millones de euros a su nombre).

Pero, en el fondo, son la misma cosa, porque una es consecuencia de la otra. Por eso, pasar de ver imposible conseguir la Independencia Financiera a verlo posible es solo cuestión de cambiar de mentalidad, no de ingresar más dinero.

Porque empezar a ahorrar hoy 300 euros al mes es lo mismo que llegar a tener uno o dos millones de euros en el futuro. O 500.000 euros, o 300.000 euros, si ya no te quedan muchos años para la jubilación. Pero, en cualquier caso, una cifra muy importante.

Lógicamente, la inflación o el crecimiento de las inversiones puede ser menor o mayor de lo que hemos supuesto en este ejemplo, en cuyo caso los resultados serán algo inferiores o superiores de los que hemos visto aquí.

Es totalmente imposible adivinar qué rentabilidad tendrás tú en el futuro, pero lo que sí es seguro es que, si ahorras e inviertes, vivirás muchísimo mejor que si no lo haces. Y también es seguro que llegarás a tener un patrimonio mucho mayor del que, probablemente, puedes imaginar en este momento.

¿Y sabes qué?

Esta es la gran brecha de la sociedad actual.

Se habla mucho de la brecha entre ricos y pobres, pero la brecha real es la que hay entre la gente que invierte y la que no invierte.

Es la brecha que hay entre Juan e Iván (que, recuerda, tienen exactamente el mismo sueldo durante toda su vida).

Jamás se debió aceptar como algo normal vivir únicamente del trabajo. Eso fue un error histórico muy grave.

Trabajar está muy bien, pero diseñar tu vida pensando en que el trabajo sea tu única fuente de ingresos es un error muy grave, que jamás debió haber cometido nadie.

Además, el mundo evoluciona y ese error cada vez es mayor, y tiene peores consecuencias para los que caen en él.

Nadie debería considerarse ya como trabajador, única y exclusivamente. Todo el mundo debería verse a sí mismo como trabajador (o directivo, pequeño empresario o emprendedor, etcétera) y, además, inversor.

Como te digo, esta es la gran brecha de nuestros días, que está separando cada vez más a la gente que queda a uno y otro lado de esa brecha.

Esa frase de que «los ricos son cada vez más ricos, y los pobres son cada vez más pobres» es muy engañosa, porque la realidad es que «los que invierten (sea poco o mucho) son cada vez más ricos, y los que no invierten son cada vez más pobres».

Además, es muy lógico y justo que sea así, porque lo que no tendría ningún sentido es que diera lo mismo invertir que no invertir.

¿Te imaginas que diera lo mismo estudiar alemán que no estudiarlo, porque todo el mundo supiera alemán, independientemente de que lo estudiase o no lo estudiase?

¿O que diera lo mismo entrenar que no entrenar, porque todo el mundo tuviera el mismo cuerpo y la misma forma física y salud, entrenase o no entrenase?

Sería ridículo, ¿verdad?

Pues igual de ridículo es pensar que las personas que inviertan van a vivir igual que las que no lo hagan. Quienes inviertan vivirán mejor, igual que las que entrenen tendrán mejor forma física y salud, y las que estudien alemán aprenderán alemán.

Y las personas que no inviertan cada vez vivirán peor, igual que las que no entrenen tendrán cada vez peor forma física y salud, y las que no estudien alemán nunca sabrán alemán.

Esto siempre ha sido de este modo desde que el mundo es mundo, y es lógico y justo que sea así.

La novedad que creo que vamos a ver en el futuro es que pienso que la inteligencia artificial va a hacer, muy probablemente, que la gente que invierta gane dinero con mayor rapidez que en el pasado, y que la gente que no invierta cada vez viva peor.

¿Por qué?

Porque la inteligencia artificial va a hacer que las empresas ganen mucha eficiencia, y eso provocará que los beneficios de las empresas crezcan más rápidamente. No me refiero solo a las empresas cuyo negocio principal sea la inteligencia artificial, sino a todas las empresas de todos los sectores.

Por eso, probablemente, la riqueza de los inversores crecerá con mayor rapidez, y la distancia entre las personas que invierten y las que no lo hacen cada vez será más grande.

El ruinoso sistema público de pensiones ha hecho que mucha gente dé por hecho que la jubilación es una etapa de escasez, pero eso es completamente antinatural. Esta escasez al jubilarse que mucha gente considera «lo normal» es vivir en un «mundo al revés». Si estás leyendo esto, estás en el camino correcto para «darle la vuelta a tu mundo» porque lo lógico y lo normal, si se gestiona bien el dinero, es que la jubilación sea la fase de mayor poder adquisitivo y cuando más dinero se tiene para gastar en lo que cada uno prefiera.

Lógicamente, lo ideal es alargar lo máximo posible esta etapa en la que disfrutarás de tu esfuerzo, y eso lo conseguimos alcanzando la Independencia Financiera lo antes posible, que es de lo que trata todo esto.

Lo importante es saber que es fácil que el ciudadano medio puede tener una vida mejor que la que tiene, y ha tenido, desde hace décadas.

Por eso estás leyendo este libro, para vivir mucho mejor que la media durante el resto de tu vida.

Tu futuro económico lo va a determinar mucho más la buena o mala gestión del dinero que hagas que los ingresos que tengas.

Piensa en la cantidad de deportistas o actores que ingresaron millones y millones en su día, los desperdiciaron y están en la ruina.

Y piensa también en esa gente que parece que nunca ha ganado mucho dinero, pero resulta que viven en una casa muy buena, tienen un buen coche, y todo eso lo pagan con las rentas del patrimonio que supieron crearse.

La gente que gana mucho dinero y lo gestiona mal nunca llega a tener un patrimonio que le permita vivir con tranquilidad.

La gente que gana «poco» dinero, pero lo gestiona y lo invierte bien, cambia su vida gracias precisamente a ese patrimonio que ha ido formando con el tiempo.

Además, para la mayoría de la gente es muchísimo más fácil y rápido empezar a gestionar bien su dinero que aumentar considerablemente sus ingresos. Hay poca gente que llegue a tener un sueldo «llamativo» en algún momento de su vida, pero todo el que tiene un sueldo normal puede llegar a tener un patrimonio «llamativo», que le permita vivir muy bien de sus rentas.

Esto es buenísimo, porque significa que todo el mundo puede llegar a tener un buen nivel de vida, aunque durante toda su vida tenga sueldos considerados como bajos. Y si tienes un sueldo alto, muchísimo mejor, claro.

Además, desde el primer momento, el hecho de empezar a gestionar correctamente tu dinero te dará cada vez mayor libertad e independencia (de movimiento, laboral, alternativas de ocio, pensamiento, etcétera), además de aumentar tu ilusión y tu motivación por tu futuro.

¿En qué lado de la brecha quieres terminar el día de hoy, en el lado de los que invierten o en el lado de los que no invierten?

La decisión es tuya, y lo bueno es que ya sabes qué vida tendrás según decidas estar a un lado de esa brecha o al otro.

Ideas principales

- La Independencia Financiera es inevitable si se hacen bien unas pocas cosas sencillas.
- A los treinta años de empezar a invertir 300 euros al mes, Iván tiene el equivalente a 436.000 euros de hoy, y a los cuarenta años, el equivalente a 984.000 euros actuales, ya descontada la inflación.
- Ahorrar 300 euros al mes es lo mismo que llegar a tener un millón de euros en el futuro.
- La brecha real no es entre ricos y pobres, sino entre la gente que invierte y la que no invierte.
- Todo el mundo debería verse ya a sí mismo como trabajador (o directivo, pequeño empresario o emprendedor, etcétera) y, además, inversor.
- Los que invierten (sea poco o mucho) son cada vez más ricos, y los que no invierten son cada vez más pobres.
- Lo lógico y lo normal es que la jubilación sea la fase en la que más dinero se tiene para gastar.
- Tu futuro económico lo va a determinar mucho más la buena o mala gestión del dinero que hagas que los ingresos que tengas.
- Todo el que tiene un sueldo normal puede llegar a tener un patrimonio «llamativo», que le permita vivir muy bien de sus rentas.

3

¿Sabes que todo el que empieza a ahorrar comienza a vivir mejor que antes de ahorrar (mejor, sí)?

> —Tenías razón, tío Jaime.
> —¿Sabes por qué lo sabía?
> —¿Por qué?
> —Porque es algo que le pasa absolutamente a todo el mundo.
> —Yo pensaba que cuando empezase a ahorrar iba a vivir peor, que iba a estar todo el día pensando que me faltaba dinero para hacer lo que quisiera, y por eso me ha costado tantos años empezar. No quería sacrificar el presente para vivir mejor en el futuro.
> —Es que no se trata de sacrificar el presente para vivir mejor en el futuro, sino de vivir mejor en el presente a la vez que construyes un futuro mejor.
> —Ahora lo he visto claro, sí. Pero me ha costado años entenderlo. Ojalá lo hubiera entendido mucho antes, porque si hubiera empezado a ahorrar hace años, estos años pasados habría vivido mejor, aunque en su momento no supe verlo. Y, además, ahora tendría mucho más dinero, y más rentas.

A lo largo de mi vida he visto que una de las cosas que más frenan a mucha gente para empezar a ahorrar e invertir es que creen que, desde el momento en que empiecen a hacerlo, y durante muchos años, van a vivir peor de lo que viven ahora, y no quieren hacer ese sacrificio. Ven claro que estaría muy bien tener una cantidad de dinero importante dentro de unos años, pero no quieren conseguir eso a base de vivir peor los próximos.

Pero lo que sucede es justo lo contrario: cuando una persona empieza a ahorrar y a invertir, comienza a vivir mejor, disfruta más de la vida y ve el mundo con más optimismo.

Desde que creé InvertirenBolsa.info en 2007 he conocido a muchos miles de personas que han empezado a ahorrar e invertir. Y todos dicen que, desde el día que empezaron a hacerlo, su vida cambió a mejor. Y mucho. Una gran parte de ellos pensaba que iba a suceder lo contrario. Creían que desde el momento en que empezasen a invertir iban a tener unos años duros por delante. Aun así, entendían que es necesario ahorrar y decidieron hacer ese (supuesto) sacrificio. Sin embargo, su vida cambió, pero de la forma opuesta a la que esperaban.

A todos les sorprendió que lo que les sucedió fue justo lo contrario de lo que habían imaginado: su vida no solo no empezó a hacerse más dura, sino que comenzó a ser mucho más fácil, agradable y placentera.

¿Cómo es posible que pase algo así?

Es muy fácil de entender, conociendo qué es realmente el dinero y para qué sirve. Tiene mucho que ver con la visión del futuro que tienen las personas que no ahorran nada.

¿Por qué?

Porque lo que yo he visto a lo largo de mi vida es que las personas que gastan todo el dinero que ganan en realidad no están disfrutando el presente, sino intentando escapar del futuro. De un futuro que no son capaces de ver con ilusión y esperanza, y por eso no quieren llegar a él.

Pero el futuro siempre llega.

El futuro es mañana, y dentro de una hora, y dentro de un segundo.

Si una persona no es capaz de ver su futuro con ilusión y esperanza hoy, tampoco lo hará dentro de un segundo, ni dentro de una hora, ni mañana, ni el año que viene...

A no ser, claro, que cambie su forma de pensar.

Y justo aquí está la clave: cómo cambia la forma de pensar el hecho de empezar a ahorrar e invertir.

Es un gesto aparentemente pequeño (no gastar este mes 100 euros, 200, 500 o lo que sea), pero implica cambiar por completo la forma en que se ve el mundo y la vida. Y es ese cambio de mentalidad (muchísimo más importante que unos pocos euros, sin comparación posible) lo que hace que todo el que empieza a ahorrar e invertir comienza a vivir mejor.

La diferencia entre una persona que intenta huir de su futuro y otra que está construyéndolo con ilusión y esperanza es abismal, y justo de eso es de lo que estamos hablando. En realidad, son dos mundos completamente opuestos, que no pueden estar más alejados el uno del otro.

Como hemos visto, una persona que gasta todo el dinero que ingresa es una persona que intenta huir de su futuro, porque no le gusta el futuro que imagina. Y la forma de intentar huir del futuro es «quitar recursos» de ese futuro que no es capaz de ver de forma agradable y «quemarlos como sea» en este presente que, muy probablemente, tampoco le gusta, pero que cree que es menos malo que lo que está por venir. No mejor, sino menos malo. Por eso prefiere gastar todo su dinero ahora, en lo que cree que es la parte menos mala (no mejor) de su vida.

Sin embargo, cuando una persona ahorra e invierte, por poco dinero que parezca, lo que está haciendo es CONSTRUIR SU FUTURO. Con mayúsculas, sí. Porque esa persona ha sido capaz de entender y de ver que, si hace ciertas cosas en el presente, su futuro será cada vez mejor. Así que ve su vida como un camino ascendente, en el que cada paso que dé le va a llevar a una vida mejor. Y esta ilusión y esperanza con la que empieza a ver el futuro desde ahora mismo le trae muchas cosas positivas:

1) Cada día se levanta y se acuesta pensando que su vida va a más, y que seguirá mejorando cada vez más cuanto más tiempo pase.

2) Realmente ve que su patrimonio va creciendo. Esto hace que ya no dependa al cien por cien de su trabajo, ni del ruinoso

sistema público de pensiones. Lógicamente, en el momento de empezar a invertir el patrimonio es pequeño, pero la ilusión es grande, y esa ilusión le hace vivir mucho mejor el presente. Y el patrimonio no para de crecer.

3) Gasta menos dinero, sí. Pero lo gasta mejor y lo disfruta mucho más.

¿Te has fijado en que las personas que gastan todo el dinero que ingresan se adaptan a la subidas y bajadas de sus ingresos (salvo que hayan contraído deudas, que lógicamente no pueden reducir por ganar menos dinero que antes)?

Si una persona que gasta todo lo que ingresa gana 2.000 euros al mes, gastará 2.000 euros al mes. Si le suben el sueldo a 3.000 euros mensuales, gastará 3.000 euros al mes, y si pierde su trabajo y pasa a ganar 1.500 euros en otro trabajo peor, entonces gastará 1.500 euros cada mes. Lo que está haciendo esta persona es, simplemente, intentar renunciar a su futuro. No está disfrutando el dinero que gasta, sino que lo está «quemando» tan pronto como lo recibe, y sea en lo que sea. Por eso, poco tiempo después de haberlo gastado ni siquiera recuerda en qué lo gastó.

No obstante, si esa misma persona empieza a ahorrar, entonces su mentalidad cambia por completo. Ya no quiere «quemar» su dinero, sino disfrutarlo de verdad. Porque ya no quiere huir del presente, sino disfrutarlo. Por eso piensa más en qué gasta su dinero y en qué no se lo gasta, entendiendo el efecto que tiene en su mente todo esto. Y aunque gasta una cantidad de dinero menor, la gasta mucho mejor, y eso hace que disfrute mucho más del presente.

Si alguna vez has corrido una carrera popular, sabrás que se pueden dar dos situaciones:

a) Si empiezas la carrera a un ritmo más alto del que puedes mantener durante todo el recorrido, entonces, durante toda la carrera te irá adelantando gente y la moral cada vez será más baja, y lo que queda de carrera cada vez se te hará más duro. Este caso es similar al de la persona que gasta todo el dinero que ingresa, porque aún no es capaz de ver que su futuro puede ser mucho mejor que su presente.

b) Si empiezas la carrera a un ritmo más bajo del que puedes mantener, entonces, durante el resto de la carrera, irás adelantando gente y eso hará que tu moral sea cada vez más alta. Este caso es similar al de la persona que ahorra e invierte, y por eso cada día ve que su futuro está mejorando gracias a lo que está haciendo en el presente.

Si aún no has empezado a ahorrar e invertir, en el momento en que empieces a hacerlo, verás que vas a vivir mucho mejor, de verdad. Porque vas a empezar a ver el futuro con ilusión, esperanza y optimismo, y eso hará que disfrutes mucho más del presente desde ese mismo momento.

Ideas principales

- No se trata de sacrificar el presente para vivir mejor en el futuro, sino de vivir mejor en el presente a la vez que construyes un futuro mejor.
- Cuando una persona empieza a ahorrar y a invertir, comienza a vivir mejor, disfruta más de la vida y ve el mundo con más optimismo.
- Gastar menos dinero, pero gastarlo mejor, hace que se disfrute mucho más el presente.
- Cuando una persona ahorra e invierte, por poco dinero que parezca, lo que está haciendo es CONSTRUIR SU FUTURO.

4

La seguridad excesiva te empobrece
(y debe ser así, para que el mundo funcione bien)

Joaquín empezó a interesarse por cómo invertir sus primeros sueldos, y decidió hablar con su abuelo.
—Yo siempre he sido muy conservador —le dijo su abuelo.
—¿Y te ha ido bien así?
—Buena pregunta. No me resulta fácil encontrar una respuesta.
—¿En qué has invertido a lo largo de tu vida?
—En depósitos de bancos. Yo siempre he querido saber el dinero que iba a tener dentro de un año, y que nunca tuviera ni el más mínimo susto.
—¿Te funcionaron bien los depósitos de los bancos?
—Bueno, siempre he tenido cada vez más dinero, eso es verdad. Nunca tuve menos dinero que el día anterior.
—Entonces te ha ido bien con los depósitos.
—Siempre pensé que sí. Pero ahora tengo dudas.
—¿Por qué?
—Porque quizá podría haber ganado más dinero. A lo largo de mi vida, mucha gente dijo muchas veces que la economía se iba a hundir. Y eso me daba mucho miedo. Por eso siempre busqué la máxima seguridad. Pero la verdad es que el mundo nunca se hundió, y ahora pienso que, si hubiera arriesgado un poco más, me habría ido mejor.
—Entiendo.

—Por eso te decía al principio que responder a tu pregunta no era fácil. Durante muchos años pensé que mi vida había sido tranquila, pero ahora dudo de si realmente ha sido así, o más bien ha sido aburrida.

—Pero has ganado dinero, ¿verdad?

—Sí, he ganado dinero. Pero veo lo que he acumulado después de toda una vida trabajando y no es tanto. Si en algún momento tuviera que vivir de mis ahorros, todo mi dinero me duraría pocos años. Y si quisiera comprarme alguna de las cosas que he soñado tener toda mi vida, también me quedaría sin ahorros pronto.

Primero te cuento que los depósitos bancarios consisten en prestar nuestro dinero al banco a cambio de un interés fijo. Por ejemplo, metemos 1.000 euros en un depósito a un año, y el banco nos paga un interés del 2 %, así que al cabo de ese año nos devolverá nuestros 1.000 euros y nos pagará 20 euros de intereses.

Otros productos similares son:

1) Cuentas remuneradas. Puedes sacar el dinero de ellas cuando quieras, y a cambio de eso el banco te paga un interés más bajo que en los depósitos.
2) Letras del Tesoro. Funcionan de una forma muy parecida a los depósitos bancarios, con la diferencia de que, en lugar de prestarle el dinero al banco, se lo prestamos al Estado. El plazo de las Letras del Tesoro es de tres hasta dieciocho meses.
3) Bonos del Estado. Son similares a las Letras del Tesoro. También le prestamos nuestro dinero al Estado, pero a un plazo de dos a treinta años (hay algunos bonos a más de treinta años, pero no es lo habitual), a cambio de que nos pague un interés algo mayor que en las Letras del Tesoro.
4) Bonos de empresas. Son parecidos a los depósitos bancarios, y a los bonos del Estado, pero en este caso le prestamos nuestro dinero a una empresa, para que construya una nueva fábrica, por ejemplo, y nos devuelva nuestro dinero y nos pague un in-

terés con lo que gane cuando esa fábrica esté terminada y empiece a vender sus productos (tornillos, yogures o lo que sea).
5) Fondos monetarios. Son fondos de inversión que solo invierten en Letras del Tesoro. La rentabilidad que dan es, aproximadamente, la de las Letras del Tesoro menos las comisiones que cobre el fondo monetario.
6) Fondos de renta fija. Son fondos que invierten en bonos del Estado y/o de empresas, generalmente a un plazo mayor que el de las Letras del Tesoro. Suelen dar una rentabilidad algo más alta que los fondos monetarios, aunque con las excepciones que ahora veremos.

Está bien tener depósitos bancarios (y productos similares), pero está muy mal tener solo depósitos bancarios (y similares) porque es muy poco rentable.

¿Por qué?

Porque es imposible evitar todos los riesgos, que es la creencia habitual de quienes únicamente invierten en depósitos bancarios (y similares).

Es decir, la idea de estas personas es:

«Si yo solo invierto en depósitos bancarios (y similares), me da igual que baje la Bolsa, que estalle una guerra en Oriente Próximo o en África, que haya una crisis, etcétera, porque sé cuánto dinero voy a ganar en los próximos seis o doce meses, por ejemplo».

Esto es cierto, pero es igualmente cierto que esa rentabilidad asegurada va a ser una rentabilidad muy baja, así que si solo invertimos en depósitos bancarios (y similares), estaremos perdiendo algo mucho más importante que el dinero: el tiempo.

Tenemos que vivir con la máxima seguridad posible, pero sabiendo que es imposible alcanzar la seguridad total. No podemos eliminar todos los riesgos, solamente podemos elegir qué riesgos queremos correr.

Así que esa idea de «si solo invierto en depósitos bancarios (y similares), tendré la seguridad total» está totalmente equivocada.

Porque invirtiendo así apenas ganaremos dinero por encima de la inflación.

¿Y qué quiere decir esto?

Esto quiere decir que invirtiendo de este modo apenas ganaremos dinero de verdad, apenas aumentaremos nuestra riqueza y, básicamente, nos quedaremos como estamos, por mucho que trabajemos y por mucho tiempo que tengamos el dinero invertido en esos productos.

Si hubiéramos nacido multimillonarios, entonces «quedarnos como estamos» no estaría tan mal.

Pero para la mayoría de la gente el objetivo debe ser mejorar y hacer crecer su patrimonio, para tener más poder adquisitivo en el futuro, y así vivir con más tranquilidad y seguridad. Y darle una vida mejor y con más oportunidades a sus hijos y sus nietos.

Vivir es arriesgado, desde que nacemos hasta que morimos. Es totalmente imposible eliminar todos los riesgos, y por eso ni siquiera se nos debería pasar por la cabeza la idea de intentarlo.

Pero es muy importante saber que vivir es más seguro cuanto mayor sea nuestro patrimonio.

Como invirtiendo en depósitos bancarios (y similares) nuestro patrimonio apenas crece (por encima de la inflación), eso quiere decir que nuestra posición de alto riesgo actual (que es la de la mayoría de la población) se mantiene en ese estado de «alto riesgo» durante toda nuestra vida, por lo que perdemos la oportunidad de ir reduciendo nuestro riesgo conjunto a medida que vamos haciendo crecer nuestro patrimonio por encima de la inflación.

Por eso, si pensamos en nuestro riesgo a largo plazo, invertir en Bolsa es mucho menos arriesgado que no hacerlo.

Te lo repito para que no creas que es una errata.

Invertir en Bolsa reduce mucho nuestro riesgo a largo plazo.

Las personas que invierten en Bolsa a largo plazo tienen una vida mucho más segura y corren muchos menos riesgos que las personas que no invierten en Bolsa. Por eso nuestra sociedad hoy es mucho más pobre de lo que podría, por haber creído, erróneamente, lo contrario, porque eso ha provocado que muy poca gente haya invertido en Bolsa a largo plazo en el pasado. Pensar que sus vidas iban a ser más seguras si no invertían en Bolsa ha hecho que muchas personas se empobrezcan, y además que sus vidas sean mucho más inseguras que si hubieran invertido. No es posible eliminar todos los riesgos, simplemente hay que elegirlos. Invertir solo en depósitos bancarios y similares es como si un equipo de fútbol jugase únicamente con defensas. Quizá le meterían pocos goles, sí, pero nunca ganaría ningún campeonato, y se quedarían sin aficionados, porque se morirían de aburrimiento al ver jugar tan mal a su equipo.

Si esta idea llegara hoy a todos los españoles, a partir de mañana nuestra sociedad iniciaría un camino hacia la riqueza como nunca se ha visto. De momento, céntrate en empezar a enriquecerte a ti mismo.

Supongo que ya sabrás lo que es el interés compuesto. Básicamente, consiste en que nosotros invertimos, y los intereses que nos generan nuestras inversiones producen aún más intereses, y así de forma indefinida.

Vamos a ver qué quiere decir esto en la práctica.

¿Recuerdas el caso de Juan e Iván, los gemelos de uno de nuestros ejemplos anteriores?

Iván era el que ahorraba e invertía, el gemelo que debes tener como ejemplo.

En nuestro ejemplo, Iván invertía 300 euros al mes. Suponíamos que la inflación era del 2 %, y esos 300 euros mensuales los iba aumentando cada año lo mismo que la inflación: el 2 %.

Iván conseguía una rentabilidad media del 10 % al año después de impuestos. Las conclusiones serían las mismas si no tuviéramos en cuenta los impuestos, aunque las cifras serían algo diferentes.

Al cabo de cuarenta años, Iván tenía un patrimonio de 2,1 millones de euros. Si les restamos la inflación, esos 2,1 millones de euros equivalían a 984.000 euros del día en que Iván empezó a ahorrar. Pero para ver mejor el efecto del interés compuesto en este caso, vamos a ver las cifras brutas (sin restarles la inflación).

¿Sabes cuánto dinero tuvo que ahorrar Iván para llegar a tener esos 2,1 millones de euros?

¿Mucho o poco?

La respuesta a esta pregunta impacta a casi todo el mundo, no sé si será tu caso.

Para conseguir esos 2,1 millones de euros Iván solo tuvo que ahorrar 0,2 millones de euros (217.000) a lo largo de esos cuarenta años.

¿Qué te parece?

¿Te ha sorprendido?

¿Te das cuenta de lo que supone para tu vida que Iván, ahorrando solamente 0,2 millones de euros, llegue a tener 2,1 millones?

¿Y de dónde han salido esos otros 1,9 millones de euros (2,1 - 0,2) si Iván no ha ahorrado ese dinero?

Esos 1,9 millones de euros son «los intereses de los intereses» de los 217.000 euros que ahorró Iván. Esos 1,9 millones son el dinero que le ha hecho ganar el tiempo. Por eso te decía al principio que el tiempo te hará ganar más dinero que el propio dinero.

Por este motivo, cuando la gente me pregunta: «¿Cuánto dinero hace falta para vivir de las rentas?», siempre les digo que lo que realmente hace falta es tiempo. El dinero necesario es algo que todo el mundo puede ahorrar. El truco está en invertir ese dinero y dejar que pase el tiempo, con tranquilidad.

¿Cómo habría sido la vida de Iván si en lugar de haber invertido ese dinero en Bolsa lo hubiera invertido en depósitos bancarios, y similares, que le hubieran dado una rentabilidad media del 2 % al año?

Al cabo de esos cuarenta años, en lugar de tener 2,1 millones de euros Iván tendría mucho menos dinero.

¿Cuánto menos?

Unos 318.000 euros.

Así que, en este caso, Iván habría ahorrado los mismos 217.000 euros, pero «los intereses de los intereses» serían solamente unos 100.000 euros.

En este caso, a Iván no le habrían perjudicado nunca las caídas de la Bolsa que hubiera habido en esos cuarenta años (y seguro que las habría habido), pero lo que de verdad es importante es que tampoco le habrían beneficiado las subidas (que seguro que también las habría habido), y que son lo que cambia la vida a las personas normales y corrientes de la calle. Obviamente, estos 318.000 euros son mucho mejor que no haber ahorrado e invertido, pero también es mucho menos rentable que haber invertido en Bolsa a largo plazo.

Y no ha sido más seguro, sino más inseguro, si tenemos en cuenta todos los riesgos que hay en la vida.

Las caídas de la Bolsa se recuperan, y hay que verlas como buenas oportunidades de compra, como luego veremos.

La pregunta que tienes que hacerte es: ¿cómo es más tranquila y segura la vida de Iván, con 2,1 millones de euros o con solo 0,3 millones (318.000 euros)?

Creo que es evidente que Iván, al invertir en Bolsa, ha hecho que su vida sea mucho más segura y tranquila que si solo hubiera invertido en depósitos de bancos (y similares).

Además de ser más tranquila y segura, si inviertes en Bolsa, tu vida será mucho más entretenida e interesante. Fíjate que el abuelo de Joaquín, al final de su vida, cree que ha tenido una vida más aburrida que tranquila.

¿Por qué?

Porque, como hemos visto con las cifras de Iván, ese crecimiento tan lento del patrimonio, si se invierte solo en depósitos, en realidad no da tranquilidad, sino que mata la ilusión, que es una de las cosas más importantes de la vida.

Si ganas dinero todos los años, pero ganas muy poco, lo decisivo no es ese poco dinero que has ganado el año pasado, sino que perdiste otro año para lograr que tu vida sea mucho mejor. Por eso, invertir todo el dinero en depósitos tiene dos consecuencias negativas: poco dinero y falta de ilusión por vivir la vida.

Tradicionalmente, la sociedad española ha invertido mucho dinero en depósitos. Demasiado. Y eso quedará en la historia como uno de los errores más graves de nuestra sociedad, pues ha empobrecido mucho a toda la población. Y ha matado la ilusión de todos esos millones de personas.

Así que España es un país mucho más pobre de lo que debería ser porque gran parte de la sociedad española ha invertido en depósitos bancarios (y similares) en lugar de haberlo hecho en Bolsa.

¿Es justo que esto sea así?

Sí, es justo, y debe ser así.

¿Por qué?

Porque las personas que aceptan un riesgo mayor deben tener una rentabilidad mayor. No tendría ni el más mínimo sentido que la rentabilidad de todas las inversiones fuera la misma, independientemente del riesgo de cada una de ellas.

Pero fíjate en una cosa muy importante, y es en cómo he usado la palabra «riesgo» en el párrafo anterior. La he utilizado en la forma en que se suele hacer. Esa es la forma que hace que mucha gente crea que la Bolsa es arriesgada, y por eso piensa que debe evitarla.

Voy a reescribir ese párrafo describiendo mucho mejor la realidad.

Las personas que aceptan un riesgo mayor a corto plazo deben tener una rentabilidad mayor a largo plazo, y eso además les reducirá su riesgo a largo plazo. No tendría ni el más mínimo sentido que la rentabilidad de las personas que quieren correr un riesgo muy bajo a corto plazo fuera la misma que la de las personas que aceptan correr un riesgo mayor a corto plazo, para conseguir una rentabilidad mayor y un riesgo menor a largo plazo.

Con esta otra redacción del párrafo, la imagen de la Bolsa es completamente diferente, ¿verdad?

Pero lo más importante no es que sea una imagen diferente, sino que es una imagen mucho más real.

Aparte del dinero, hay otra cosa muy importante, y es que la gente que invierte todo su dinero en renta fija no es conservadora, ni prudente, como erróneamente se ha creído hasta ahora, sino pesimista. Es pesimista porque cree que las cosas van a ir mal en el futuro, y por eso quiere reducir su riesgo al máximo, aunque se equivoca por completo porque eso le genera los problemas que acabamos de ver:

1. Gana mucho menos dinero, y eso hace que su vida sea mucho más arriesgada que si invirtiera en Bolsa.
2. Vive su vida con pesimismo y falta de ilusión, porque siempre está esperando que se «hunda el mundo». Pero el mundo no se hunde, y el perjudicado es él, porque apenas gana dinero y, además, no disfruta de la vida como debería por ese pesimismo que le acompaña día y noche.

Míralo con las cifras de nuestro ejemplo.

Ahora tenemos millones de Ivanes que tienen 0,3 millones de euros, en lugar de 2,1 millones, porque son el Iván que invirtió en depósitos al 2 % en lugar del Iván que invirtió en Bolsa y ganó un 10 % (o el 8 %, o el 12 % o lo que sea) al año.

Un país es rico o pobre según el patrimonio que tengan sus habitantes.

Si las cosas se hubieran hecho de la forma correcta, ahora tendríamos millones de Ivanes que tendrían 2,1 millones de euros en lugar de solo 0,3 millones, y España sería un país mucho más rico, porque los españoles serían mucho más ricos.

El pasado ya no lo podemos modificar, pero el futuro sí que es posible cambiarlo.

Y lo mejor que puedes hacer tú para cambiar las cosas a mejor es tomar ya el camino del «Iván rico», y explicarle todo esto a tus familiares, amigos, compañeros de trabajo, etcétera.

5
¿Muchos gastos pequeños o mejor unos pocos gastos grandes?

Todos los días al ir al colegio Felipe se compraba un sobre de cromos del álbum de La Liga con el dinero que le daban sus padres y sus abuelos, o algunas chucherías. Era el chico de su clase que más cromos tenía. Por eso tenía muchos repetidos con los que no sabía qué hacer, porque ya no podía intercambiar tantos.

También era el chico que comía más golosinas de su clase. Y también el que tenía más muñequitos pequeños de plástico.

Aunque la ilusión de Felipe era comprarse el uniforme oficial de su equipo favorito y el balón oficial de La Liga, todo eso era demasiado caro para él.

A su madre le pasaba algo parecido. Siempre estaba mirando ropa de buenas marcas por internet, pero como gastaba casi todo su dinero en ropa de bajo coste, nunca llegaba a tener dinero para comprarse esas blusas y esos pantalones que se pasaba horas y horas mirando en la red, en los escaparates de las tiendas y en los grandes almacenes.

Y a su padre también le ocurría lo mismo. Siempre soñó con tener un coche algo mejor del que tenía, pero el dinero se le iba de las manos. No sabía cómo, pero prácticamente según entraba, salía, y mientras su mujer miraba en el móvil ropa que no se podía comprar, él veía en la tablet coches que tampoco se podía permitir.

Aunque invertir y gastar parecen cosas opuestas, en realidad son muy parecidas. Yo diría que son dos caras de una misma moneda.

Generalmente, las personas que invierten gastan bien el dinero, y las personas que no invierten suelen gastar mal el dinero.

¿Por qué?

Porque las personas no se dividen entre las que invierten y las que gastan, como mucha gente cree («¿Tú eres de los que ahorran o de los que gastan?»), sino entre las que han aprendido a gestionar el dinero y las que no lo saben gestionar.

Las personas que no han aprendido a gestionar el dinero gastan todo lo que ingresan, pero lo gastan mal.

Y las personas que han aprendido a gestionar el dinero, además de saber invertir una parte de su dinero, también saben gastar mejor la parte que gastan. Porque saber gestionar el dinero es un conjunto que implica tanto la inversión como el gasto.

Si te fijas, el problema de Felipe y de sus padres no es que tengan poco dinero, sino que no lo saben gestionar. No invierten dinero y, además, el que gastan lo gastan mal.

Si Felipe no fuera el chico de su clase que tiene más cromos, come más golosinas y amontona más muñequitos de plástico, entonces podría comprarse la equipación oficial de su equipo de fútbol favorito y el balón oficial de La Liga y aún le sobraría dinero.

Exactamente igual le pasa a su madre, pues si no estuviera todo el día comprando ropa de bajo coste podría comprarse las prendas que realmente le gustan, y también le sobraría dinero.

Y de nuevo lo mismo le ocurre a su padre, que también podría comprarse el coche que le gusta, y aun así ahorrar, si dejara de gastar dinero continuamente en cosas que ni siquiera recuerda.

Cuando se cae en este error de comprar continuamente cosas pequeñas, se pierde otra cosa tan importante o más que el dinero que se va en esos pequeños gastos.

¿Sabes cuál es esa otra cosa?

El tiempo.

Sí, el tiempo que Felipe pierde continuamente en pensar qué cromos, golosinas o muñequitos compra. Y el tiempo que pierde su madre en ver continuamente ropa por internet (la que se compra, y la que no), y su padre en adquirir infinidad de cosas que luego no recuerda y en mirar coches y más coches, de los que ya se sabe de memoria todos los datos posibles.

Nuestra atención es limitada. Esta es una de las cosas más importantes de la vida, que pasa desapercibida para casi todo el mundo. Si entiendes y asimilas bien que tu atención es limitada, tu vida cambiará por completo.

Si le dedicamos nuestra atención a cosas pequeñas, no se la podemos dedicar a cosas mucho más importantes y que tendrán un efecto mucho mayor en nuestra vida. Por eso es tan importante que entiendas y asimiles perfectamente que tu atención es limitada, y que gestionarla bien mejorará tu vida de forma exponencial.

Y esta es otra de las grandes brechas de nuestra sociedad, de la que no habla casi nadie, pero que también es de las más importantes: la brecha que existe entre la gente que sabe aprovechar su tiempo y la que no sabe aprovecharlo.

Fíjate en tu entorno a partir de ahora y lo verás claro.

Las personas que saben aprovechar su tiempo, y además invierten, cada vez viven mejor, en todos los sentidos.

Y las personas que no saben aprovechar su tiempo, y además no invierten, siempre están quejándose de que cada vez viven peor.

¿Te has dado cuenta de que ambas brechas están muy relacionadas?

Esto es así porque parte fundamental de saber aprovechar tu tiempo consiste en aprender a invertir, e invertir de forma continua.

Si los padres de Felipe perdieran menos tiempo y empezaran a invertir, y le explicaran a Felipe que puede comprarse ese uniforme y ese balón que tanto desea, y además empezar a invertir él también, entonces con los mismos ingresos todos vivirían mucho mejor, y verían el futuro con mucho más optimismo, ilusión y esperanza, porque estarían disfrutando más del presente gastando mejor su dinero (en el uniforme, la ropa y el coche que de verdad quieren tener, en lugar de en todas las pequeñas cosas que compran a diario, y que en realidad no quieren), y además estarían construyendo su futuro, aumentando su patrimonio todos los meses, y disfrutando también en el presente de esa visión de un futuro cada vez mejor para los tres.

Por eso, también a la hora de gastar debes pensar a lo grande (a tu manera), porque esos pequeños gastos continuos que realmente no satisfacen al que los hace son un intento de huir del futuro, y comprar esas cosas que de verdad quieres tener es invertir en tu ilusión y disfrutar de verdad de tu presente.

Ideas principales

- Es preferible comprar pocas cosas de mayor importe que te satisfagan que muchas cosas pequeñas que ni siquiera recuerdas.
- Las personas que invierten gastan bien el dinero, y las personas que no invierten suelen gastar mal el dinero.
- Comprar continuamente cosas pequeñas te hace perder dinero y tiempo.
- Si entiendes y asimilas bien que tu atención es limitada, tu vida cambiará por completo.
- Existe una gran brecha entre la gente que sabe aprovechar su tiempo y la que no sabe aprovecharlo.

6

¿Nos vamos a Ibiza este verano o mejor no?

—¿Has visto lo que cuesta un plato de paella?
—¡Increíble! Pero, bueno, ya que hemos encontrado un sitio, aquí nos quedamos.
—Ya. Y, al fin y al cabo, hemos estado trabajando y ahorrando todo el año para pasar estos cinco días en Ibiza.
—¡Nos lo merecemos!
—El caso...
—¿Qué?
—No, nada. Que estoy pensando que cuando volvamos a casa tendremos que trabajar y ahorrar los siguientes trescientos sesenta días, para poder volver aquí otros cinco días el año que viene.
—Calla, calla. No pienses ahora en eso. Vamos a disfrutar los cuatro días y medio que nos quedan, y ya veremos qué pasa el año que viene.

¿Está bien irse de vacaciones?

Sí, está muy bien. De hecho, creo que la gente tendría que estar más días de vacaciones, porque cinco o diez días al año son muy pocos, y eso es lo normal hoy en día.

Te dejo una reflexión: hace unas décadas era normal veranear dos o tres meses al año, y actualmente esto no solo no lo hace casi nadie (excepto los jubilados), sino que parece algo de ciencia ficción. Creo que es una muestra de que, claramente, ha bajado el nivel de vida de nuestra sociedad en muchos aspectos, y que esa idea de que «invertir es muy peligroso, mejor vive solo de tu trabajo» ha empobrecido en gran medida a muchos millones de personas que ni siquiera se han dado cuenta de ello. Espero que tú, tras leer este libro, entiendas con claridad que pretender vivir solo de tu trabajo es un suicidio económico, que sale mal sí o sí.

El caso es que está muy bien irse de vacaciones, pero hay que mantener una vida equilibrada para vivir bien de verdad.

Vivimos en un mundo con muchas contradicciones, y este tipo de gastos (el viaje a Ibiza que utilizo en este ejemplo representa muchos gastos similares) son un ejemplo muy claro.

Aparentemente, la gente que hace esta clase de viajes es gente alegre, que disfruta del presente. Pero yo creo que la realidad es diferente. Porque una cosa es la imagen que se da en un momento dado en las redes sociales y otra la realidad de la vida.

Está muy bien ir de vacaciones a sitios de moda como Ibiza (y otros similares), pero no está bien gastarse en unos pocos días el ahorro de todo el año. Esto es «vivir para la foto», y el problema no es que se pueda engañar a los demás, sino que quienes hacen este tipo de cosas se engañan a sí mismos.

¿Qué hay de verdad detrás de todo esto?

Algo que ya hemos visto en otros apartados, y que es la falta de ilusión y esperanza por el futuro.

Gastar en pocos días el ahorro de todo el año es renunciar al futuro, y buscar una especie de revancha con la vida, en el sentido de «como creo que nunca me irá mejor que ahora, al menos en unos pocos días me autoengaño haciéndome creer que soy rico, o casi».

Lógicamente, esos cinco días, o los que sean, pasan muy rápidamente, y luego hay que vivir los otros trescientos sesenta con esa falta de ilusión y esperanza por el futuro. Como te decía, el problema no es que otros crean que estas personas viven mejor de lo que realmente viven, sino que a esas personas no les gusta su vida, y en lugar de hacer proyectos realistas para mejorar su futuro de verdad lo que hacen es buscar la salida fácil de «al menos he podido hacer esto».

Pero lo cierto es que a los demás no les importa tu vida, así que no tiene sentido vivir para los demás, sino que debes vivir para ti.

Y esta es otra de las claves de por qué las personas que empiezan a ahorrar e invertir viven mejor desde el primer día. Fíjate en que es muy importante hacer las dos cosas: ahorrar e invertir.

¿Por qué?

Porque si solo ahorras te pasará como al abuelo de Joaquín, en el apartado que vimos antes, que al llegar a su jubilación empezó a ver que su vida había sido más aburrida que tranquila.

Ahorrar es necesario, pero si nos quedamos solo en ahorrar, no estaremos mejorando realmente nuestro futuro, y no tendremos la ilusión y la esperanza que nos da el hecho de invertir. Ahorrar es como plantar las semillas de un árbol, e invertir es tener paciencia hasta que crezca el árbol y nos dé sus frutos el resto de nuestra vida. Por eso, ahorrar es la base, pero ahorrar no nos trae ilusión. La ilusión nos la trae la inversión.

Porque es invertir el dinero que ahorramos lo que nos hará ganar esos «intereses de los intereses», que será lo que de verdad nos cambie la vida, como vimos con la historia de Juan y su hermano Iván.

Sin embargo, la gente que no ahorra ni invierte, ¿qué está haciendo en realidad?

O, mejor dicho, ¿qué no está haciendo?

La gente que ni ahorra ni invierte no está construyendo su futuro. Y si no construyes tu futuro, necesariamente lo ves con pesimismo, aunque unas pocas fotos al año en las redes sociales puedan dar otra imagen. E insisto, porque es muy importante: el problema verdadero de dar una imagen irreal en las redes sociales no es que se pueda engañar a otros, sino que esas personas se están engañando a sí mismas, y eso es lo que debería importarles.

Así que es muy importante que tengas claro que la diferencia realmente importante entre invertir o no invertir no es el dinero en sí mismo, sino el hecho de que estés construyendo tu futuro, o no.

Porque el principal problema de jugar a ser rico es que son ellos mismos los que se mantienen pobres. Da igual lo que piensen o crean los demás, la realidad es que esas personas se mantienen en la pobreza, y ellos sí que saben la verdad de su vida.

«También hay que gastar», dicen muchas personas en estos casos. Pero los que dicen eso no ahorran ni invierten, así que les falla el «también». Porque ellos solo gastan, así que deben empezar a gastar, y también a ahorrar e invertir, para ser coherentes con sus propias palabras y empezar a vivir bien de verdad.

Otro error importante de la sociedad actual, muy relacionado con todo lo que acabamos de ver, es que la búsqueda de «lo mejor de lo mejor» es algo artificial y equivocado.

No existe «el mejor viaje», ni «el mejor coche», ni «la mejor ropa», etcétera. Y, aunque existieran, casi nadie en el mundo tendría dinero para tener solo «lo mejor de lo mejor». Por eso creo que es preferible pensar en hacer «un buen viaje», por ejemplo, sin importar si otros creerán o no que es «el mejor viaje». Esto es una mal entendida búsqueda de la excelencia, que hace que mucha gente vaya perdiendo su tiempo y su dinero en clichés creados por otros, que no son lo que en realidad quieren, y que les hacen vivir la vida que supuestamente quieren vivir otros, en lugar de la vida que quieren vivir ellos.

Supongo que conocerás la clásica historia de los dos bares vacíos que están en la misma calle, uno justo enfrente del otro. Llega la primera persona y entra en uno de ellos, sin tener claro por qué lo ha elegido. Simplemente quería entrar en un bar y tenía que elegir uno de los dos.

Poco después llega otra persona y piensa: «Si esa persona ha entrado en ese bar en lugar de en el que está enfrente, será por algo, así que ni me molesto en pensar un poco en cuál de los dos bares estará mejor y entro en el que está esa persona».

Al llegar la tercera persona hace el mismo razonamiento que la segunda, y se mete en el mismo bar. Poco a poco van llegando más personas, que siguen la misma lógica, de forma que uno de los dos bares acaba completamente lleno de gente y el otro, vacío.

Esta historia es muy antigua y la conoce mucha gente, pero mucha de la gente que la conoce no la aplica a su vida diaria, porque creen que solo vale para el caso de los bares. Sin embargo, la enseñanza de esta historia vale para todo, y en concreto vale para esa búsqueda obsesiva de tener «lo mejor de lo mejor» en nuestra sociedad actual, que hace que muchas personas acaben en el bar lleno de gente, cuando el que más le gustaría a bastante gente sería el otro. Lógicamente, tienes que sustituir la palabra «bar» de la frase anterior por «viaje», «televisión», «ropa», «coche», etcétera, para entender cómo debemos aplicar la enseñanza de esta historia a nuestra vida diaria.

Manteniendo el ejemplo de Ibiza, probablemente mucha gente disfrutará más un viaje a esta isla en temporada baja que en temporada alta, y además podrá ahorrar e invertir para construir su futuro a la vez que va de vacaciones a Ibiza, o a donde sea.

La idea clave es que, si no construyes tu futuro, lo verás siempre con pesimismo. Y, realmente, ese pesimismo será una visión objetiva y realista, porque no estarás haciendo nada por mejorarlo, así que muy probablemente tu futuro será mediocre o malo.

Sin embargo, si construyes tu futuro, lo verás con optimismo. Y también este optimismo será una visión objetiva y realista, porque de verdad estarás haciendo cosas para que tu futuro mejore, así que es muy probable que tu futuro sea bueno, mucho mejor que tu presente.

Ideas principales

- Hace unas décadas era normal veranear dos o tres meses al año, y hoy en día parece algo de ciencia ficción.
- Hay que mantener una vida equilibrada, para vivir bien de verdad.
- Gastar en pocos días el ahorro de todo el año es renunciar al futuro.
- Las personas que empiezan a ahorrar e invertir viven mejor desde el primer día.
- Ahorrar es como plantar las semillas de un árbol, e invertir es tener paciencia hasta que crezca el árbol y nos dé sus frutos el resto de nuestra vida.
- Invertir es construir nuestro futuro, y si estamos construyéndolo necesariamente seremos optimistas con ese futuro.
- No existe «el mejor viaje», ni «el mejor coche», ni «la mejor ropa», etcétera, así que no los busques.

7

Si entiendes qué es realmente el lujo, vivirás mucho mejor

—¿Has visto lo que cuesta ese reloj?
—No pensé que un reloj pudiera costar tanto.
—Y no son solo los relojes. También hay bolsos y botellas de vino que cuestan como un coche bueno.
—No me lo puedo creer.
—Es así, lo creas o no. Y la gente que tiene mucho dinero no es tonta, así que yo no paro de pensar en que algún día pueda llegar a comprarme alguna de esas cosas.
—¿Tanto dinero tienes?
—No, pero con esfuerzo y sacrificio creo que lo podré conseguir algún día.
—¿Tú crees que de verdad merece la pena gastar tanto dinero en un reloj? Al fin y al cabo, no es más que un reloj.
—Tampoco me voy a comprar ese que tienen ahí. Pero esa misma marca tiene otros más baratos, y alguno de esos sí creo que me lo podré comprar dentro de unos años si me esfuerzo y ahorro.

Con los objetos de lujo sucede algo parecido a lo que acabamos de ver con las vacaciones.

¿Está bien que existan objetos de lujo?

Sí, está bien que existan objetos de lujo. Pero no está bien que haya gente que se deje la vida en comprar uno de ellos porque no merece la pena. Tu vida y tu tiempo valen más que cualquier objeto de lujo.

Yo creo que el lujo, para que sea lujo de verdad, debe poder comprarse sin esfuerzo.

Quizá estés pensando algo así como «Pero ¡es que para eso hace falta tener muchísimo dinero!».

Es así, sí. Por eso es lujo.

Pero es que el lujo no es necesario para vivir, ni para tener una buena vida, ni para ser feliz (sea lo que sea la felicidad).

Hace décadas los objetos de lujo no eran conocidos por la mayor parte de la población. Se sabía que existían, pero no se veían porque no existían las redes sociales ni tantos canales de televisión.

Todo el mundo suponía que los presidentes de las grandes empresas llevarían un buen reloj y tendrían una buena pluma para firmar documentos importantes, por ejemplo. Pero no era algo en lo que se estuviese pensando todo el día, ni muchísimo menos. Ni se sabía qué reloj o qué pluma podrían ser, ni cuánto costarían.

Me gusta mucho una frase de Enrique Loewe, uno de los herederos de la famosa firma (ahora) de lujo: «En Loewe ignorábamos que estábamos haciendo lujo, simplemente pensábamos que estábamos haciendo cosas bien hechas».

Me gusta mucho esta frase porque representa muy bien cómo se ha transformado este negocio, cómo ha cambiado nuestra sociedad y qué implicaciones tiene todo esto en la vida de mucha gente.

De la misma forma que, como luego veremos, hay personas que conocen cómo funciona la mente humana en el tema de la adicción a la información, y por eso ha decidido montar un negocio que consiste en generar miedo y ansiedad en su audiencia para ganar más dinero amargándole la vida a todo el que se deje, hay otras personas que conocen otras debilidades humanas y las explota, como sucede con el caso del lujo.

Hace décadas, el «lujo» era una expresión coloquial y simpática. «Esta camisa que te has comprado es de lujo», por ejemplo.

Pero realmente no existía una categoría de camisas de lujo, o bolsos de lujo, relojes de lujo e incluso jamones de lujo.

Lo que había eran buenas camisas, buenos bolsos, buenos relojes, buenos jamones, etcétera. Y a esto es a lo que se refería Enrique Loewe con esa frase.

Pero hubo gente que empezó a pensar: «Si conseguimos influir en la mente de la gente para que todos estos objetos buenos empiecen a verlos como objetos de lujo, y crean que conseguir la felicidad depende de que puedan comprar alguno de ellos, entonces les podremos vender las mismas cosas que les vendemos ahora, pero a precios mucho más caros, ganando más dinero».

Y así es como los buenos relojes se convirtieron en relojes de lujo, los buenos bolsos, en bolsos de lujo...

Gracias a esta ansiedad que han generado, haciendo creer a mucha gente que su felicidad depende de que se puedan comprar alguno de estos objetos, es como han conseguido subir cada vez más los precios de los objetos de lujo, ampliando más y más la diferencia entre el coste de fabricarlos y el precio al que se venden.

Por eso, el valor del lujo no está en los objetos en sí mismos, sino en la imagen que la gente se crea en su mente de esos objetos.

¿Quiere esto decir que las personas que los compran se equivocan porque les están engañando?

No exactamente.

Vamos a distinguir dos tipos de objetos de lujo.

Por un lado, están los objetos que realmente son mejores que la media.

¿De verdad estos objetos valen lo que cuestan?

Sí, y no. La respuesta depende más del comprador que del objeto.

Creo que no valen lo que cuestan si hay que hacer un esfuerzo para comprarlos, como el personaje de nuestra historia. En este caso, lo racional es ahorrar e invertir ese dinero, para construir un futuro mejor. Porque nuestro futuro no va a ser mejor, sino peor, si hemos comprado ese objeto con mucho esfuerzo.

Pero en el caso de alguien que ya haya ahorrado e invertido mucho a lo largo de su vida, y ahora ingrese mucho más dinero del que puede gastar, sí tiene sentido que compre esos objetos de lujo.

Si miramos solamente la relación calidad precio, es evidente que es mejor comprar 500 relojes de 100 euros que un reloj de 50.000 euros.

Pero piensa una cosa: ¿qué hace esa persona que ya ingresa mucho más dinero de lo que puede gastar con 500 relojes?

No tiene ningún sentido que esa persona compre 500 relojes, porque no va a hacer nada con ellos más que guardarlos en un armario para no ponérselos nunca.

Así que la decisión que tiene que tomar esta persona no es si se compra quinientos relojes de 100 euros o un reloj de 50.000 euros, sino si se compra un reloj de 100 euros o un reloj de 50.000 euros.

Nuevamente, si miramos solo la relación calidad precio, la decisión racional es comprar el reloj de 100 euros, pero si se compra ese reloj, ¿qué hace esta persona con los otros 49.900 euros?

¿Invertirlos en comprar más acciones, por ejemplo, para que a partir de ahora aún le sobre más dinero y no sepa qué hacer con él?

49.900 euros son mucho dinero para la mayor parte de la gente, pero para una persona a la que le sobra mucho dinero, porque ya no sabe en qué gastar todo el que ingresa continuamente, 49.900 tienen un valor relativo muchísimo menor.

Y si piensa en los trabajadores de las siguientes generaciones, para que la gente tenga buenos trabajos, sueldos más altos, se gane bien la vida, tenga estímulos, etcétera, es mejor que se compre el reloj de 50.000 euros para que lleguen a los trabajadores que hacen esos relojes (ya sé que hay que quitar impuestos y demás, pero lo importante es que te quedes con lo esencial de la idea), en lugar del reloj de solo 100 euros.

Porque a los trabajadores de la industria de los relojes les mejora mucho más la vida vender un reloj de 50.000 euros que otro de 100 euros.

El segundo tipo de objetos de «lujo» son los que no valen lo que cuestan, en ningún caso, y lo sabe perfectamente quien los vende.

¿Para qué fabrican y venden (o, al menos, lo fingen) estos objetos de supuesto lujo?

Para blanquear capitales, simple y llanamente, como ya vimos.

No se puede blanquear capitales vendiendo camisas baratas, porque el margen de beneficios es muy pequeño, y no da para fingir que se tienen unos beneficios que realmente no se tienen.

Para blanquear capitales hay que fingir que camisas que en realidad te han costado 10 euros las estás vendiendo por 1.000. Y esto es algo muy habitual en nuestros días, con camisas, con objetos de arte y con otro tipo de objetos.

Volviendo al tema del gasto de las personas que ya tienen un buen patrimonio, lo mejor es que tengan un buen nivel de vida, porque eso hace que los demás vivan mejor. Antes vimos que, cuando estás formando tu patrimonio, debes ahorrar, para poder invertir. Y debe ser así. Sin embargo, cuando ya tengas un buen patrimonio no debes «vivir con lo justo», como si no tuvieras ese patrimonio, porque eso no te beneficia ni a ti ni al resto de la población. Tú vivirás mejor gastando más dinero, y los trabajadores ganarán más dinero y tendrán una vida mejor si tú gastas más dinero.

Ideas principales

- Tu vida y tu tiempo valen más que cualquier objeto de lujo.
- El lujo, para que sea lujo de verdad, debe poder comprarse sin esfuerzo.
- El valor del lujo no está realmente en los objetos en sí mismos, sino en la imagen que la gente se crea en su mente de esos objetos.
- Gracias a la ansiedad que han generado, haciendo creer a mucha gente que su felicidad depende de que se puedan comprar alguno de estos objetos, es como han conseguido subir cada vez más los precios de los objetos de lujo, ampliando más y más la diferencia entre el coste de fabricarlos y el precio al que se venden.
- Para blanquear capitales hay que fingir que camisas que en realidad te han costado 10 euros las estás vendiendo por 1.000.
- Cuando ya tengas un buen patrimonio vivirás mejor gastando más dinero, y los trabajadores ganarán más dinero y tendrán una vida mejor si tú gastas más dinero.

8

Con los juegos de azar pierdes algo mucho más importante que el dinero

—¡Casi! Si no fuera por ese poste del último minuto, habría ganado 100 euros —dijo Enrique.
—Una pena, sí. Al menos ayer ganaste 40 euros con el partido de baloncesto de la NBA —le respondió su padre.
—Sí, pero en total pierdo 60 euros, y si hubiera entrado ese tiro del último minuto ya habría ganado 140 euros en dos días.
—A mí me gusta más la Lotería, la Bonoloto, los Euromillones, etcétera. Es más tranquilo. Hasta ahora no me he hecho rico, pero cualquier día me puede tocar, porque juego a algo todos los días.
—Yo estoy seguro de que algún día nos tocará algo importante, papá.
—Esperemos, hijo, porque es la única oportunidad que tenemos de hacernos ricos.
Y, así, fueron pasando los años y los años, y ni Enrique ni su padre se hicieron ricos. Tampoco se arruinaron, porque no jugaban grandes cantidades de dinero. Perdieron dinero, pero podían asumir esas pérdidas, porque nunca hicieron locuras con los juegos de azar. Pensaban que era su única oportunidad de hacerse ricos, y no querían dejar de «echar la papeleta» ni un solo día, esperando que hoy fuera cuando, por fin, «salieran de pobres».
Sin embargo, aunque no perdieron grandes cantidades de dinero, Enrique y su padre perdieron algo más importante. ¿Sabes qué es?

La lotería en todas sus variantes, y los juegos de azar en general, son algo muy típico de la cultura española y de muchos otros países.

¿Te has parado a pensar si esto es bueno o malo?

Aparentemente es bueno, porque es lo que le da a mucha gente la ilusión de llegar a ser rico. Y ya hemos hablado antes de que es muy importante tener ilusión por el futuro para vivir bien la vida.

Pero esto de los juegos de azar tiene un trasfondo muy profundo, porque esa ilusión es una ilusión falsa.

El problema de la lotería y de los juegos de azar no es el dinero que se pierde, porque la inmensa mayoría de la gente juega cantidades pequeñas y su vida no cambia por perder continuamente ese dinero.

Así que piensan: «Esto no puede ser malo, porque pierdo poco dinero y mi vida no cambia».

Sin embargo, el problema es justo ese, que su vida no cambia.

Y ellos quieren que su vida cambie. Por eso juegan todos los días, o todas las semanas, a alguna lotería o juego de azar: precisamente porque lo que quieren es cambiar su vida.

Por eso los juegos de azar son mucho más perjudiciales de lo que cree la gente. Porque la mayoría de los que juegan a algún juego de azar pierde poco dinero, pero se estanca, y lo que pierde de verdad es el tiempo, y un año detrás de otro esperando que le cambie la vida algo que es casi imposible que suceda.

Por eso, esa idea que está tan extendida de que «la lotería (y similares) es la única forma de hacerse rico» es muy perjudicial.

¿Por qué?

Porque, en casi todos los casos, lo que hace es cerrar la puerta a otras alternativas más realistas para hacerse rico, como invertir o montar un negocio.

Generalmente, la gente que monta negocios no juega a la lotería, porque no tiene tiempo para eso.

El tiempo es muy importante, y uno de los motivos por los que España no es un país mucho más rico, como debería ser, es porque una parte muy importante de la población no ha sabido valorar su tiempo. Recuerda que ya vimos antes que decidir a partir de ahora a qué le dedicas tu atención es una de las cosas que más transformará tu vida.

Antes vimos el caso de los padres de Felipe, que «no tenían tiempo para invertir» porque estaban todo el día eligiendo y comprando ropa y pequeñas cosas que ni siquiera recordaban.

Para ser más ricos tenemos que aprender a valorar nuestro tiempo, y usarlo en las cosas que realmente son importantes y que de verdad van a mejorar nuestra vida.

Si estamos todo el día pensando en comprar ropa o pequeñas cosas, no podremos dedicar ese tiempo a invertir, que es algo que sí nos va a cambiar la vida a mejor, y con total seguridad.

De la misma forma, si tenemos todo el día en la cabeza que tengo que ir a comprar la Lotería o el Euromillones, o mirar las apuestas de la jornada de tenis de hoy de Wimbledon o de La Liga, etcétera, nuestra cabeza no puede estar pensando a la vez en qué inversiones haremos este mes.

Y, lógicamente, es muy fácil caer en la tentación de «para qué voy a ahorrar 300 euros este mes, si a lo mejor mañana me tocan diez millones de euros». Eso tendría sentido si fuera muy probable que nos tocasen esos diez millones, pero la realidad para el 99,999999 % de la gente que juega a los juegos de azar es que ni ahorran ni les tocan los diez millones y, por tanto, su vida no cambia (como veíamos antes), de modo que acaban estancados en una vida que en realidad no quieren tener (por eso compran todos los días esa remotísima posibilidad de que su existencia cambie por completo).

De paso, esta es la explicación de por qué la inmensa mayoría de la gente a la que le toca la lotería se arruina en poco tiempo, y de que pocos años después esté en una situación mucho peor que antes. Porque, aunque a muy poca gente, todos los días le toca a alguien cantidades importantes de dinero con alguna lotería.

¿Es una maldición extraña o algo así?

No, es lógica y sentido común. Y lo acabamos de ver.

Si la mayoría de la gente que juega a la lotería «no ahorra 300 euros porque no merece la pena», la consecuencia inevitable es que no están acostumbrados a gestionar dinero. No saben hacerlo, porque nunca lo han hecho y nunca han querido aprender, así que no tienen inteligencia financiera.

Por eso, cuando les toca una gran cantidad de dinero, la situación les sobrepasa por completo, y como no están preparados para algo así, fracasan en la gestión de ese dinero.

Si no sabían gestionar 300 euros al mes porque nunca lo hicieron, ¿cómo van a saber gestionar varios millones de euros que les han caído de repente?

Es completamente imposible. No tiene nada que ver con maldiciones ni cosas extrañas. Es pura lógica y sentido común, como te decía antes.

Hay una frase clásica que dice que «la lotería es un juego de pobres».

Realmente, hay personas que juegan a la lotería y son buenos inversores y/o buenos empresarios o emprendedores. Pero son pocos.

La realidad es que la gran mayoría de las personas que juegan a la lotería están perdiendo la oportunidad de cambiar su vida invirtiendo o montando algún negocio.

Ya sé que con un euro al día, que es lo que juega mucha gente a los juegos de azar, no se puede montar un negocio o ganar mucho dinero en poco tiempo invirtiéndolo.

Pero es que lo importante no es la cantidad, sino la mentalidad de la persona que dedica su atención a ese euro.

La idea es que esa persona cambie su mentalidad, deje de gastar ese euro y el tiempo que le dedica a gastarlo y empiece a hacer un plan serio de ahorro e inversión que sí que cambiará su vida de verdad.

Otro problema que tener en cuenta son las subidas y bajadas de ánimo que todo esto provoca, porque en el momento de comprar el boleto (o lo que sea) las ilusiones son grandes, pero pocas horas o días después viene el bajón de que, otra vez, no ha tocado. Y esta montaña rusa de emociones es muy mala para la salud.

Ideas principales

- La mayoría de la gente que juega a algún juego de azar pierde poco dinero, pero lo que pierde de verdad es el tiempo.

- Esa idea de que «la lotería es la única forma de hacerse rico» es muy perjudicial porque lo que hace es cerrar la puerta a otras alternativas más realistas para hacerse rico, como invertir o montar un negocio.
- Uno de los motivos por los que España no es un país mucho más rico es porque una parte muy importante de la población no ha sabido valorar su tiempo.
- Decidir a partir de ahora a qué le dedicas tu atención es una de las cosas que más transformará tu vida.
- El 99,999999 % de la gente que juega a los juegos de azar ni ahorra ni le tocan los diez millones y, por tanto, acaban estancados en una vida que realmente no quieren tener.
- Con un euro al día no se puede montar un negocio o ganar mucho dinero en poco tiempo invirtiéndolo, pero lo importante no es la cantidad, sino la mentalidad de la persona que dedica su atención a ese euro.

9

Piensa en tu vida como en un proyecto a largo plazo

Vivimos en una sociedad cortoplacista que lleva a la gente a la frustración continua porque casi todo el mundo tiene una visión muy cortoplacista en todo lo que hace, y eso es lo que les impide conseguir hacer esas grandes cosas que son las que de verdad desean. Porque las grandes cosas necesitan algo más de tiempo que las pequeñas cosas del día a día.

Tú debes tener mentalidad de largo plazo si quieres vivir mucho mejor que la media.

Este cortoplacismo de la mayoría de la gente es lo que ahora se llama un «hábito de pobre», porque a las personas que se mantienen pobres lo que les da seguridad, por su desconocimiento del tema, es tener dinero en efectivo. Siempre que tienen algo que no sea dinero en efectivo se ponen nerviosos y no ven el momento de venderlo para volver a tener el dinero en su cuenta. Por eso permanecen pobres.

La gente que realmente sabe no quiere tener dinero en efectivo, sino activos (acciones, inmuebles, etcétera). Y cuando ingresa dinero nuevo, quiere cambiarlo por activos tan pronto como encuentre una buena oportunidad.

Yo creo que el mejor activo son las acciones de las empresas de calidad, por muchos motivos que luego veremos. Otros activos son los inmuebles, las tierras, el ganado...

Cuando un país deja de usar una moneda (como Alemania tras la Segunda Guerra Mundial, España tras la Guerra Civil y muchos otros países de Sudamérica, Europa y el resto del mundo en diferentes momentos), el dinero antiguo deja de valer, pero las empresas, los inmuebles, las tierras o el ganado siguen siendo igual de útiles con una moneda que con otra. Las vacas siguen dando leche, siguen creciendo los tomates y la gente sigue usando inmuebles y comprando las cosas que venden las empresas.

Así que esta es la mentalidad que debes tener desde hoy mismo: no quieras tener mucho dinero, sino muchos activos.

Lógicamente, tu proyecto a largo plazo se compondrá de muchos pequeños pasos, pero todos esos pequeños pasos te deben ir acercando cada vez más a tu objetivo.

El dinero es un medio para conseguir «algo», y ese «algo» es lo que a ti te gustaría hacer con tu vida.

¿Cómo quieres que sea tu vida dentro de diez, veinte o cuarenta años? ¿Quieres viajar por todo el mundo, pasar más tiempo con tu familia y amigos, montar una empresa, etcétera? En esto es en lo que tienes que pensar, y esto es lo que tienes que conseguir lo antes posible, manteniendo siempre el realismo, la prudencia y el sentido común.

Por eso es muy importante que pienses cómo quieres vivir cuando alcances la Independencia Financiera. Esto no es un contrato irrenunciable contigo mismo, sino unas metas flexibles que puedes ir variando con el tiempo.

¿Quieres vivir en un piso grande en los mejores barrios de Madrid o Barcelona, o prefieres vivir en una localidad de playa o de montaña?

¿Quieres tener un Mercedes o un Porsche nuevos, o usados, o te vale con un Toyota? ¿O no quieres conducir ni tener coche?

¿Quieres hacer viajes de lujo o prefieres hacer viajes más normales?

¿Quieres tener una segunda residencia?

¿Quieres ir mucho a restaurantes?

¿Quieres gastar mucho dinero en ropa?

¿Tienes alguna afición cara como al automovilismo o el esquí, o lo que te gusta es correr? Piénsalo. Pero piénsalo de verdad. No te quedes con la típica respuesta de «Yo no quiero ser millonario, con tener lo justo para comer ya me vale» si no es eso lo que realmente quieres.

Si lo que de verdad quieres es tener un Porsche y un gran piso en el barrio de Salamanca o en el paseo de Gracia, haz planes para conseguirlo.

Yo no te digo que debas querer una cosa o la otra. Todas las que te he citado, y muchas otras, me parecen bien. Lo que sí te digo es que seas sincero contigo mismo y que hagas planes para tener la vida que realmente quieres tener. Porque si te engañas a ti mismo, ya sabes quién va a ser el perjudicado, ¿verdad?

Piensa también que es normal que tus objetivos vayan variando a medida que va evolucionando tu vida. Por eso tienes que ser flexible con ellos. Los objetivos te marcan la dirección correcta en cada momento, pero no deben ser algo que haya que cumplir por obligación si tu forma de ver la vida cambia.

Tampoco se trata de que los cambies cada pocos meses, porque si los cambias cada pocos meses, entonces es que no tienes claro lo que quieres, y en ese caso lo que debes hacer es centrarte, no seguir sustituyendo unos objetivos por otros.

Pero es perfectamente normal que hoy pienses que en el futuro quieres tener un Mercedes sí o sí, y que dentro de unos años, en lugar del Mercedes, prefieras gastar ese dinero en viajes, o no gastarlo en nada y adelantar tu Independencia Financiera unos años, porque ha cambiado tu forma de ver la vida y tus aficiones, y resulta que los Mercedes te siguen gustando mucho, pero en este momento de tu vida consideras que, con la vida que tienes, si te lo compras lo ibas a usar dos días al año.

Lo importante es que estos planes serán una muy buena guía que te hará mucho más fácil el camino y te harán ver la vida con más optimismo e ilusión desde este mismo instante.

Por eso te recomiendo mucho que escribas estos objetivos, y los veas con frecuencia.

Ideas principales

- Vivimos en una sociedad cortoplacista que lleva a la gente a la frustración continua.
- Las grandes cosas necesitan algo más de tiempo que las pequeñas cosas del día a día.

- Debes tener mentalidad de largo plazo si quieres vivir mucho mejor que la media. La gente que realmente sabe no quiere tener dinero, sino activos (acciones, inmuebles, etcétera).
- El mejor activo son las acciones de las empresas de calidad.
- ¿Cómo quieres que sea tu vida dentro de diez, veinte o cuarenta años?
- Los objetivos te marcan la dirección correcta en cada momento, pero no deben ser algo que haya que cumplir por obligación si tu forma de ver la vida cambia.

10

Para vivir de las rentas necesitas... ¡rentas!

Miguel y Andrés ya están jubilados.

Trabajaron juntos en la que fue su primera empresa para ambos, y luego coincidieron varias veces a lo largo de su carrera laboral en otras compañías y proyectos. Así que hicieron una buena amistad, y ahora quedan de vez en cuando, aprovechando que tienen mucho tiempo libre.

—Te pasas el día mirando las cotizaciones en el móvil —dice Andrés.

—Claro, Miguel. Hay que estar siempre pendientes.

—Yo no le veo la utilidad a estar todo el día mirando si sube o baja la Bolsa. Yo prefiero cobrar los dividendos y dedicar el tiempo a las cosas que me gustan: mis aficiones, pasear, hablar con los amigos...

—Pero yo tengo que estar siempre pensando si vendo parte de mis fondos de inversión ahora o lo hago más adelante.

—¿Cómo decides cuándo vendes?

—No es nada fácil. Por eso tengo que estar todo el día pensando en la Bolsa. Hace un par de meses pensé en vender, pero vi que la Bolsa subía y esperé a ver si vendía más arriba.

—Y la Bolsa subió, ¿verdad?

—Sí, subió. Pero no me decidí a vender porque creí que iba a subir algo más. Entonces empezó a caer, y ahora no sé qué hacer. No quiero vender tan abajo, así que estoy esperando a ver si sube algo para poder vender un poco más arriba.

¿Cuánto dinero necesitas para dejar de trabajar?

Esta es una pregunta muy habitual, pero que está totalmente equivocada.

Lo que necesitas para dejar de trabajar no es una cantidad X de euros, sino unas rentas superiores a los gastos de la vida que quieras llevar.

Así de sencillo (de entender, no te digo que lo vayas a conseguir el mes que viene).

Este error tan habitual al plantear esta cuestión hace que casi todo el mundo vea su vida financiera, en el mejor de los casos, como una montaña.

Durante muchos años creen que hay que ahorrar hasta tener X euros (¿cómo calculamos esa X?; es imposible) y a partir de ahí creen que hay que gastarse ese dinero, esperando (con mucha angustia) que «no se acabe». Evidentemente, esto desmotiva y desilusiona a todo el que cree que la inversión consiste en esto. Porque pasarse un montón de años ahorrando para dejar de trabajar, y a partir de ahí pasarse el resto de la vida angustiados preguntándonos si habremos acertado con la «cima» de nuestra montaña, o si se nos acabará el dinero antes de que nos muramos, es bastante deprimente y angustioso, la verdad.

Tú tienes que ver la vida como una pendiente siempre ascendente, en la que tus rentas cada vez serán mayores, incluso desde el momento en que dejes de trabajar y empieces a gastarte esas rentas. Cuanto más tiempo pase, mayor será tu patrimonio y mayor será tu poder adquisitivo, aunque a partir de ese momento gastes todas tus rentas.

Por eso, para mí es fundamental que las inversiones produzcan una renta estable. Es muy habitual, incluso entre supuestos expertos, despreciar las rentas y centrarse en las revalorizaciones del capital, pero creo que es difícil expresar con palabras la importancia de las rentas estables al invertir:

1. Permiten valorar mucho mejor las inversiones y, por tanto, tomar decisiones más acertadas en todo momento. Es muy importante invertir solo en lo que se conoce, y todo lo que dé

rentas estables lo podrás conocer mucho mejor que lo que no las da.
2. Dan tranquilidad en todo momento, ya que vemos qué parte de nuestros gastos está cubierta por nuestras rentas y cómo ese porcentaje va subiendo cada mes.
3. Nos permiten ver que vamos por el camino correcto, al ver cómo nuestras rentas van subiendo.
4. Dar prioridad a las rentas no solo no significa renunciar a las revalorizaciones del capital, sino que lo habitual es que los inversores que dan más prioridad a las rentas consigan mayores revalorizaciones del capital. Y no es casualidad, porque cuantas más rentas da «algo», más vale ese «algo». Y si esas rentas suben con el tiempo, igualmente sube el valor de ese «algo» a medida que pasa el tiempo.

Esta es una de las claves para entender todo lo que leas sobre la Bolsa: Tu vida será muchísimo más fácil si tu patrimonio te da unas rentas estables, pero la vida de otros será mucho más fácil si tu patrimonio no te da rentas.

¿Por qué?

Porque si tienes rentas, tú vives mejor, pero si no tienes rentas, son otros los que viven mejor, a tu costa.

Si tu patrimonio no te da rentas tendrás dos problemas:

1. El primero es que con los fondos de inversión (y planes de pensiones, indexados y similares), se suele ganar menos dinero que invirtiendo a largo plazo directamente en acciones de empresas de calidad buscando la rentabilidad por dividendo.
2. El segundo es que cuando llega la hora de disfrutar del dinero, no se disfruta.

Vamos a ver por qué esto es así.

Imagina que la Bolsa sube el 10 % al año de media durante los próximos cuarenta años. Supongamos que tienes 20.000 euros. Puedes elegir entre estas dos alternativas:

1. Invertirlo directamente en acciones, y ganar ese 10 % al año.
2. Invertirlo en fondos de inversión (o planes de pensiones), y ganar ese 10 % al año, menos el 3 % de comisiones totales que te cobra el fondo cada año, por hacer su trabajo. Recuerda que las comisiones totales de los fondos de inversión son superiores a la suma de las comisiones de gestión y depósito, que son las que se muestran habitualmente en la mayoría de los documentos de los fondos de inversión. Así que las comisiones que pagas por tener el dinero en un fondo de inversión no son la suma de las comisiones de gestión y depósito que encontrarás con facilidad, sino esas dos comisiones, más otras que no hallarás con la misma facilidad.

Decides invertir 10.000 euros directamente en acciones (de empresas de calidad, por supuesto, no cualquier tipo de empresas), y los otros 10.000 euros en fondos de inversión.

¿Un 3 % al año es mucho o es poco?

Hay gente a la que un 3 % al año le parece poco, pero yo quiero que me digas tú a mí qué te parece un 3 % al año, viendo estos números.

Al cabo de esos cuarenta años, con las condiciones que hemos visto, los 10.000 euros que invertiste en acciones se han convertido en 452.000 euros.

Sin embargo, los 10.000 euros que invertiste en fondos de inversión se han convertido en 150.000 euros.

452.000 euros frente a 150.000.

Ese es el efecto de un 3 % al año.

¿Te parece mucho o poco?

Por eso te decía que si no tienes rentas (por invertir en fondos de inversión y cosas similares), la vida de otros (los que gestionen tu dinero) será más fácil, pero tú tendrás una vida más difícil.

¿Y los fondos que pagan rentas?

Hay fondos que pagan rentas, sí. Pero tienen unas comisiones similares a las que hemos visto. Así que, en realidad, no pagan unas rentas de verdad, sino que van vendiendo una parte de tu patrimonio todos los años, y a esa «voladura controlada» de tu patrimonio lo llaman «pagarte rentas» (falsas rentas, claro).

¿Y los indexados?

Los indexados son un tipo de fondos que están de moda desde hace unos años. Estos cobran unas comisiones muy bajas, mucho más bajas que las que hemos visto en el ejemplo anterior. Así que los indexados no tienen el problema de comisiones que acabamos de ver, pero tienen otros problemas, como que cada vez que inviertes en estos fondos compras más de las empresas cuando están más caras, y menos de las empresas cuando están más baratas. Eso, evidentemente, es justo lo contrario de lo que quiere hacer todo el mundo, ¿verdad? Porque entiendo que lo que tú quieres hacer es comprar más acciones de las empresas cuando están más baratas, y comprar menos acciones (incluso no comprar) de las empresas cuando están más caras. Los indexados tienen otros problemas, como que funcionan peor cuanta más gente invierte en ellos, entran en todas las burbujas, etcétera.

Los fondos de inversión no son una estafa. Lo que hacen es cobrar por su trabajo, como hace todo el mundo.

Y los indexados tampoco son un engaño. Es un producto que tiene sus ventajas y desventajas, y que yo veo adecuado para el caso de que en un momento dado quieras hacer una operación de medio plazo en un sitio como China, Vietnam o Rusia, por ejemplo. Para un caso así, los fondos de inversión y los indexados son más adecuados que las acciones.

Pero para el grueso de tu patrimonio creo que la mejor alternativa es comprar acciones de empresas de calidad, que te vayan pagando una renta (los dividendos) cada vez mayor, hasta que llegue el día en que esos dividendos que cobras sean superiores a los gastos que tienes para vivir como quieras vivir.

¿Por qué creo que esta es la mejor alternativa?

Yo he conocido a gente que tenía todo su dinero, o gran parte de él, invertido en fondos de inversión o indexados. Algunos tenían mucho dinero, y en teoría podían vivir muy bien. Pero no disfrutaban de su dinero y nunca llegaron a vivir tan bien como podrían.

¿Sabes por qué?

Por lo mismo que le pasa a Miguel, el personaje de la historia de este capítulo.

Si tú compras acciones que te pagan dividendos, ¿cuánto dinero puedes gastarte para vivir?

Los dividendos que cobres, así de fácil.

Los dividendos tienes que verlos como los alquileres de los pisos.

Si una persona tiene varios pisos alquilados, este año podrá gastarse en vivir lo que cobre por los alquileres de todos esos pisos, menos los gastos que tenga por mantener todos esos pisos.

¿Por qué?

Porque el año que viene esos pisos le volverán a dar esos mismos alquileres, o incluso algo más, y ese es el dinero que podrá gastar el próximo año. Y así irá pasando un año detrás de otro.

Así que esta persona gastará en vivir lo que cobre por los alquileres de sus pisos menos los gastos que tengan dichos pisos. Y los mantendrá, lo que le seguirá dando ingresos por su alquiler un año detrás de otro.

Con las acciones de las empresas de calidad pasa lo mismo, pero mejor.

Puedes gastarte en vivir los dividendos y mantener la propiedad de las acciones, con las que el año que viene te pagarán algo más de dividendos.

La ventaja de los dividendos sobre los alquileres es que los primeros dan muchísimo menos trabajo y que los dividendos a largo plazo, en general, crecen más que los alquileres. Así que, con el mismo dinero, vivirás mejor.

¿Por qué?

Porque los alquileres de las viviendas crecen, aproximadamente, lo mismo que crecen los sueldos. Y los dividendos crecen, aproximadamente, lo mismo que crecen los beneficios de las empresas.

Como los beneficios de las empresas crecen más que los sueldos, se vive mejor de los dividendos que de los alquileres. Además, las acciones no tienen los gastos de mantenimiento e impuestos (como el IBI) que tienen las viviendas.

Ahora volvemos al caso de las inversiones que no dan rentas, como los fondos de inversión y los indexados.

Ya hemos visto que hay fondos de inversión que aparentan dar rentas, pero no es verdad. El caso de los indexados es más complejo para tratarlo en este libro, porque continuamente se inventan algoritmos para crear nuevos productos indexados (como los ETF), y sería muy largo tratarlos todos. Algunos sí dan rentas reales, pero el resumen breve es que los índices (sean cuáles sean) no se inventaron para invertir en ellos, y eso hace que tengan unas desventajas matemáticas (como que compras siempre más de las empresas cuando están más caras y menos de las empresas cuando están más baratas, que funcionan peor cuanta más gente invierte en ellos, que entran en todas las burbujas, etcétera) que hacen que, en mi opinión, sea mucho mejor invertir directamente en acciones (de empresas de calidad, por supuesto).

Así que vamos a ver ya el caso de los fondos de inversión o indexados que no dan rentas.

¿Cómo disfrutar de este dinero?

Nadie ha encontrado nunca la respuesta.

Hay una regla (la llamada «regla del 4 %») que, supuestamente, consiste en que todos los años vendes un 4 % del dinero que tengas invertido en fondos de inversión y/o indexados (la mayoría de los indexados no dan rentas, o dan unas rentas muy bajas), y eso es lo que te puedes gastar cada año.

¿Es verdad eso?

No, no es verdad, porque de vez en cuando hay varios años en los que las Bolsas se mueven de forma lateral (es decir, que ni suben ni bajan claramente, sino que oscilan dentro de un rango horizontal).

Si tienes acciones, sigues cobrando tus dividendos y viviendo de ellos, y la Bolsa ya subirá.

Pero si tienes fondos de inversión o indexados y cada año vendes un 4 %, entonces en esos periodos de varios años laterales tu patrimonio empieza a disminuir, y la angustia comienza a aumentar cada vez más deprisa, porque ves que cada vez tienes menos dinero, que cada vez tienes que vender un porcentaje más alto de tu patrimonio para mantener tu nivel de gastos, y que no sabes cuándo volverá a subir la Bolsa.

¿Qué le pasa en la práctica a la mayoría de las personas que tienen su dinero invertido en fondos de inversión o indexados, cuando llega el momento de jubilarse y disfrutar de su dinero?

Que no venden nunca, o venden muy poco, como le pasa a Miguel, y nunca disfrutan de su dinero.

Cuando la Bolsa sube, no quieren vender porque siempre parece que va a subir más.

Y cuando la Bolsa baja, tampoco venden, porque no quieren hacerlo barato.

Para entender bien esto tienes que ver los fondos de inversión y los indexados como una montaña.

Mientras la persona está trabajando va metiendo dinero en estas inversiones, y eso es como la subida de la montaña. En esta fase de la vida el patrimonio va subiendo.

¿Hasta cuándo?

Hasta el día de la jubilación, que es la cima de la montaña.

¿Qué pasa a partir de ahí?

Que empieza el descenso por el otro lado de la montaña. Es decir, desde el día en que se jubila esa persona, empieza a «comerse» su patrimonio, de forma que ahora este cada vez es menor (porque se lo está comiendo).

Así, al llegar al final de su vida, generalmente su patrimonio es muy pequeño, y eso es lo (poco) que heredan sus hijos.

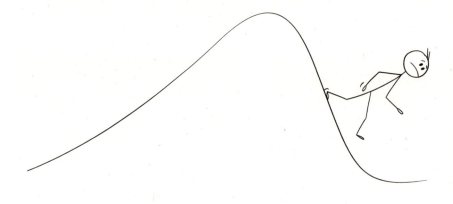

El resultado de todo esto es que nunca llegan a disfrutar del dinero que tienen acumulado en fondos de inversión e indexados, y que tanto trabajo les costó acumular.

¿Y de qué vive entonces esta gente?

Viven de la pensión (mientras dure) y de las rentas (dividendos y/o alquileres) que les den las acciones e inmuebles que tengan.

Pero el dinero que tienen acumulado en fondos de inversión e indexados es como si estuviera en una urna, que nunca se atreven a abrir. Así que se les va la vida sin haber abierto esa urna, y sin haber disfrutado de su dinero. Y eso es una auténtica pena.

¿Qué pasa en estos casos cuando llega un momento en que tienen que abrir esa urna sí o sí, porque el resto de sus fuentes de ingresos no son suficientes para vivir? ¿Cuándo venden sus fondos, o una parte de ellos, estas personas? ¿Cuándo la Bolsa ha subido o cuando ha bajado?

Por norma general, es el pánico lo que los lleva a «abrir esa urna», de forma que es cuando la Bolsa cae con fuerza cuando el miedo a perder más los lleva a vender en un mal momento para hacerlo.

Además, piensa que si cuando te jubiles vives de comerte tu patrimonio, entonces tus hijos no heredarán nada, o casi nada, y así todo tu esfuerzo y tu trabajo no pasará a la siguiente generación.

Sin embargo, con las acciones y los inmuebles pasa justo lo contrario: desde el momento en que decides jubilarte vives de los dividendos, o los alquileres, y con el paso del tiempo eres cada vez más rico, porque tus acciones, y tus inmuebles, valen cada vez más. Así que tus hijos heredan un patrimonio mucho mayor que el que tenías el día que te jubilaste.

En cuanto a las «ventajas fiscales», ¿deben atraernos las ventajas fiscales de los planes de pensiones, fondos de inversión e indexados?

Al fin y al cabo, las ventajas fiscales están hechas justo para eso: para atraernos hacia esa inversión.

Esto puede sonar bien, pero piensa una cosa: ¿quién da las ventajas fiscales, y por qué las da?

Las ventajas fiscales no se las dan las inversiones a sí mismas. Es decir, las ventajas fiscales no es algo que se consiga de forma automática por tener una rentabilidad muy buena, o por hacer las cosas mejor que los demás, etcétera.

Las ventajas fiscales las dan los políticos, a quienes quieren y como quieren (y, por eso mismo, en cualquier momento, las pueden quitar).

¿Qué requisitos hay que cumplir para que los políticos le den una ventaja fiscal a una inversión?

Ninguno.

Es, simplemente, una decisión caprichosa.

¿Y por qué los políticos dan ventajas fiscales a unas inversiones y no se las dan a otras?

Generalmente, detrás de cada ventaja fiscal hay un grupo de poder (o *lobby*), que es el que se beneficia realmente de esa ventaja fiscal. Detrás de las «ventajas fiscales» a la vivienda está el *lobby* de los promotores de vivienda, por ejemplo.

En el caso de los planes de pensiones, fondos de inversión e indexados, el *lobby* que se beneficia es el de los gestores de todos estos productos, lógicamente.

¿Y qué gana este *lobby* de los gestores de todos estos productos con esas ventajas fiscales?

Muy fácil. ¿Recuerdas el ejemplo que acabamos de ver en el que tenías 20.000 euros e invertías 10.000 directamente en acciones y los otros 10.000 en fondos de inversión, que te cobraban «solo» un 3 % al año?

Los 10.000 euros en acciones se convertían en 452.000 euros, y los 10.000 euros en fondos de inversión se convertían en 150.000 euros.

Ahí está la clave, en la diferencia entre esos 452.000 euros y esos 150.000 euros.

A ti te interesa más invertir directamente en acciones, pero al *lobby* de los gestores le interesa más que inviertas tu dinero en sus planes de pensiones, fondos de inversión e indexados.

Por eso el *lobby* de los gestores de todos estos productos habla con los políticos, y a cambio de vaya usted a saber qué, los políticos les dan ventajas fiscales a los planes y fondos de inversión e indexados.

¿Para qué?

Evidentemente, para atraerte hacia los planes y fondos de inversión e indexados, y que metas tu dinero en ellos, en lugar de comprar acciones directamente.

Por eso, las «ventajas fiscales» en realidad son cebos fiscales, y no solo no deben atraernos, sino que debemos huir de ellos, porque las ventajas fiscales no se hacen para beneficiarte a ti, sino para beneficiar a aquellos que venden esos productos a los que los políticos les han dado esos cebos fiscales, para que pique la gente.

La fiscalidad debe ser exactamente la misma para todas las inversiones, y cuando no es así es muy probable que haya algo oscuro y turbio detrás de esos cebos fiscales.

Además de la rentabilidad y de lo que te facilita la vida el hecho de cobrar dividendos, hay otro tema muy importante, y es que los dividendos son los que ilusionan y transforman vidas, mientras que los indexados y los fondos de inversión crean gente miedosa y pesimista, tanto en la fase de inversión como en la de gasto.

¿Por qué?

Porque el argumento para invertir en fondos de inversión o indexados, resumidamente, es «No pienses, no lo intentes, nunca sabrás invertir, y si alguna vez lo intentas, te equivocarás seguro. Por eso, deja que otros (que tampoco saben adivinar el futuro) inviertan por ti».

Lógicamente, esto hunde la moral y la autoestima de los inversores en fondos de inversión e indexados, y eso lleva necesariamente al pesimismo, en mayor o menor grado.

Esto que acabamos de ver es lo que sucede en la fase de invertir el dinero.

Luego, en la fase de gastar el dinero, como nunca se sabe cuánto se puede gastar cada año, como vimos antes, la tendencia es gastar mucho menos de lo que se podría gastar, y eso lleva a vivir peor de lo que se podría vivir, tanto desde el punto de vista económico como emocional, porque siempre se tiene miedo a equivocarse (a estos inversores les dijeron que mejor no pensaran, y lo creyeron, ¿recuerdas?) y que algún día les falte el dinero. Evidentemente, vivir con miedo a gastar pensando que se te puede acabar el dinero también lleva al pesimismo.

Y es una pena vivir la vida con pesimismo tanto en la fase de inversión como en la fase de gasto. Porque la suma de la una y de la otra son toda tu vida, claro está.

Sin embargo, si inviertes por dividendos, verás tu vida siempre con más optimismo.

¿Por qué?

Porque en la fase de inversión tú tienes el control de lo que haces. No sabes lo que pasará en el futuro, lógicamente. Pero los gestores de los fondos de inversión y los algoritmos que usan los indexados tampoco saben lo que pasará el día de mañana.

La diferencia, enorme, está en tener el control de lo que haces (si inviertes directamente en acciones) o no tenerlo (si inviertes en fondos de inversión e indexados). Y esa gran diferencia marca tu estado de ánimo todos los días de tu vida.

Más tarde, al llegar a la fase de gastar, en la que empiezas a vivir de las rentas de tu patrimonio (los dividendos), lo que ves es que cada año podrás gastar más, porque los beneficios y los dividendos de las empresas seguirán creciendo con el tiempo. Así que no tendrás que preocuparte por si sube o baja la Bolsa, porque ya sabrás que lo que puedes gastar para vivir son los dividendos que cobres, sin importarte si sube o baja la Bolsa. Y como esos dividendos van creciendo con el tiempo, no tendrás miedo a gastar de más y que se te acabe el dinero, como vimos en el caso de los fondos de inversión y los indexados, sino que verás un futuro en el que cada vez podrás gastar más dinero.

Esta es la diferencia entre vivir toda la vida con miedo y pesimismo (invirtiendo en fondos de inversión e indexados) o vivirla con ilusión y optimismo (invirtiendo en acciones a largo plazo por dividendos).

Ideas principales

- Lo que necesitas para dejar de trabajar no es una cantidad X de euros, sino unas rentas superiores a los gastos de la vida que quieras llevar.
- Tienes que ver tu vida como una pendiente siempre ascendente, en la que tus rentas cada vez serán mayores.

- Es fundamental que tus inversiones te produzcan una renta estable.
- Tu vida será muchísimo más fácil si tu patrimonio te da unas rentas estables, pero la vida de otros será mucho más fácil si tu patrimonio no te da rentas.
- 452.000 euros frente a 150.000. Ese es el efecto de un 3 % al año.
- La mejor alternativa es comprar acciones de empresas de calidad, que te vayan pagando unos dividendos cada vez mayores, hasta que llegue el día en que esos dividendos que cobras sean superiores a los gastos que tienes para vivir como quieras vivir.
- Vivirás mejor con los dividendos que con los alquileres.
- Detrás de cada ventaja fiscal hay un lobby, que es el que se beneficia realmente de esa ventaja fiscal.
- Los dividendos son lo que ilusiona y transforma vidas.
- Al empezar a vivir de tus dividendos cada año podrás gastar más, pues los beneficios y los dividendos de las empresas seguirán creciendo con el tiempo.

11

¿En qué invertimos el dinero que ahorramos?

Vamos a ver ahora cuáles son las inversiones más importantes, y cuáles son sus principales ventajas y desventajas.

BILLETES Y MONEDAS

Invertir el dinero es fundamental. Si solo ahorramos dinero y lo «guardamos» en billetes y monedas, entonces no hará más que perder valor cada año, hasta no valer prácticamente nada en unas décadas, como acabamos de ver.

Quizá hayas oído historias de gente que guardó cantidades importantes de dinero en una caja, un armario o un cajón, y cuando las encontraron sus herederos aquello no valía ya casi nada. La seguridad que nos dan los billetes y monedas a largo plazo es la seguridad de arruinarnos.

En billetes y monedas hay que tener lo mínimo imprescindible para el gasto diario. Además, cada vez se usan menos porque cada vez se hacen más pagos electrónicos, hasta para las pequeñas cosas.

Los billetes y las monedas tampoco son más seguros que el dinero que se tenga en el banco si quiebra el sistema financiero. Porque si el dinero de los bancos «desapareciese» (como hubo gente que temió en los peores momentos de la crisis que empezó en 2007), entonces los billetes y las monedas también serían anulados, y dejarían de tener valor.

Es más, en las grandes catástrofes económicas lo más arriesgado es tener billetes y monedas. Nadie se ha arruinado invirtiendo en la

Bolsa en empresas de calidad y sin endeudarse (ni en el crac del 29 ni en ninguna otra crisis), pero los billetes y monedas ya se han anulado en muchos países en diferentes circunstancias, perdiendo todo su valor de la noche a la mañana.

Ideas principales

- Si guardas tu dinero en billetes y monedas, te arruinarás, seguro.
- Además, te lo pueden robar.
- Y si hay una gran crisis, lo primero que se suele hacer es anular los billetes y las monedas.

Cuentas corrientes

Son casi lo mismo que los billetes y las monedas, con dos diferencias:

1. No te pueden robar ese dinero.
2. A veces dan un pequeño interés, pero normalmente muy inferior a la inflación.

La inflación también destruye el valor del dinero que se tenga en las cuentas corrientes, así que solo hay que tener en ellas el dinero dedicado al gasto más inmediato.

Las cuentas corrientes son más cómodas y seguras que las monedas y los billetes, pero no tienen más ventajas.

Ideas principales

- Las cuentas corrientes son muy similares a los billetes y las monedas.
- La única ventaja es que no te los pueden robar, como los billetes y las monedas.

Renta fija

Aquí incluyo las cuentas remuneradas, los depósitos bancarios de toda la vida, las Letras del Tesoro, los bonos y otros productos similares que ya hemos visto antes.

¿Es interesante invertir en renta fija?

Teniendo todo nuestro dinero en renta fija, solo podríamos gastar la diferencia entre el interés que consigamos y la inflación.

Por ejemplo, si tenemos 500.000 euros, nos dan el 3 % de interés y la inflación es del 2 %, entonces tendremos que vivir con 5.000 euros al año (el 1 % de 500.000), y nunca vamos a vivir mejor (salvo pequeñas variaciones de un año a otro por los tipos de interés y la inflación, que unos años irán a favor y otros en contra).

Si esos 500.000 euros los tenemos en Bolsa, cobraremos de dividendos unos 20.000-25.000 euros al año, incluso puede que algo más, y con el tiempo irán subiendo por encima de la inflación tanto los dividendos como los 500.000 euros, con lo que cada vez viviremos mejor.

¿Por qué?

Porque las acciones son activos reales: fábricas, inmuebles, tierras, patentes, procesos (lo que llaman «know-how»), marcas, redes comerciales, tecnologías, productos, carteras de clientes, etcétera.

Ahora piensa una cosa: ¿qué es la inflación?

Que las cosas van siendo cada vez más caras.

Esas cosas más caras es lo que venden las empresas, así que esas subidas de precios son subidas de ingresos y de beneficios para las empresas. Es decir, con el tiempo las empresas de calidad (y sus acciones) valen cada vez más, y pagan cada vez más dividendos.

Además, ese ejemplo anterior lo he hecho suponiendo que ya tuviéramos esos 500.000 euros (porque nos toque la lotería mañana, por ejemplo), pero en la práctica si invertimos en la Bolsa probablemente llegaremos a tener esos 500.000 euros (y más), y con la renta fija posiblemente nunca llegaremos a tenerlos, como vimos antes con los ejemplos de Iván.

Así que la renta fija es muy poco interesante, pero es imprescindible invertir una parte de nuestro dinero en renta fija.

Es muy poco interesante invertir en renta fija porque todos estos productos de renta fija que he citado, y otros similares, dan una rentabilidad muy parecida a la inflación. A veces dan un poco más que la inflación, y otras veces dan un poco menos que la inflación.

Lo que nos hace «ricos» es invertir en cosas que aumenten su valor más rápidamente que la inflación. Cuanto más crezcan nuestras inversiones por encima de la inflación, mejor. Siempre manteniendo la prudencia, lógicamente, porque si lo único en lo que nos fijásemos fuera en conseguir la máxima rentabilidad, entonces invertiríamos en cosas tan arriesgadas que muy probablemente acabaríamos arruinados.

Lo que de verdad es importante del dinero es su poder adquisitivo, que varía con la inflación.

2.000 euros no son siempre más que 1.000 euros.

Si hablamos del mismo momento en el tiempo, entonces es evidente que 2.000 euros son más que 1.000 euros.

Pero si hablamos de distintos momentos en el tiempo, entonces tenemos que preguntarnos: ¿cuántos días puedo vivir tal y como vivo en la actualidad con ese dinero?

Si hoy puedo vivir treinta días con 1.000 euros y dentro de veinte años solo voy a poder vivir quince días con 2.000 euros, entonces 1.000 euros de hoy son el doble de valiosos (treinta días, frente a quince) que 2.000 euros dentro de veinte años.

Esto es lo que importa del dinero, su poder adquisitivo: qué podemos hacer con X euros.

Por eso, para que en el futuro podamos vivir muchos más días con los euros que tenemos hoy, tenemos que invertir esos euros en «algo» que crezca por encima de la inflación. Esto es lo que hará que realmente seamos cada vez más ricos.

Y para conseguir esto, la renta fija es una mala elección porque si dejamos nuestro dinero en depósitos bancarios (o cualquiera de los productos similares que hemos visto), el tiempo pasará, pero nosotros apenas mejoraremos nuestra situación, aunque en el banco veamos un número un poco mayor cada vez.

Entonces ¿qué sentido tiene que invirtamos una parte de nuestro dinero en renta fija?

No invertimos en renta fija para conseguir rentabilidad, sino para darle seguridad a nuestra vida.

Este dinero que invertimos en renta fija es Reserva Permanente en Renta Fija para imprevistos, y su función es hacer frente a los posibles imprevistos que se nos presenten sin tener que vender una parte de nuestras acciones.

Además de eso, tener algo de dinero en renta fija nos da una seguridad psicológica en todo momento, que es muy importante para vivir tranquilo y tomar las decisiones correctas. Tanto las decisiones de inversión como todas las demás decisiones que tengamos que tomar en nuestra vida.

Con esta Reserva Permanente en Renta Fija no mejoramos nuestro nivel de vida, sino que es una especie de seguro que nos hacemos a nosotros mismos para el resto de nuestro patrimonio, de forma que podamos soportar la volatilidad de la Bolsa (y la iliquidez de los inmuebles, si los tienes) sin problemas, porque la Bolsa es lo que sí cambiará nuestro nivel de vida.

Esta Reserva está para cubrir cosas como quedarte sin ingresos de forma inesperada (paro repentino, problemas en el negocio...), gastos por enfermedad grave y cosas así. Este dinero no es para pagar el seguro del coche, las vacaciones, que nos inviten a una boda, etcétera, porque todo eso ya debe estar previsto en el presupuesto que haces a principio de cada año, como luego veremos.

¿Cuánto dinero hay que tener en esta Reserva Permanente en Renta Fija?

Depende de las circunstancias de cada uno. Mientras se trabaja, creo que habría que tener entre seis meses y dos años del gasto anual de cada uno. Por ejemplo, si gastas 10.000 euros en vivir al año, entonces en esta Reserva yo tendría entre 5.000 euros (seis meses) y 20.000 euros (dos años). Depende de la estabilidad de tus ingresos, si estás soltero o casado, si tienes hijos o no, si necesitas coche o moto para ir a trabajar, etcétera.

Ten en cuenta que cuanto más dinero tengas aquí, más tardarás en conseguir la Independencia Financiera.

Al comenzar a vivir de las rentas creo que es mejor tener algo más. Unos cuatro años, aproximadamente, que siguiendo el ejemplo anterior serían 40.000 euros. Si alguien quiere tener algo más, como seis u ocho años (60.000-80.000 euros), está bien que lo tenga, ya que la función de ese dinero es dar tranquilidad y seguridad. Y eso es algo subjetivo, así que cada uno debe establecer la cantidad ideal para su situación.

Las diferencias principales entre los diferentes productos de renta fija son la liquidez y la rentabilidad.

En cuanto a la rentabilidad, en circunstancias normales, este es el orden de menos rentables a más rentables:

1. Cuentas remuneradas.
2. Depósitos a plazo fijo y Letras del Tesoro.
3. Bonos del Estado.
4. Bonos de empresas.

Por bonos de empresas me refiero siempre a bonos de empresas de alta calidad. Los bonos de empresas de baja calidad yo los descartaría, porque tienen un riesgo demasiado alto, en mi opinión.

A primera vista parece que lo mejor es meter todo el dinero en bonos de empresas y descartar todos los demás, porque así conseguimos un poco más de rentabilidad.

Sería una alternativa válida, pero creo que es mejor combinar varios de estos productos, porque los bonos de las empresas (y del Estado) a veces pueden dar rentabilidad negativa.

Resumidamente, cuando bajan los tipos de interés los bonos dan más rentabilidad de la prevista, pero cuando suben los tipos de interés los bonos dan menos rentabilidad de la prevista, e incluso pueden llegar a dar rentabilidad negativa en algunos momentos. No vas a perder todo el dinero que inviertas en bonos, ni mucho menos, pero hay que saber que los bonos pueden dar rentabilidad negativa durante ciertos momentos.

No recomiendo invertir en fondos de inversión de renta variable porque creo que es mucho mejor invertir directamente en acciones, como estamos viendo en este libro. Pero para invertir en renta fija, creo que los fondos de inversión son una buena alternativa, ya que puedes meter y sacar de ellos cualquier cantidad de dinero en cualquier momento, y eso los hace más cómodos y flexibles que la compra directa de bonos y Letras del Tesoro.

Así que vamos a dividir los fondos de inversión de renta fija en tres categorías. Los plazos de tiempo son rangos aproximados, no los tomes como algo totalmente rígido.

1. Fondos monetarios: son los que invierten en títulos a muy corto plazo, en torno a un periodo de tres a dieciocho meses. Normalmente tienen Letras del Tesoro y bonos que se emitieron hace años y a los que les quedan pocos meses para vencer. Estos fondos son los más seguros a corto plazo, pero suelen ser los menos rentables. Es casi imposible que estos fondos lleguen a dar rentabilidad negativa cuando suben los tipos de interés, y cuando en algún momento han llegado a hacerlo ha sido algo casi imperceptible y que ha durado muy pocos días.
2. Fondos de renta fija a largo plazo: tienen bonos que vencerán en un periodo de cuatro a diez años, aproximadamente. Estos son los más rentables cuando bajan los tipos de interés y los que pueden entrar en rentabilidad negativa en algunos momentos cuando suben los tipos de interés. Cuando estos están estables, son los que más rentabilidad dan de los tres tipos de fondos que estamos viendo.
3. Fondos de renta fija a medio plazo: tienen bonos que vencerán dentro de unos dos o tres años. Están a medio camino entre los fondos monetarios y los de renta fija a largo plazo. Cuando los tipos de interés están estables, dan una rentabilidad algo superior a los fondos monetarios y algo inferior a los fondos de renta fija a largo plazo. A veces entran en rentabilidad negativa cuando suben los tipos de interés, pero son pérdidas más pequeñas y que duran menos tiempo que en el caso de los fondos de inversión en renta fija a largo plazo.

¿Cuándo invertimos en unos productos u otros?

Primero vamos a clasificar los productos según el plazo, porque es importante tener esto en cuenta para saber cómo les afectarán las subidas y bajadas de tipos de interés que habrá en el futuro:

1. Productos a corto plazo: cuentas remuneradas, fondos monetarios, Letras del Tesoro y bonos a los que les quedan dos años o menos para vencer (puede que fueran emitidos hace muchos años, pero en este momento ya les quedan dos años o menos para el vencimiento).
2. Productos de medio plazo: fondos de renta fija de medio plazo y bonos a los que les quedan unos dos o tres años para vencer.
3. Productos de largo plazo: fondos de renta fija de largo plazo y bonos a los que les quedan cuatro años o más para vencer.

A los depósitos bancarios no les afectan las subidas o bajadas de los tipos de interés, así que puedes utilizar depósitos bancarios en cualquiera de los escenarios que vamos a ver ahora. Aunque, normalmente, si necesitas sacar el dinero antes de tiempo, el banco te dará una rentabilidad inferior a la acordada en un inicio para el caso de que mantuvieras el dinero en el depósito el tiempo establecido.

El objetivo es buscar un compromiso entre seguridad y rentabilidad, pero recuerda siempre que con este dinero no nos vamos a hacer ricos. El objetivo que buscamos con esta parte de nuestro dinero es la seguridad, y eso lo conseguimos con todos ellos, así que no hay que dedicarle demasiado tiempo a este tema. Es preferible, y más rentable, dedicar ese tiempo de más a la Bolsa.

Orientaciones generales:

a) Si el bono del Estado a diez años está al 6-8 %, debemos dar preferencia a los productos de largo plazo
b) Si el bono del Estado está entre el 3 % y el 6 %, yo haría una combinación equilibrada más o menos a partes iguales de productos de largo, medio y corto plazo, de esta forma:
   1. Dando más preferencia a la renta fija a largo plazo cuanto más cerca del 6 % esté.
   2. Dando más preferencia a la renta fija a corto plazo cuanto más cerca del 3 % esté.
c) Si el bono del Estado a diez años está al 1-3 %, entonces debemos dar mucha preferencia a los productos de corto plazo. Se

puede tener algo de productos de medio plazo, pero poco. En este escenario yo no tendría nada de productos de largo plazo.

Existen bonos ligados a la inflación, aunque no son habituales. Son un complemento válido en cualquiera de los escenarios que hemos visto.

A veces hay productos de renta fija que tienen ventajas fiscales sobre el resto, y al calcular la rentabilidad de unos y otros debemos tener en cuenta estos beneficios fiscales.

La fiscalidad cambia constantemente, así que esto hay que verlo en cada momento. Al escribir este libro, la fiscalidad favorece a los fondos de inversión frente a las cuentas y depósitos y a la compra directa de Letras del Tesoro y bonos.

Recuerda que el objetivo de este dinero es, al menos, igualar a la inflación, de forma que si hoy tenemos en esa Reserva el equivalente a un año de gastos, con la reinversión de los intereses dentro de diez años tengamos cubiertos también al menos un año de gastos, sin añadir dinero nuevo. Y si es posible que dentro de diez años ese dinero nos cubra algo más de un año, mejor. Recuerda de nuevo que no vamos a «hacernos ricos» invirtiendo en renta fija, por muchos años que pasen. Por eso no hay que meter demasiado dinero en esta Reserva Permanente en Renta Fija. Hay que encontrar el punto de equilibrio entre la seguridad que buscamos de esta Reserva y la penalización en la rentabilidad a largo plazo del conjunto de nuestro patrimonio que va a suponer.

Ideas principales

- Es imprescindible tener una parte de nuestro dinero en renta fija, porque da seguridad al conjunto de nuestro patrimonio.
- Pero si metemos todo nuestro dinero en renta fija, no ganaremos poder adquisitivo y perderemos el tiempo, que es más importante que el dinero.
- Por eso no hay que tener demasiado dinero en renta fija.
- Lo importante del dinero es los días que podemos vivir con X euros.

Invertimos en vivienda, ¿o mejor no?

Alberto y Laura llevaban unos meses viendo pisos porque iban a casarse pronto.
—¡Hay que ver qué mala suerte tenemos!
—Yo tampoco lo entiendo, Laura.
Ya habían visto varios pisos que les habían gustado. Más o menos. Realmente, gustar no les había gustado ninguno, pero algunos que habían visto les servían, y haciendo un gran esfuerzo los podían pagar, si todo iba bien y mantenían sus trabajos, durante varias décadas. Habían hecho varias ofertas por varias casas, pero en el último momento aparecía otro comprador y se la quitaban.
—A ver si esta vez tenemos más suerte —dijo Laura.
Salieron del metro en la estación más cercana y no tuvieron que caminar mucho hasta el piso que iban a ver esa tarde.
—Al menos está bien situado —dijo Alberto cuando encontraron la calle y ya solo les faltaba llegar hasta el portal.
El dueño les enseñó el piso y les pareció bien. No les encantaba, pero les servía.
Al día siguiente hablaron con el propietario y consiguieron una pequeña rebaja.
—Tenemos que hablar con el banco, claro, para ver si nos da la hipoteca. Suponemos que sí, pero, ya sabe, tenemos que llevarle las nóminas, hablar con los del banco para ver las condiciones...
—Sí, tranquilos, lo entiendo.
Pero esa misma tarde el dueño recibió otra llamada. Era Francisco, un hombre unos quince o veinte años mayor que Alberto y Laura, que lógicamente llevaba más tiempo trabajando y había ido formando un patrimonio aceptable. Francisco no era rico, pero tenía ya un piso para alquilar y ahora quería comprar su segundo piso.
Francisco vio el piso y le pareció una buena inversión.
—Me interesa.

—Hay unos chicos que lo quieren. Ya he llegado a un acuerdo con ellos.
— ¿Habéis firmado algo?
—No.
— ¿Y te pagan lo que pides?
—Bueno, les he hecho una pequeña rebaja.

Francisco hizo un cálculo rápido, y vio que, si subía el alquiler 50 euros más de lo que había pensado, podía pagar lo que pedía el dueño sin pedir ninguna rebaja.

Así que el propietario llamó a Alberto y Laura y les dijo que lo sentía mucho, pero que había aparecido un comprador nuevo que le daba más dinero, y que además tenía mejor relación con el banco y podían cerrar la venta antes.

Alberto y Laura, desesperados porque siempre les pasaba lo mismo, decidieron que no les quedaba más remedio que vivir de alquiler, y así lo hicieron. El alquiler les costó 50 euros más de lo que habían visto poco antes, pero no tuvieron más remedio que pagarlos.

En España siempre se ha invertido mucho en viviendas para alquilar.

¿Esto es bueno o es malo?

Como acabamos de ver, para Francisco puede ser bueno, y para Alberto y Laura, malo.

Si lo miramos desde el punto de vista de Francisco, invertir en viviendas es una inversión válida, que siempre ha funcionado. Mejor o peor, según el caso, pero en conjunto se ha ganado dinero comprando viviendas para alquilarlas.

Mi opinión, por toda la experiencia que he acumulado a lo largo de mi vida y todos los datos que he visto, es que la Bolsa es una mejor inversión a largo plazo que la vivienda. Pero invirtiendo como Francisco lo habitual es ganar dinero.

El problema es ¿en qué consiste exactamente «ganar dinero»?

«Ganar dinero» consiste en que nuestras inversiones crezcan más que la inflación, como ya hemos visto.

Por ejemplo, si la inflación es del 2 % y nuestras inversiones crecen el 3 %, entonces nosotros somos más ricos.

Pero si la inflación es del 2 % y nuestras inversiones solo crecen el 1 %, entonces nosotros somos más pobres.

La siguiente pregunta que debemos hacernos es: ¿cuánto suben los sueldos a lo largo del tiempo? A lo largo del tiempo los sueldos suben, más o menos, lo mismo que la inflación.

¿Y por qué decimos que, históricamente, comprando viviendas «se ha ganado dinero»? Porque, históricamente, el precio de las viviendas ha subido más que la inflación.

¿Y esto es bueno o es malo?

Francisco nos diría que es bueno, porque así él es cada vez más rico.

Pero Laura y Alberto nos dirán que eso es malo, porque por culpa de eso ellos son cada vez más pobres y tienen la vida más difícil.

La subida de la vivienda en el pasado se ha debido principalmente a estos dos motivos:

1. Por el alargamiento de los plazos de las hipotecas. Hace décadas las hipotecas se hacían en periodos de entre ocho y doce años, y desde hace un tiempo se hacen alrededor de treinta a cincuenta años.
2. Por la bajada de los tipos de interés casi a cero que vimos en la segunda década del siglo XXI.
3. Por la falta de suelo en el que se permite construir viviendas. Esto significa que los políticos han permitido construir menos viviendas de las necesarias durante décadas, y eso ha hecho subir los precios de las casas de forma artificial.
4. Por la concentración del trabajo en las grandes ciudades. Luego te explicaré esto con detalle, y veremos cómo puedes aprovecharlo en tu favor.

Por ejemplo, 800 euros al mes en una hipoteca a doce años al 6 % son 82.000 euros de precio de compra del piso.

800 euros al mes en una hipoteca a cuarenta años al 2 % son 265.000 euros de precio de compra del piso. Del mismo piso que antes costaba 82.000 euros.

¿Tiene algún sentido que una bajada de tipos de interés y un alargamiento de los plazos suponga veintiocho años (40-12) de la vida de una persona?

Ni tiene sentido ni es sostenible. Por eso los precios de los pisos en el futuro se deberían comportar mucho peor que en el pasado. Porque ni los tipos de interés pueden bajar mucho más, ni las hipotecas pueden alargarse mucho más. Así que la subida de los precios de las viviendas por estos dos motivos parece que se ha agotado.

Haber convertido una necesidad básica como la vivienda en una de las principales inversiones ha sido un error histórico, que ha traído una gran cantidad de problemas a nuestra sociedad.

Fíjate que Francisco, por un lado, y Alberto y Laura por el otro, estaban compitiendo por el mismo piso.

Pero para ellos ese mismo piso eran dos cosas totalmente diferentes.

Para Alberto y Laura era el hogar en el que pensaban formar su familia, y para Francisco era una inversión (como podrían haberlo sido unas acciones, un fondo de inversión, un terreno, etcétera).

Y hay otra diferencia muy importante para entender el problema que supone esto.

Alberto y Laura estaban al principio de su carrera laboral, y Francisco ya llevaba unos años trabajando y había acumulado un cierto patrimonio, tenía una relación más fluida con el banco y era mejor cliente...

Si dos personas así compiten por una misma cosa, ¿quién podrá pagar más dinero y pagarlo antes? Es evidente que Francisco tenía todas las de ganar, y por eso ganó.

La inversión en vivienda es uno de los problemas más graves de nuestra sociedad, porque la vivienda se ha convertido en una «buena inversión» a costa de que cada generación tenga la vida más difícil que la generación anterior.

Lógicamente, esto está creando una gran fractura, que cada vez es mayor, porque la gente que ya tiene un cierto patrimonio puede pagar un poco más por las viviendas que la gente joven que necesita esas mismas viviendas para vivir en ellas, y que no las considera una inversión, sino una necesidad básica.

Fíjate también que Francisco, para compensar que paga un poco más por el piso de lo que podían pagar Alberto y Laura, lo que hace es subir el alquiler algo más de lo que había previsto (50 euros), porque para Francisco este piso es, simplemente, una inversión. Y si paga más por el piso, la forma de mantener la rentabilidad que esperaba conseguir inicialmente es subir un poco el alquiler.

Pero esa subida del alquiler que es «un poco» para Francisco, para Laura y Alberto (que son los que tienen que pagarla) es «mucho», y les pone la vida cada vez más difícil.

Yo creo que nuestro objetivo debe ser ganar dinero beneficiando al resto de la población (con empresas que dan cada vez mejores productos y servicios), no perjudicándolos (encareciéndoles las necesidades básicas).

Ideas principales

- Históricamente la Bolsa es más rentable que la vivienda.
- La vivienda requiere mucho más tiempo que la Bolsa.
- La bajada de tipos y el alargamiento de las hipotecas debería estar en sus fases finales, y eso tendría que frenar el crecimiento futuro de los precios de la vivienda.
- Creo que debemos ganar dinero beneficiando al resto de la población, no perjudicándolos.

La forma más cómoda y rentable de invertir en inmuebles

Cuando compramos acciones, compramos exactamente las mismas acciones que compran las personas más ricas del mundo. Las acciones que adquirimos nosotros de Procter and Gamble, ACS o Allianz son exactamente las mismas acciones que adquieren las personas más ricas del mundo.

Pero si nosotros compramos inmuebles directamente, es evidente que nunca podremos comprar los mismos inmuebles que compran las personas más ricas del mundo. Es totalmente distinto comprar la torre Picasso, por ejemplo, que comprar una vivienda normal y corriente (y luego, encima, perder el tiempo libre y la salud tratando con los inquilinos).

¿Hay algún caso en que la inversión directa en inmuebles sea realmente buena para un inversor particular, pudiendo tener inmuebles de buena calidad y no las típicas viviendas normales y corrientes?

Si tienes muchos millones de euros, veo bien que compres directamente algún inmueble de mucha calidad, pero poca gente tiene esa posibilidad.

Yo creo que la mejor forma de invertir en inmuebles es comprar acciones de empresas inmobiliarias cotizadas que tengan inmuebles de calidad, como hoteles, oficinas, centros comerciales, naves logísticas, centros de datos, etcétera, porque sus ventajas son claras:

1. Inviertes en inmuebles mucho mejores que si compras viviendas normales y corrientes.
2. No tienes que perder ni un segundo tratando con los inquilinos, reparando la vivienda para el siguiente inquilino, haciendo papeleos y contratos, etcétera.
3. Tus rentas (dividendos) probablemente crecerán más que gestionando viviendas normales y corrientes, así que vivirás mejor comprando acciones de empresas inmobiliarias de calidad.

Ideas principales

- Si compras inmuebles, solo podrás comprar inmuebles de baja calidad.
- Si compras empresas inmobiliarias invertirás en los mejores inmuebles del mundo.

Vivienda habitual, ¿inversión o gasto?

Yo creo que la vivienda habitual está a medio camino entre ser una inversión y un gasto.

Es un inmueble y lógicamente tiene un valor. Pero nos produce gastos y no ingresos.

Lo que pasa es que pagar un alquiler toda la vida por una vivienda que nunca será nuestra es un mal negocio. Y si tenemos la casa comprada, no tener que pagar un alquiler no es realmente un ingreso, pero se le parece mucho.

En mi opinión debe darse preferencia a la compra de la vivienda habitual frente al alquiler, pero siempre a precios razonables, nunca a precios de burbuja.

Por todo ello, creo que hay que retrasar la compra de la vivienda habitual todo lo que sea posible, y no a base de pagar un alquiler, si es posible. Mucha gente ha empezado a comprar su futura vivienda habitual cuando aún vivía en casa de sus padres, y creo que eso debe evitarse. Es preferible empezar a invertir en Bolsa lo antes posible, ya que esto es crearse un patrimonio que proporciona ingresos (dividendos), y facilita mucho la compra de la vivienda cuando llegue el momento en que sea realmente necesario hacerlo. Además, muchas veces esa primera vivienda no sirve pocos años después, cuando se forma una familia y hay que afrontar todos los gastos de vender la primera para comprar la segunda, y eso es mucho dinero perdido en impuestos, notarios, registros, etcétera.

Ten en cuenta también que, si primero se compra la vivienda, entonces es muy posible que todo o casi todo el ahorro se vaya en la hipoteca, y se retrase mucho la inversión en Bolsa, penalizando mucho los resultados globales que tendremos a lo largo de nuestra vida y retrasando nuestra Independencia Financiera.

Como históricamente (y es previsible que también se dé en el futuro) la Bolsa es más rentable que las viviendas, es preferible dar prioridad a la Bolsa porque cuanto más tiempo estemos invirtiendo en Bolsa, mayor será la rentabilidad que obtendremos. Además de la rentabilidad, es muy importante la formación, ya que cuanto antes empieces a aprender a invertir en Bolsa, mejor te irá el resto de tu vida porque tendrás más inteligencia financiera y sabrás adaptarte mucho mejor a cualquier circunstancia que se te presente en la vida.

A la gente que lo ha hecho al revés (comprar primero la casa y luego empezar a invertir en Bolsa) le puede ir bien, pero creo que les irá mejor, y tendrán una vida más fácil, a los que primero empiecen a invertir en Bolsa y retrasen la compra de la vivienda habitual todo lo que sea posible.

Si ya estás pagando una hipoteca por tu vivienda, creo que igualmente debes empezar a invertir en Bolsa lo antes posible, para iniciar ese patrimonio que te dé cada vez mayores ingresos. Este es el famoso debate sobre si hacer amortizaciones anticipadas o no. Con el ejemplo de Jorge te explico, con datos y cifras, por qué es mejor no hacer amortizaciones anticipadas de la hipoteca y empezar a invertir en Bolsa lo antes posible:

> Jorge se compró su casa con veinte años, con una hipoteca a cuarenta años.
>
> Ahora tiene treinta años, así que lo previsto es que termine de pagar la hipoteca con sesenta años. Y se ha dado cuenta de que tiene que empezar a invertir lo antes posible, porque va a vivir mucho mejor si lo hace.
>
> Jorge no sabe si empezar a invertir ya o si es mejor terminar de pagar la hipoteca lo antes que pueda y entonces, una vez pagada, empezar a invertir.
>
> Jorge paga 300 euros de hipoteca al mes, y ha visto que puede ahorrar otros 300 euros.
>
> A veces piensa que es mejor empezar a invertir ya esos 300 euros al mes en la Bolsa, y otras veces cree que es mejor que termine de pagar la hipoteca lo antes posible, y una vez que la hipoteca ya esté pagada, empezar a invertir en Bolsa con 600 euros al mes.
>
> Pagar la hipoteca antes de empezar a invertir parece que es terminar una cosa antes de empezar otra, para no mezclarlas y así hacer las dos cosas mejor.

Pero vamos a ver con números las dos alternativas, para ver cuál es preferible.

Si Jorge dedica los 300 euros que puede ahorrar al mes a hacer amortizaciones anticipadas de hipoteca, terminará de pagar la hipoteca antes, lógicamente. El número de años que necesite para terminar de pagar la hipoteca variará dependiendo del tipo de interés que pague. Vamos a suponer que ese número de años puede estar entre doce y quince años, así que en un caso Jorge termina de pagar la hipoteca con cuarenta y dos años y en el otro con cuarenta y cinco años.

Suponemos que la rentabilidad media anual que va a conseguir Jorge en la Bolsa va a ser un 8 % de media. Daría lo mismo poner un 6 %, un 12 % o cualquier otro porcentaje similar en lugar del 8 % que vamos a usar, porque las conclusiones serían las mismas.

Con estas condiciones, si termina de pagar la hipoteca con cuarenta y cinco años, invirtiendo 600 euros al mes desde entonces y consiguiendo una rentabilidad media del 8 % anual, a los sesenta años (que es el momento inicialmente previsto para terminar de pagar la hipoteca) tendrá 211.000 euros.

Si termina de pagar la hipoteca a los cuarenta y dos años, y suponiendo las mismas condiciones del caso anterior, entonces a los sesenta años tendrá 291.000 euros.

¿Y qué pasa si no hace amortizaciones anticipadas de hipoteca y empieza a invertir ya con los 300 euros al mes que puede ahorrar, y deja que la hipoteca se vaya pagando a su ritmo, de forma que termine de pagarla a los sesenta años?

Pues en este caso, invirtiendo 300 euros al mes desde ahora hasta los sesenta años, y consiguiendo esa misma rentabilidad del 8 % anual, a los sesenta años tendrá 440.000 euros.

Es decir, es muchísimo mejor que Jorge empiece a invertir ya esos 300 euros al mes en lugar de dedicarlos a terminar de pagar la hipoteca, y empezar a invertir el doble (600 euros al mes), pero dentro de doce o quince años.

Y además pasa una cosa importantísima, y es que, si Jorge empieza a invertir ya, no solo va a vivir mejor cuando tenga sesenta años, sino que va a vivir mejor desde el mismo instante en que empiece a invertir, porque desde el primer momento va a tener un patrimonio y unas rentas (dividendos) que no dependerán de su trabajo. Para ver esto más claramente te doy un dato, y es que con las condiciones que hemos supuesto en este ejemplo, si Jorge empieza a invertir en este momento, a los cuarenta y cinco años tendrá un patrimonio de más de 100.000 euros y unas rentas mensuales de unos 400-500 euros.

Fíjate en la diferencia entre un caso y otro.

Si Jorge se decide por hacer amortizaciones anticipadas de hipoteca, llegará a los cuarenta y cinco años con la casa pagada, pero con un patrimonio de cero euros y unas rentas de cero euros.

Sin embargo, si empieza a invertir ya esos 300 euros al mes, entonces a los cuarenta y cinco años tendrá más de 100.000 euros y unas rentas muy importantes, que van a seguir creciendo año tras año, y cada vez más rápido. Aún le quedará por pagar el resto de la hipoteca, pero para entonces ya no lo verá como un problema porque su sueldo será más alto y tendrá ese patrimonio y esas rentas importantes que acabamos de ver.

Ahora voy a hacer una aclaración rápida sobre las cifras que he utilizado para calcular los ejemplos.

La aclaración es que he utilizado solo los datos que son esenciales para ver el resultado de una y otra alternativa, y tomar la decisión correcta con el ejemplo más sencillo posible.

No he tenido en cuenta los impuestos, porque si los tenemos en cuenta, el ejemplo se complica, y al final llegamos a la misma conclusión. Por la misma razón, tampoco he tenido en cuenta que el sueldo de Jorge irá subiendo cada año, de forma que cada año podrá ir ahorrando un poco más, o la inflación. Porque si hubiera incluido todo esto, el ejemplo habría sido más complicado de seguir y al final habríamos llegado a la misma conclusión.

La realidad, teniendo en cuenta todas estas cosas, será mejor que las cifras que acabamos de ver (en favor de la alternativa de empezar a invertir ya en lugar de terminar de pagar la hipoteca primero), pero lo importante es centrarnos en ver lo más claramente posible que es muchísimo mejor que Jorge empiece a invertir en este momento, en lugar de hacer amortizaciones anticipadas de hipoteca.

Esta decisión es importantísima, porque para las personas que están en esta situación es una de las decisiones que más van a marcar su vida, y por eso es tan importante ver este tema con números, para que vean que deben empezar a invertir ya, claramente.

¿Y cuál es el motivo de que sea mejor empezar a invertir ahora la mitad de dinero que el doble de dinero, pero dentro de doce o quince años?

El motivo de que sea mejor empezar a invertir ya, aunque sea menos dinero, es que el tiempo es lo que más dinero nos hace ganar, como ya hemos visto. Recuerda siempre que el tiempo nos hace ganar más dinero que el propio dinero que ahorramos, y por eso el tiempo es lo que hace que todo el mundo pueda ganar mucho dinero, aunque ahorre cantidades que puedan parecer «pequeñas».

Por eso todo el mundo debe empezar a invertir lo antes posible.

Pero ten en cuenta que nadie «empieza tarde» a invertir, incluso aunque se tengan ya sesenta y cinco años. Porque a una persona que tenga sesenta y cinco años le pueden quedar veinte o treinta años de vida, y va a vivir mucho mejor todas esas décadas si empieza a invertir a los sesenta y cinco años que si no lo hace.

Aunque pensando en la vida de cada uno, cuanto antes empecemos a invertir cada uno de nosotros, mucho mejor vamos a vivir.

Por eso Jorge debe empezar a invertir ya esos 300 euros y dejar que la hipoteca se vaya pagando a su ritmo, sin hacer amortizaciones anticipadas.

¿Y si eres de los que aún tienes ventajas fiscales por compra de vivienda habitual?

Sigue siendo mejor que pagues la hipoteca al ritmo normal, porque las amortizaciones anticipadas que hagas solo tienen ventajas fiscales el año en que las haces, y las acciones que compres con ese dinero se beneficiarán del interés compuesto todos los años de tu vida.

Además, esas ventajas fiscales no las pierdes, porque las irás haciendo realidad a medida que vayas haciendo los pagos normales de la hipoteca. Es decir, al no hacer amortizaciones anticipadas retrasas el momento en que recibirás esas ventajas fiscales (las que corresponderían a esas amortizaciones anticipadas), pero no las pierdes.

Por ejemplo, si te quedan 100.000 euros por pagar de hipoteca y las ventajas fiscales son el 15 %, entonces el total de ventajas fiscales suman 15.000 euros. Hagas lo que hagas, no vas a tener más ventajas fiscales que esos 15.000 euros.

Si haces amortizaciones anticipadas, tus ventajas fiscales sumarán 15.000 euros, y si no haces amortizaciones anticipadas, tus ventajas fiscales igualmente sumarán 15.000 euros.

La diferencia es que cobrarás esas ventajas fiscales antes o después, pero teniendo en cuenta el conjunto de la situación es mejor que vayas obteniendo esas ventajas fiscales al ritmo normal de pago de la hipoteca e inviertas el resto del dinero en Bolsa, porque así tu patrimonio crecerá más rápidamente y llegarás antes a la Independencia Financiera.

Ideas principales

- La vivienda habitual está a medio camino entre ser una inversión y un gasto.
- Pagar un alquiler toda la vida por una vivienda que nunca será nuestra es un mal negocio.

- No tener que pagar un alquiler no es realmente un ingreso, pero se le parece mucho.
- Hay que retrasar la compra de la vivienda habitual todo lo que sea posible.
- Es preferible dar prioridad a la Bolsa porque cuanto más tiempo se esté invertido en Bolsa, mayor será la rentabilidad que obtengamos.
- Es mejor no hacer amortizaciones anticipadas de la hipoteca y empezar a invertir en Bolsa lo antes posible.

¿Sabes cuánto valen las criptos?

—Acabo de comprar Bitcoin.
—¿Por qué?
—He leído en internet que va a subir más que Ethereum en las próximas semanas.
—¿Dónde has visto eso?
—No lo recuerdo bien, pero lo decía todo el mundo.
—¿Y cómo sabes cuándo está caro o barato el Bitcoin, o el Ethereum, o cualquier otra cripto?
—Leo mucho en internet. Todo el mundo dice que va a subir.
—El caso es que hace un mes me dijiste que iba a subir Solana, y subió.
—Claro, es que todo el mundo la estaba comprando.

Vamos a aprovechar el caso de las criptos para ver la diferencia entre el valor y el precio.

Una inversión no está cara solo porque haya subido su precio, de la misma forma que tampoco está barata solo porque su precio haya caído.

Para ver si algo está caro o barato lo primero que debemos hacer es estimar su valor.

¿Cómo se estima el valor de una inversión?

Lo primero que tenemos que hacer es clasificar todas las inversiones en dos grandes grupos:

- Las que dan rentas.
- Las que no dan rentas.

Evidentemente, las inversiones que dan rentas son mucho más fáciles de valorar que las que no dan rentas.

¿Por qué?

Porque las rentas son algo muy valioso, fácil de conocer y fácil de comparar con el precio que nos piden (o pedimos nosotros) por esa inversión (acciones, inmuebles, terrenos, ganado, etcétera).

Vamos a ver dos ejemplos, uno con tierras y otro con ganado.

Imagina un campo de naranjos.

Esta inversión es relativamente fácil de valorar, pues podemos saber cuántos kilos de naranjas produce ese campo al año, y a cuánto se puede vender cada kilo de naranjas.

Si ese campo de naranjos nos da 5.000 kilos de naranjas al año, y cada kilo de naranjas lo podemos vender por un euro, entonces eso quiere decir que ese campo de naranjas nos da unos ingresos al año de 5.000 euros.

Si suponemos que mantener el campo de naranjos nos cuesta 1.000 euros al año, entonces ese campo de naranjos nos da una renta neta de 4.000 euros al año (5.000 - 1.000).

¿Y entonces cuánto vale ese campo de naranjos?

Podemos estimar que es correcto que los campos de naranjos den una rentabilidad del 5 %, por ejemplo.

Así que, según eso, nuestro campo de naranjos vale 80.000 euros, porque 4.000 euros es el 5 % de 80.000 euros.

¿Quiere esto decir que el valor exacto de ese campo de naranjos son 80.000 euros?

No. Nadie sabe el valor exacto de las inversiones.

El valor de las inversiones siempre es una estimación. Eso pasa tanto con los campos de naranjos como con las acciones, los inmuebles y cualquier otra cosa.

Lo que ocurre es que con las inversiones que dan rentas es relativamente fácil hacer estimaciones razonables del valor.

Por eso, otras personas podrían calcular valores un poco diferentes para ese campo de naranjos.

Por ejemplo, alguien podría decir que el valor justo de los campos de naranjos no es una rentabilidad del 5 %, sino del 6 %. Eso daría un valor (siempre estimado) a nuestro campo de naranjos de 66.700 euros, porque 4.000 euros es el 6 % de 66.700 euros.

Otra persona podría decir que para ella los campos de naranjos deben dar una rentabilidad del 4 %, así que para esa persona ese campo de naranjos tendría un valor de 100.000 euros, porque 4.000 euros es el 4 % de 100.000.

Otras personas podrían hacer valoraciones similares estimando que el precio justo del kilo de naranjas no es un euro, como he supuesto yo, sino 0,80 euros o 1,10 euros.

El caso es que nadie sabe el valor exacto, pero es relativamente fácil hacer estimaciones razonables cuando una inversión da rentas.

El mercado consiste en que, a 75.000 euros, por ejemplo, a Alfredo ese campo de naranjos le parece que está barato y por eso lo compra, y Rosa cree que vale algo menos, y por eso le vende ese campo de naranjos a Alfredo por esos 75.000 euros.

¿Y qué pasa si alguien intenta hacer operaciones a precios muy alejados de esas estimaciones razonables?

Pasaría que sería muy fácil ver que esas estimaciones están fuera de la realidad, y actuar en consecuencia.

Por ejemplo, imaginemos que alguien nos quiere vender ese campo de naranjos por 1.000 euros.

¿Qué haríamos?

Comprarlo sin dudar, porque solo con la venta de las naranjas ya tendríamos un beneficio de 4.000 euros ese primer año, así que simplemente vendiendo las naranjas que da el campo ya multiplicaríamos nuestra inversión de 1.000 euros por 4 en el primer año. Y, además, seríamos propietarios de un campo de naranjos que nosotros sabemos que vale entre 60.000 y 100.000 euros, aproximadamente, según las suposiciones que hagamos para calcular su valor estimado.

Y cada año nos generará unos ingresos de unos 4.000 euros, vendiendo las naranjas que producen esos naranjos.

¿Y qué pasaría si alguien nos intenta vender ese campo de naranjos por un millón de euros?

Le diríamos que no, evidentemente, porque eso supondría que la venta de las naranjas solo nos daría una rentabilidad del 0,4 % (4.000 euros es el 0,4 % de un millón de euros).

Si antes vimos que al «Iván demasiado conservador» le fue mal invirtiendo toda su vida en depósitos bancarios que le daban una rentabilidad del 2 % al año, ¡imagina cómo nos iría a nosotros si hacemos inversiones que solo nos dan el 0,4 %!

Con el ganado podríamos hacer algo similar.

Por ejemplo, para valorar una vaca miraríamos cuántos litros de leche da esa vaca al año, a cuánto se vende cada litro de leche y cuánto nos cuesta mantener esa vaca.

En este caso, además, debemos tener presente que las vacas no duran siglos, como los árboles o los terrenos, así que deberíamos tener en cuenta cuántos años de vida le quedan a la vaca, en el escenario más probable, y a cuánto se venderá el kilo de carne cuando sea el momento de hacerlo.

Todo esto lo meteríamos en una fórmula similar a la que hemos visto con los naranjos, y calcularíamos el valor estimado de la vaca. Igualmente, unas personas harían los cálculos con un precio del litro de leche algo más alto o algo más bajo, con un precio de la carne algo más alto o algo más bajo, etcétera, y llegarían a valores algo diferentes, pero todos dentro de un rango razonable.

Así que, como te digo, nadie sabe el valor exacto de las inversiones, pero cuando las inversiones dan rentas estables es relativamente fácil hacer estimaciones razonables.

¿Y qué pasa con las criptos?

Las criptos no dan rentas, así que entran dentro del grupo de inversiones difíciles de valorar. Este tipo de inversiones parecen muy buenas cuando mucha gente las compra y el precio sube, y muy malas cuando la gente empieza a venderlas y el precio cae.

Como luego veremos, las caídas fuertes de la Bolsa son oportunidades de compra muy buenas.

¿Por qué es así?

Resumidamente, porque cuando la Bolsa cae mucho las empresas dan una rentabilidad por dividendo muy alta, y eso hace que las rentas que cobremos sean muy altas. Cuando el miedo pasa, los inversores aceptan comprar esas mismas acciones con rentabilidades por dividendo más bajas, y por eso pagan precios más altos por esas mismas acciones.

Pongo un ejemplo rápido.

Imagina que el BBVA da un dividendo de 0,50 y está cotizando a 10 euros, en un momento normal de mercado. Eso supone que, si compramos, el BBVA ahora nos da una rentabilidad por dividendo del 5 % (0,50 es el 5 % de 10). Si de repente hay un crac y el BBVA cae a 5 euros, entonces comprando acciones del BBVA a 5 euros, conseguimos una rentabilidad por dividendo del 10 %, porque 0,50 es el 10 % de 5. Cuando pasa el miedo, el precio de la acción del BBVA regresa a los 10 euros, donde vuelve a dar una rentabilidad por dividendo del 5 % (pero si nosotros compramos a 5 euros, nos sigue dando una rentabilidad por dividendo del 10 %, lógicamente).

¿Cómo saber cuándo están baratas o caras las criptos (o cualquier otra inversión que no dé rentas)?

No me refiero a creer si su precio va a subir o va a bajar, como hablaban los dos personajes de la historia inicial de este apartado, sino a estimar un valor justo (aproximado), independientemente de que el precio suba o baje, como hemos hecho con el campo de naranjos de nuestro ejemplo.

Hay cantidades ingentes de información sobre criptos, pero nadie ha encontrado una fórmula para valorarlas similar a la que hemos visto con nuestro campo de naranjos o nuestra vaca. Las comparaciones del oro con las criptos no son válidas, porque tampoco nunca nadie ha encontrado una forma de calcular el valor real del oro.

Algo similar pasa con el oro, como acabamos de ver, los cuadros, los sellos, etcétera. Mucha gente opina sobre si subirán o bajarán de precio en el futuro, pero nadie ha encontrado una fórmula objetiva para valorar todas estas cosas que no dan rentas. Curiosamente, creo que esto es un atractivo equivocado para mucha gente.

¿Por qué?

Porque si algo no se puede valorar objetivamente, entonces permite hacerse ilusiones muy altas, que en la mayoría de los casos son irreales.

Por ejemplo, imagina que compramos un campo de naranjos o una vaca un 20 % por debajo de su valor.

¿Cuánto vamos a ganar con esa inversión?

Aproximadamente un 20 %, que es el descuento con el que la hemos comprado. No tiene sentido que nos hagamos ilusiones de que vamos a poder vender ese campo de naranjos por 5 o 10 veces el precio al que lo hemos comprado, porque existe una fórmula objetiva (la que hemos visto antes) que nos dice que esperar algo así es completamente irreal.

Pero si compramos un cuadro, un sello o una cripto que nadie sabe valorar, pero que todo el mundo dice que va a subir mucho, ¿quién nos puede decir que no la podremos vender por 10, 20 o 100 veces el precio al que la hemos comprado?

Aunque sea una expectativa irreal, no hay una fórmula objetiva que nos diga «Estás haciendo castillos en el aire, así que baja a la tierra», y yo creo que esto es algo que atrae a ciertas personas a las inversiones que no se pueden valorar de forma objetiva, porque para ellos tienen la «ventaja» de que nadie les puede desmontar los castillos en el aire que se hagan. Así que, para estas personas, en cierto modo este tipo de inversiones pueden ser un sustituto de la lotería y los juegos de azar, con todas las desventajas que ya vimos en un apartado anterior que tienen la lotería y los juegos de azar.

Yo te aconsejo que solo inviertas en cosas que puedas valorar de forma objetiva, con una fórmula similar a la que hemos visto para el campo de naranjos o las vacas, o las que veremos luego para las acciones, porque esta es la forma prudente de invertir que te dará una buena rentabilidad y te hará tener una vida tranquila. Nadie sabe nunca el valor exacto de las inversiones, pero en este tipo de inversiones es fácil calcular rangos razonables de valoración.

Por eso creo que debemos ir por los caminos seguros que nos llevan a aumentar nuestra riqueza, y no comprar «boletos» para ver «si suena la flauta» y de repente un día «nos cae un montón de dinero».

> **Ideas principales**
>
> - Una inversión no está cara solo porque haya subido su precio, y tampoco está barata solo porque haya caído su precio.
> - Para ver si algo está caro o barato, lo primero que debemos hacer es estimar su valor.
> - Las inversiones que dan rentas son mucho más fáciles de valorar que las que no dan rentas.
> - Es fácil valorar campos de naranjas o vacas, pero ¿cuánto valen las criptos?
> - A pesar de todo lo que se ha escrito, nadie ha encontrado un método para valorar las criptos.
> - Invierte solo en cosas que puedas valorar de forma objetiva, con una fórmula similar a la que hemos visto para el campo de naranjos o las vacas, o las que veremos luego para las acciones.
> - Nadie sabe nunca el valor exacto de las inversiones, pero en las inversiones que dan rentas es fácil calcular rangos razonables de valoración.

¿Y EL ORO?

En el apartado anterior te he citado el oro de pasada. Ahora vamos a ver si es buena idea invertir en oro o no.

¿Has visto esos gráficos que dicen que el euro o el dólar han perdido casi todo su valor respecto al oro en las últimas décadas?

Son engañosos, y te voy a explicar rápidamente por qué.

La devaluación del dólar (o el euro) respecto al oro la calculan de la siguiente forma:

En el momento que toman como inicio, supongamos que un gramo de oro cuesta un dólar. Al cabo de treinta años, por ejemplo, el gramo de oro llega a valer 20 dólares, por ejemplo, así que la conclusión que sacan es que el dólar se ha devaluado un 95 %.

¿Por qué?

Porque en un primer momento podíamos comprar la misma cantidad de cosas con un dólar que con un gramo de oro, pero en la actualidad (treinta años después) con un gramo de oro podemos comprar veinte veces más de cosas que con un dólar. Por tanto, según estos estudios, el valor del dólar se ha desplomado.

¿Es esto verdad?

No, por lo siguiente.

El gramo de oro es el mismo hoy que hace treinta años, cien, doscientos o quinientos, porque ni aumenta ni disminuye. Sigue siendo un gramo de oro y siempre será un gramo de oro.

Pero el dólar (o el euro) no es el mismo ahora que hace treinta años. Estos estudios suponen que ese dólar lo metimos en el mismo cajón que el gramo de oro, y ahí ha estado durante los treinta años (o los que sean) que abarque el estudio, «quieto y sin moverse». Pero esa situación es totalmente irreal.

El oro no puede hacer nada para reproducirse, pero el dólar sí. Los dólares no se quedan en los cajones, sino que se invierten y se «reproducen».

Para hacer estos estudios correctamente habría que suponer que ese dólar ha estado invertido durante todo este tiempo en deuda pública de Estados Unidos, que es lo que se considera el activo menos arriesgado del mundo. La rentabilidad media de la deuda pública de Estados Unidos varía según el periodo que elijamos, pero en plazos muy largos se suele estimar en el 6 % anual.

Así que un dólar de hace un siglo se ha convertido hoy, cien años después, en 340 dólares, por ejemplo.

¿Y qué ha pasado en la realidad con el dólar (o el euro) y el oro?

El euro se creó en 1999, así que vamos a ver los datos del dólar, que es mucho más antiguo y son mucho más significativos.

Durante todo el siglo XIX (he encontrado datos desde 1833) y el primer tercio del siglo XX, la onza de oro cotizó de forma estable a 20 dólares por onza. A finales del siglo XX, cotizó alrededor de los 300-400 dólares y en 2024 ha alcanzado los 2.700 dólares por onza, máximos históricos hasta el momento.

Así que la onza de oro ha pasado, aproximadamente, de 20 dólares en 1833 a 2.700 dólares en 2024. Es decir, se ha multiplicado por 135 veces.

Si en 1833 hubiéramos metido un dólar en deuda pública estadounidense al 6 % y lo hubiéramos reinvertido junto con sus intereses al 6 %, entonces en 2024, ciento noventa y un años después, se habría convertido en 68.143 dólares.

Si en todos estos años el precio del oro se ha multiplicado por 135 veces y el dólar se ha multiplicado por 68.143 veces, creo que la diferencia a favor del dólar y en contra del oro está muy clara.

Los dólares no se dejan en los cajones de forma consciente. El oro, sin embargo, solo puede dejarse en los cajones, ya que no existe ninguna forma de que se «reproduzca» mientras siga siendo oro. La única forma de que el oro se «reproduzca» es cambiarlo por dólares, euros, etcétera, e invertir ese dinero en renta fija o, mejor aún, en Bolsa, claro.

Quizá hayas oído la historia de la venta de la isla de Manhattan por 25 dólares en el siglo XVII.

Los indios que habitaban aquella isla la vendieron a una empresa holandesa (Nueva York fue fundada por holandeses, y su primer nombre fue Nueva Ámsterdam) en el año 1626 por unos 25 dólares. En principio puede parecer que los indios no hicieron muy buen negocio, porque hoy Manhattan es la zona más codiciada de Nueva York.

Pero entonces en Manhattan no había nada, ni un edificio, ni una carretera, ni una alcantarilla. Nada, excepto las pocas chozas que tenían los indios.

Si los indios que vendieron Manhattan hubieran invertido esos 25 dólares en 1626 al 6 % y se hubieran limitado a reinvertir las ganancias, en 2025 los indios tendrían más de 312.000 millones de dólares (no es una errata, más de trescientos doce mil millones de dólares).

Este es el poder del interés compuesto. Ninguno de nosotros vamos a vivir casi cuatrocientos años, pero en la Bolsa podemos esperar una media anual superior al 6 %, y nos podremos apañar con algo menos de 312.000 millones de dólares para tener una vida tranquila y agradable.

> **Ideas principales**
>
> - El oro no da rentas y, por tanto, no se puede valorar de forma objetiva.
> - Históricamente la renta fija (y por supuesto la Bolsa) ha sido más rentable que el oro.

Otra gran ventaja de las inversiones que dan rentas es que ¡pueden comprarse a sí mismas!

Mi opinión es que nunca hay que comprar algo porque parezca que vaya a subir mucho, sino porque creamos que su valor es superior al precio al que la podemos comprar ahora.

Por eso las inversiones que más me gustan son aquellas que puedan aprovecharse de la bajada de su precio, sin aportar dinero nuevo.

Imagina que compramos sellos y cae el precio de los sellos. Podríamos pensar que eso es una buena oportunidad de compra y adquirir más sellos.

Pero ¿de dónde saldría el dinero para comprar más sellos? Lo podríamos sacar de nuestro sueldo, de depósitos bancarios, de vender acciones, de vender inmuebles o fondos de inversión o de cualquier sitio menos de los sellos que ya tenemos, porque los sellos que ya tenemos no nos dan ningún ingreso.

Sin embargo, ¿qué pasa si compramos un campo de naranjos o unas vacas y después cae el precio de los campos de naranjos o las vacas? Lo que pasa es que podemos comprar más campos de naranjos o más vacas con el dinero que nos dan los campos de naranjos o las vacas que ya tenemos, gracias a la venta de las naranjas y la leche.

La inversión que mejor se aprovecha de sus caídas de precio son las acciones de las empresas que pagan dividendos.

¿Por qué?

Imagina que compramos 100 acciones de Iberdrola a 10 euros, y nos paga un dividendo de 0,50 euros. Eso quiere decir que nuestras

100 acciones de Iberdrola nos han costado 1.000 euros y cobramos 50 euros al año. Eso es una rentabilidad del 5 %.

Supongamos ahora que, de repente, mucha gente se asusta y vende sus acciones de Iberdrola cada vez más baratas, y el precio cae hasta los 5 euros.

¿Cómo podemos aprovecharnos de esta situación, sin añadir dinero nuevo?

Podemos coger los 50 euros (para simplificar el ejemplo no tengo en cuenta los impuestos, porque teniéndolos en cuenta el ejemplo sería más largo, pero las conclusiones serían las mismas) que nos han dado nuestras 100 acciones y comprar otras 10 acciones a 5 euros cada una.

Así que ya tenemos 110 acciones, que nos dan 55 euros de dividendo al año (110 × 0,50 = 55).

Pero fíjate, porque es muy importante, que no hemos añadido dinero nuevo, porque esos 50 euros con los que hemos comprado esas 10 acciones nuevas de Iberdrola a ese precio tan barato de 5 euros no han salido de nuestro sueldo, ni de nuestro negocio, ni de vender otras acciones, o inmuebles, o fondos de inversión... Esos 50 euros han salido de las acciones de Iberdrola que ya teníamos. Por eso las acciones de las empresas que pagan dividendos pueden aprovecharse de sus caídas de precio, sin que añadamos dinero nuevo de ningún otro sitio.

Y aún hay más.

El dinero que ganan las empresas todos los años lo suelen dividir en dos partes:

1. El dinero que pagan a sus accionistas, y que en este ejemplo es ese dividendo de 0,50 euros que hemos visto.
2. Dinero que usan para hacer inversiones.

Cuando los precios de las acciones caen mucho, una de las cosas que pueden hacer las empresas (y que hacen en la práctica habitualmente) es comprar sus propias acciones, y hacerlas «desaparecer».

¡¿Cómo?!

Te lo explico con un ejemplo.

Supongamos que Iberdrola tiene un beneficio de 1.000 millones de euros, y tiene 1.000 millones de acciones. Esto quiere decir que el beneficio que le corresponde a cada acción es de un euro:

1.000 millones de beneficio/1.000 millones de acciones = 1 euro

Ese euro de beneficio que le corresponde a cada acción Iberdrola lo reparte así:

- 0,50 euros para el dividendo que ya hemos visto.
- 0,50 euros para hacer inversiones.

Es decir, esos 1.000 millones se reparten al 50 %, así que 500 millones se los paga a los accionistas como dividendo y los otros 500 millones los guarda para hacer inversiones, cuando encuentre alguna buena oportunidad.

Al caer el precio de las acciones a 5 euros, los directivos de Iberdrola creen que la mejor inversión que pueden hacer es comprar sus propias acciones a esos 5 euros, así que Iberdrola coge esos 500 millones de euros y compra 100 millones de sus propias acciones:

500 millones de euros / 5 euros = 100 millones de acciones

¿Qué hace Iberdrola ahora con esos 100 millones de acciones?

Las hace «desaparecer». Esto es un trámite burocrático muy sencillo y habitual que hacen las propias empresas.

Lo que nos importa es que ahora el número de acciones de Iberdrola se reduce a 900 millones (1.000 - 100 = 900).

¡Pero ¡los beneficios de Iberdrola siguen siendo de 1.000 millones!

¿Y qué significa esto para nosotros?

Significa que el beneficio por acción ya no es de un euro, sino de 1,11 euros (1.000 / 900 = 1,11), que a partir de ahora Iberdrola repartirá así:

- 0,555 euros como dividendo en efectivo.
- 0,555 para hacer nuevas inversiones.

Recuerda que nosotros ahora tenemos 110 acciones, así que el dividendo total que cobramos por nuestras 110 acciones de Iberdrola es de 61,05 euros:

$$110 \times 0{,}555 = 61{,}05 \text{ euros}$$

En resumen, nosotros invertimos inicialmente 1.000 euros en comprar 100 acciones de Iberdrola que nos daban un dividendo total de 50 euros, y eso era una buena inversión.

Pero gracias a que mucha gente se asustó y vendió sus acciones de Iberdrola, haciendo caer mucho su precio, los dividendos que cobramos de Iberdrola han subido a 61,05 euros.

Lo más importante es que te fijes en que este aumento de los dividendos que cobramos en más de un 20 % (de 50 euros a 61,05) lo hemos conseguido sin poner dinero nuevo, sino con las acciones que hemos comprado nosotros con los dividendos que nos paga Iberdrola y con las acciones que ha comprado (y hecho «desaparecer») la propia Iberdrola con el resto de sus beneficios.

Esta idea de que una inversión pueda aprovecharse de las caídas de su precio para aumentar nuestra riqueza, sin necesidad de poner dinero nuevo, para mí es absolutamente fundamental.

Quizá estés pensando: «Sí, vale, pero nuestras 110 acciones de Iberdrola ahora valen 550 euros, y a nosotros nos costaron 1.000 euros».

Eso es cierto, sí. Lo que sucederá es que, cuando pase el miedo, el precio de las acciones de Iberdrola subirá a los 10 euros (y más, en el futuro) y nuestras 110 acciones valdrán 1.100 euros, que son 100 euros más que los 1.000 que invertimos.

«Ya, pero ¿y si eso no pasa y las acciones de Iberdrola no suben y se mantienen en los 5 euros?», podrías preguntarme ahora.

Si eso sucede, entonces nosotros seguiríamos comprando más acciones de Iberdrola con los dividendos de los próximos años, e Iberdrola seguiría comprando sus propias acciones para hacerlas «desaparecer». Así que nuestros dividendos seguirían subiendo muy rápidamente desde los 61,05 euros que acabamos de ver a 80, 100, 200, etcétera, e incluso llegaría un momento en que cobraríamos en dividendos cada año más de los 1.000 euros que nos costaron las primeras 100 acciones. Esta idea de que una inversión pueda aprovecharse de sus caídas de precio para aumentar su valor y sus rentas sin aportar dinero nuevo me parece absolutamente fundamental, y por eso son las inversiones que más me gustan. Y la inversión que mejor se aprovecha de esto son las acciones de las mejores empresas del mundo.

> **Ideas principales**
>
> - Las inversiones que dan rentas pueden beneficiarse de sus bajadas de precio si nosotros compramos más a precios baratos con esas rentas.
> - Las empresas, además, pueden recomprar sus propias acciones cuando baja su precio.
> - Las inversiones que no dan rentas no pueden beneficiarse de su bajada de precio de ninguna forma.

La inversión que te cambiará la vida: las acciones de las mejores empresas del mundo

La mejor inversión que existe para el ciudadano medio es la inversión a largo plazo en las acciones de las mejores empresas del mundo para vivir de sus dividendos.

Todas esas teorías sobre que las empresas no deberían repartir dividendos, los fondos de inversión, los indexados, etcétera, se han creado para generar una industria que no beneficia realmente a quienes invierten en todas esas cosas, sino a los gestores de fondos de inversión o indexados, como ya vimos antes.

Creo que la mejor forma de ver lo buenos que son los dividendos para vivir de ellos y cómo te van a cambiar la vida es compararlos con los típicos alquileres de viviendas o locales.

Las principales ventajas de los dividendos respecto a los alquileres son estas:

- De los dividendos tenemos datos históricos fiables y públicos, pero de los alquileres no. Esto facilita mucho la planificación, la valoración de lo que se compra y la toma de decisiones correctas.
- Los dividendos dependen de los beneficios de las empresas, mientras que los alquileres de las viviendas dependen del sueldo medio de la población, como ya hemos visto. Históricamente, los beneficios de las empresas de calidad crecen a tasas mucho más altas que el sueldo medio (por las mejoras de eficiencia que pueden conseguir las empresas, entre otras cosas), así que los dividendos también crecen a tasas más altas que los alquileres de las viviendas a largo plazo. Diferencias aparentemente pequeñas en un año (8 % frente a 2 %, por ejemplo) se convierten en diferencias muy grandes con el paso del tiempo, como ya hemos visto, por el efecto del interés compuesto.
- El precio de las viviendas puede crecer más que los sueldos durante algún tiempo como también hemos visto (por bajadas de los tipos de interés, alargamiento de los plazos de las hipotecas, etcétera), pero los alquileres se pagan con el sueldo de cada mes, y no tienen esa capacidad de llegar a estar tan sobrevalorados durante algunos momentos que sí tienen los precios de venta de las viviendas (los alquileres pueden estar sobrevalorados, aunque no tanto como los precios de venta de las viviendas). Esto hace que los alquileres no puedan crecer (en plazos largos de tiempo) más que los sueldos, y los sueldos crecen menos que los beneficios de las empresas de calidad.
- El caso de las plazas de garaje es similar al de las viviendas (igualmente, los alquileres de las plazas de garaje se pagan con los sueldos).
- El alquiler de los locales, sin embargo, depende de la capacidad de generar ingresos de ese local y no del crecimiento de los salarios. Algunos locales de muy alta calidad sí pueden aumentar sus alquileres por encima del crecimiento de los sueldos, pero son pocos. Son locales muy caros de comprar y que, por tanto, están fuera del alcance de la mayoría de la gente. En

caso de tener o heredar un local así, yo lo mantendría. Pero, en la práctica, el crecimiento de los alquileres de la mayoría de los locales es similar al de los sueldos. Tener un local siempre puede ser una alternativa para ganarse la vida, si se tiene iniciativa, y esto también hay que tenerlo en cuenta si se desea tener esa posibilidad. No compraría un local por si a lo mejor algún día te da por montar una actividad en él, pero si ya lo tienes y crees que es probable que en el futuro montes un negocio, entonces pensaría si en tu caso puede tener sentido alquilarlo en lugar de venderlo.

- Los dividendos son mucho más fiables que los alquileres. Es mucho más fácil comprar acciones de empresas que llevan muchas décadas repartiendo dividendos que encontrar inmuebles que no hayan tenido ningún impago o periodo de desocupación durante décadas. A veces, alguna buena empresa baja su dividendo, pero son casos mucho menos frecuentes que el de inmuebles que están un tiempo vacíos. Y aunque el inmueble esté vacío, hay que seguir pagando todos los gastos, y de vez en cuando necesitan una actualización (que es un gasto muy importante, que se repite cada X años), mientras que las acciones no tienen gastos de mantenimiento (cada vez son más los brókeres donde los gastos de mantenimiento de las acciones son cero euros), no se deterioran, no necesitan reparaciones, no hay que arreglar desperfectos causados por los inquilinos...
- Los dividendos se cobran automáticamente, aunque tú ni siquiera sepas que se van a pagar, mientras que no es infrecuente que los alquileres no se cobren, y en cualquier caso necesitan una gestión y un seguimiento continuos.
- Las empresas de calidad se dedican a actividades que están en expansión, lo que hace muy probable que sigan creciendo en el futuro por encima de la inflación. Pero no hay cada vez más personas que quieran vivir de alquiler el resto de su vida. Por la actual burbuja inmobiliaria, hay gente que se ve abocada a ello en estos momentos, pero no es su solución ideal ni su objetivo de vida. Casi todo el que vive de alquiler lo ve como algo temporal hasta que se pueda comprar un piso.

- Las acciones no tienen impuestos por su posesión, como les pasa a los inmuebles (IBI, paso de vehículos, recogida de basuras, rentas imputadas en el IRPF, etcétera).
- Los dividendos no suben porque suba la cotización, ni bajan porque baje la cotización. Los dividendos dependen de lo que hagan los beneficios de las empresas. Los alquileres sí bajan al caer los precios de los pisos, ya que en esa situación muchos alquilados se compran uno y dejan de pagar su alquiler. Esto, además, reduce el número de personas dispuestas a pagar un alquiler y aumenta el número de personas que deciden comprar un piso para ponerlo en alquiler (porque ahora pueden comprarlo, tras la bajada del precio de venta de los pisos). El efecto conjunto de todo esto es que se reduce la demanda (menos gente quiere pagar un alquiler) y a la vez aumenta la oferta (más gente quiere que alguien le pague un alquiler por su piso), haciendo bajar el precio de los alquileres.

Por eso creo que la inversión a largo plazo en acciones de empresas sólidas para vivir de los dividendos es la mejor inversión. Resumiendo, estas son las principales ventajas de esta forma de invertir:

- Invertimos fácilmente en los mejores negocios del mundo: Procter & Gamble, ATT, Mercedes, Inditex, Danone, Iberdrola, etcétera. Los mejores negocios del mundo te dan rentabilidad y seguridad.
- Diversificamos muy fácilmente: con poco dinero puedes invertir en muchos negocios distintos, e incluso de países y continentes distintos. Para hacer esto mismo con inmuebles hace falta tener muchísimo dinero.
- Diversificación temporal: los pisos se compran de una vez (aunque luego se tarde décadas en pagarlos) y, sin embargo, con las acciones podemos hacer muchas compras pequeñas, repartidas en el tiempo. De hecho, esto es lo recomendable, para evitar que la Bolsa caiga justo después de haber hecho una inversión importante.

- Igual que se pueden comprar poco a poco, las acciones también se pueden vender poco a poco, en caso de necesitarlo, cosa que no puede hacerse con un inmueble (no puedes ir vendiendo ni habitaciones ni partes de habitaciones).
- La Bolsa es el mercado más transparente que hay: eso te da seguridad, facilita la toma de decisiones, reduce los riesgos, etcétera. En internet tienes históricos de resultados, dividendos, cotizaciones...
- Es la alternativa más rentable para el inversor medio: la Bolsa crece más que los inmuebles (crecimiento de los beneficios empresariales frente a crecimiento de los sueldos, como vimos antes), tiene menos gastos y requiere menos tiempo y menos dedicación que los inmuebles.
- Mayor seguridad en el cobro de una renta: todo el mundo cobra los dividendos que pagan sus empresas, pero no todo el mundo cobra los alquileres acordados.

Invertir en Bolsa con prudencia y sentido común es mucho más fácil de lo que cree la mayoría de la gente. No se trata de hacerse rico en cuatro días, sino de mejorar claramente tu nivel de vida con el tiempo de una forma progresiva y muy segura. Lo puede hacer cualquiera, con un poco de dedicación y sin ninguna preparación especial. Además, desde el primer día que empiezas a invertir en Bolsa a largo plazo ves la vida de una forma completamente distinta, con más dinero, mucho más optimismo sobre tu futuro, con un control mucho mayor sobre tu vida y entendiendo mucho mejor todo lo que pasa en el mundo (que es algo fundamental para tener estabilidad emocional y de todo tipo).

Ideas principales

- La Bolsa te permite:

    1. Comprar los mejores negocios del mundo.
    2. Diversificar en muchos países y continentes.

3. Es la inversión más rentable, fácil y segura para el inversor medio.
4. Es la inversión más transparente.
5. Puedes comprar y vender poco a poco.
6. Te da la renta más segura y que más crece.

12

Cómo gestionar tu dinero (¡directos al grano!)

Piensa como una empresa

La forma más eficiente de ganar dinero son las empresas, así que debemos aplicar esas técnicas a nosotros mismos y a nuestra gestión del dinero, porque será lo más eficiente para conseguir la Independencia Financiera lo antes posible, y con tranquilidad y seguridad.

Conocer, medir y mejorar nuestra situación

Lo primero que tienes que hacer es ver dónde estás en este momento:

1. Qué tienes.
2. Qué debes.
3. Qué ingresos tienes.
4. Qué gastos tienes.

Debes trabajar para mejorar cada uno de estos 4 puntos, que están totalmente relacionados. La mejora que consigas en cualquiera de ellos repercutirá inmediatamente en los otros 3.

Ahora te voy a explicar qué es lo que puedes hacer para mejorar todo esto desde ahora mismo.

> **Ideas principales**
>
> - Calcula:
>
>   1. Qué tienes.
>   2. Qué debes.
>   3. Qué ingresos tienes.
>   4. Qué gastos tienes.

Haz tu presupuesto

Coge una hoja Excel y haz una lista de todos los gastos que hayas tenido el año pasado y lo que llevamos del año actual. Esto es tu presupuesto. Así de sencillo. No hacen falta grandes fórmulas ni funciones matemáticas complejas.

Para hacer esto entra en tu banco e intenta identificar cada movimiento. Mira también los movimientos de tus tarjetas (los movimientos de las tarjetas de crédito suelen estar en un listado diferente al de los movimientos de la cuenta corriente).

Lo importante es que veas y apuntes cuánto has gastado cada mes en electricidad, teléfono, gastos de la casa donde vives, supermercado, gimnasio, ropa, academias, restaurantes, bares, viajes, suscripciones a servicios de televisión, seguro del coche, vacaciones...

Si vives de alquiler, entonces los gastos de la casa donde vives es el alquiler, y quizá algún servicio como internet o electricidad.

Y si vives en un piso de tu propiedad, entonces los gastos de la casa son la comunidad de vecinos, las derramas, el IBI, etcétera.

Haz tu presupuesto lo más detallado posible, pero sin perder el tiempo intentando recordar en qué gastaste pequeñas cantidades de dinero. No tienes que ver en qué has gastado hasta el último céntimo, pero sí tener una visión detallada y útil de todos tus gastos.

Ahora tienes que hacer tres cosas:

1. Reduce y elimina gastos. La primera cosa que tienes que hacer, como ya habrás imaginado, es ver qué gastos puedes eliminar o reducir, y hacerlo ya, lo antes posible.

   Por ejemplo, ¿te has dado cuenta de que, con lo que gastas en bares y restaurantes, casi podrías pagar las letras de tu propia vivienda, y estás viviendo de alquiler?

   ¿Te has dado cuenta de que ves Netflix una vez al mes y te está costando al año más de lo que creías, por pensar que «son solo X euros mensuales»?

   Estas decisiones dependen de cada uno de nosotros. En este tema te puedo dar ideas, pero no puedo decidir por ti. A lo mejor gastas mucho en bares y restaurantes y quieres seguir haciéndolo, o ves mucho Netflix y te compensa el dinero que les das. Eran solo dos ejemplos para que entiendas qué es lo que tienes que pensar con cada uno de tus gastos.

   Cuantos más gastos reduzcas o elimines, antes llegarás a la Independencia Financiera, como es lógico. Pero, aunque redujeras tus gastos a cero, e incluso dejaras de comer, no ibas a llegar a la Independencia Financiera mañana (a no ser que tengas ya mucho dinero y lo que te falte sea saber cómo invertirlo, pero en ese caso la Independencia Financiera la conseguirías en cuanto sepas lo que tienes que hacer, sin necesidad de reducir tus gastos).

   Debes disfrutar de la vida a la vez que ahorras e inviertes, así que tienes que buscar el mejor equilibro posible entre el dinero que gastas y el dinero que ahorras.

2. Disfruta más de tu dinero ahora. La segunda cosa que tienes que hacer es, precisamente, encontrar la forma de disfrutar más de tu dinero en el presente.

   Por ejemplo, ¿te has dado cuenta de que gastas el mismo dinero en bares que en viajes, y resulta que te gusta mucho más viajar que estar en bares? Pues reduce el gasto en bares y gasta más dinero en viajar.

   O date de baja en Netflix y compra más ropa. O compra menos ropa y date de alta en Netflix.

Yo no sé qué es lo que más te gusta y lo que podrías dejar de hacer o hacer menos. En realidad, esto ya lo hemos visto antes: la Independencia Financiera consiste en que puedas hacer con tu vida lo que realmente quieres hacer, no lo que me gusta hacer a mí o a cualquier otra persona.

Por eso yo te puedo ayudar a conseguir la Independencia Financiera, y con mayor tranquilidad, rapidez y seguridad, pero eres tú el que debe decidir qué quieres hacer con tu Independencia Financiera.

Lo que te digo es que pienses este tipo de cosas y que dejes de gestionar tu economía con una especie de piloto automático, porque lo habitual es que, haciendo este análisis y encontrando maneras de gastar el dinero de otra forma, casi todo el mundo siente que ha cambiado de vida a mejor, y sin que le cueste un céntimo. No se trata de gastar mucho o poco, sino de gastar bien el dinero que gastes.

Con lo que hemos visto hasta aquí, ya tienes el presupuesto del año actual. Parte del año ya ha pasado, y el dinero que has gastado en estos meses lo gastaste sin tener en cuenta todo esto. No pasa nada.

Ahora puedes hacer ya el presupuesto para el año que viene, porque es bueno ir afinando la planificación. Pon siempre un apartado de «varios», porque seguro que todos los años tendrás gastos que no decidirás tú, pero tendrás que pagar: máquinas y aparatos que se rompen, invitaciones a bodas y comuniones, viajes inesperados, etcétera.

Después de haber hecho estos dos primeros puntos, debes haber establecido ya cuánto dinero vas a ahorrar cada mes.

3. **Si pudieras hacer esto...** La tercera cosa que tienes que pensar no es tan fácil ni tan rápida como las dos anteriores, pero si encuentras la forma de hacerlo, te puede cambiar la vida mucho más de lo que imaginas y en mucho menos tiempo del que crees.

¿Podríais irte a vivir a otro sitio en el que la vivienda fuera más barata?

Hay gente que no puede y otros que sí. Me refiero a «poder» hacerlo sin que tu vida te guste menos, claro. Incluso puede que lo hagas y tu vida empiece a gustarte más. Todo el mundo podría irse a un pueblo deshabitado y vivir de la huerta, pero no se trata de eso (a no ser que justo esa sea la vida que quieras llevar, claro, pero no es lo habitual).

Hace décadas irse a vivir a las grandes ciudades enriquecía a las personas que lo hacían, pero desde hace un tiempo vivir en las grandes ciudades es una de las mayores causas de pobreza en la sociedad actual, a nivel mundial. Aunque gran parte de los afectados aún no se hayan dado cuenta de ello, este es uno de los principales problemas de muchos millones de personas en todo el mundo.

No sé dónde vives ahora, ni en qué trabajas, ni la edad que tienes, ni si tienes hijos o no, ni de qué edad en caso de que los tengas, ni cuáles son tus gustos, ni tu vida ideal... Así que no sé si en tu caso la mejor decisión es cambiar tu lugar de residencia o no.

Lo que sí puedo decirte es que hay mucha gente que, si cambiara de lugar de residencia, no solo conseguiría antes su Independencia Financiera, sino que viviría en una casa mucho mejor, tendría más tiempo libre, más posibilidades de ocio, etcétera. Esto es parecido a aquella innovación que idearon las empresas de capital riesgo hace décadas, y que consistió en vender fábricas en el centro de las ciudades para convertirlas en viviendas, y con ese dinero construir una fábrica mejor, más moderna y barata en las afueras, e incluso repartir un dividendo extraordinario con el dinero que les sobraba. Este es un buen ejemplo de que todos debemos pensar de una forma muy parecida a la de las empresas.

Cambiar de lugar de residencia es una decisión difícil, y por eso mucha gente ni la contempla. Mi consejo es que pienses sobre ello tranquilamente, porque a lo mejor tú eres una de esas personas que puede cambiar de lugar de residencia y mejorar mucho su vida en todos los sentidos (no solo en cuanto al dinero), de forma inmediata.

Te lo cuento con la historia de Manuel y Marina, que representan muy bien dos situaciones muy habituales en las que se encuentra mucha gente en este momento (y muchas variantes similares).

Manuel vive en Madrid en una habitación compartida que le cuesta 600 euros al mes, y tarda una hora en ir al trabajo. No vive en el mejor barrio de la ciudad, así que cuando Manuel sale a la calle no ve las imágenes de la Puerta del Sol, el Barrio de Salamanca, etcétera, que tiene todo el mundo en la cabeza cuando piensa en Madrid.

A lo mejor te parece caro que una habitación en la capital cueste 600 euros. A mí también me lo parece, pero es que cuando escribo este libro en Madrid piden de 700 a 800 euros por muchas habitaciones. También las hay por menos de 600 euros, pero todos los precios que vamos a ver en esta historia están más o menos en la media. Ni lo más caro ni lo más barato.

Las viviendas en Madrid y Barcelona siempre han sido más caras que en el resto de España, pero la situación actual es absolutamente disparatada, y no tiene nada que ver con la que había hace veinte o treinta años, por ejemplo.

Porque estos precios son de habitaciones normales y corrientes. Las habitaciones que llaman de «coliving», que tienen zonas comunes y están modernizadas, cuestan entre 1.000 y 2.000 euros al mes. ¡1.000 y 2.000 euros al mes por vivir en una habitación, que nunca será tuya, y en una casa compartida! Una auténtica locura. Manuel cree que esto no puede acabar bien, pero ahora su prioridad es mejorar su situación personal, no la situación general.

Así que Manuel es de los que quiere cambiar de vida rápido, porque no le gusta nada la vida que lleva, y cada nuevo día se le hace muy pesado.

Ya tiene una cartera de acciones de unos 60.000 euros que le dan unos dividendos de 250 euros al mes después de impuestos.

También tiene una Reserva Permanente en Renta Fija de 10.000 euros.

La estrategia de dividendos le va muy bien. El problema es la vida que lleva en Madrid, donde paga 600 euros al mes por una habitación que está muy lejos del trabajo y que nunca será suya.

Así que Manuel se ha dado cuenta de lo siguiente:

En pueblos de la costa de Almería hay pisos que están bastante bien y cuestan unos 80.000 euros. Este piso y los siguientes que voy a comentar son ejemplos reales de Idealista de 2024. En concreto, esta vivienda de 80.000 euros es un piso con muy buenas vistas al mar y por dentro está para entrar a vivir. Mide setenta y ocho metros cuadrados y tiene dos habitaciones y dos baños. El garaje está incluido y tiene trastero, ascensor y aire acondicionado. Es un piso que está bastante bien.

Este es el piso que vamos a usar como ejemplo porque, como ya te dije, voy a coger precios medios, no precios extremos.

En este mismo pueblo venden otro piso algo más grande, de noventa metros cuadrados y tres habitaciones, por 62.000 euros. Por dentro es muy similar a este, pero no tiene vistas al mar, sino a una calle normal y corriente.

Y si buscamos apartamentos similares a estos, pero de una habitación en zonas similares, los hay por unos 50.000 euros e incluso menos.

Así que, si estás en una situación más ajustada que la de Manuel, también tienes alternativas.

Manuel gana 1.500 euros al mes. 600 euros los usa para pagar la habitación, ahorra 400 euros y vive con los 500 euros restantes. Vive muy austeramente, porque vivir en Madrid es caro. Solo el abono transporte le cuesta más de 70 euros.

Manuel decide comprar ese piso de 80.000 euros sin dar entrada, y paga 380 euros al mes por una hipoteca al 4 % a treinta años (fíjate que en muchos momentos hay hipotecas al 2-3 %, pero no quiero tomar los datos más favorables, sino datos medios).

Lo habitual es dar entrada, pero piensa que estamos usando cifras redondas. Si da entrada, entonces la cuota mensual que voy a usar en el ejemplo bajaría. Si tuviera que dar un 10 % de entrada, serían 8.000 euros y podría usar la Reserva en Renta Fija (donde tiene los 10.000 euros que vimos antes), por ejemplo. También podría dedicar a la entrada el ahorro mensual (los 400 euros) y los dividendos de los próximos meses, o en otros casos sus padres le podrían prestar ese dinero.

Así que, tras pagar la hipoteca y los gastos de la casa, le sobran 1.050 euros de su sueldo. Hemos supuesto que los gastos mensuales de la vivienda son 70 euros.

Vivir en este pueblo de Almería le cuesta unos 300 euros al mes, que son 200 euros menos que los 500 que le costaba vivir en Madrid. Solo el abono transporte eran más de 70 euros, y la comida, el ocio, etcétera, es mucho más caro en Madrid que en provincias como Almería.

Así que ahora Manuel puede ahorrar 750 euros en lugar de los 400 euros que podía ahorrar viviendo en Madrid.

Además, ha bajado mucho su coste de vida. Y no tiene que pasar una hora al día de ida y otra hora de vuelta metido en autobuses y metros, apiñado junto a miles de personas.

En Madrid gastaba 1.100 euros en vivir, y durmiendo en una habitación que nunca sería suya.

En Almería la hipoteca, los gastos de la casa y los gastos de vivir suman 750 euros.

Dicho de otra forma, los 250 euros al mes que cobra Manuel en dividendos son el 23 % de sus gastos en Madrid, y viviendo en una habitación que nunca será suya, pero son el 33 % de los gastos de vivir en Almería, y en una casa que algún día será suya y dejará de pagar la hipoteca.

De esta otra forma se ve mejor la diferencia. Para alcanzar la Independencia Financiera en Madrid, Manuel tendría que multiplicar sus rentas por 4,5 veces, y seguiría viviendo en una habitación que nunca sería suya. Y para alcanzar la Independencia Financiera en Almería, tiene que multiplicar sus rentas por 3 veces, y viviendo en una casa de ochenta metros que es suya y que algún día terminará de pagar.

En estas condiciones, Manuel alcanzará la Independencia Financiera en unos siete u ocho años, y ya podría dejar de trabajar si quisiera. Por supuesto, aquí he tenido en cuenta la inflación y los impuestos. Puedes hacer simulaciones con el simulador que tengo en InvertirenBolsa.info (https://invertirenBolsa.info/herramientas/calcula-cuanto-dinero-puedes-ganar-con-la-Bolsa). Según los datos que metamos en este simulador, en unos escenarios nos puede salir un poco más de tiempo o un poco menos de tiempo.

El hecho es que Manuel tiene la Independencia Financiera bastante más cerca tras haberse ido a vivir a Almería.

Vamos a hacer ahora unos pequeños ajustes, para cubrir otros casos parecidos al de Manuel.

Si Manuel tuviera una cartera de 80.000 euros en lugar de 60.000, entonces solo tardaría unos seis años en conseguir la Independencia Financiera. Y si tuviera una cartera de 100.000 euros, entonces tardaría unos cuatro años y medio en alcanzar la Independencia Financiera.

Hacemos otro ajuste más, suponiendo que Manuel quiera tener la Independencia Financiera aún más rápido. Para eso suponemos que, en lugar de comprar esa casa de casi ochenta metros por 80.000 euros, compra otra casa similar pero más pequeña, con una habitación, que le cuesta 50.000 euros. En este caso, y con la cartera de acciones de 100.000 euros, Manuel conseguiría la Independencia Financiera en menos de tres años.

He puesto muchas variantes, para que veas que se puede ser muy flexible, según las ganas que se tengan de alcanzar la Independencia Financiera antes o después.

Otra cosa que hay que tener en cuenta es que, si Manuel tuviera coche en Madrid y lo vende al irse a Almería, entonces acercaría aún más la Independencia Financiera que en el caso de tener abono transporte, que es el caso con el que hemos hecho los cálculos.

Para que Manuel se pueda ir a trabajar a Almería hay muchas posibilidades. Una es que la empresa en la que trabaja en Madrid le deje teletrabajar. Otra es que se cambie a otra empresa en la que le dejen teletrabajar. Otros casos son los de autónomos que ya hacen su trabajo por internet. E incluso habrá gente que para hacer esto pueda cambiar su trabajo presencial en Madrid por un trabajo presencial en Almería, etcétera.

Ahora vamos a ver el caso de Marina, que tiene un piso comprado en Barcelona, pero aún no ha terminado de pagarlo. Para hacer los cálculos, voy a hacer suposiciones muy similares a las de Manuel, así que no voy a repetirlas para agilizar la explicación.

Marina compró su piso por 200.000 euros hace quince años, pagando una hipoteca de 950 euros al mes. La hipoteca la firmó a treinta años y le quedan quince años por pagar. Es un piso pequeño, de unos cincuenta o sesenta metros cuadrados.

Marina gana 2.000 euros al mes. 1.050 se van en la hipoteca y los gastos de la comunidad de vecinos, vive muy justa con 500 euros mensuales, y con los otros 450 euros ha conseguido tener una cartera de acciones de 100.000 euros, que le dan unos 400 euros al mes en dividendos.

En los centros de las capitales de provincia de la España vaciada, como Lugo, Orense, Jaén, Huelva, Salamanca, Logroño, Zamora, Cáceres, etcétera, el precio medio de las viviendas está alrededor de entre 1.000 y 1.300 euros el metro cuadrado.

El piso de Marina tiene un precio de mercado ahora de unos 300.000 euros. Y aún le queda por pagar la mitad de la hipoteca.

Si vende el piso, podrá devolver los 100.000 euros que le quedan de la hipoteca y le sobrarían unos 200.000 euros.

Con 100.000 euros se puede comprar un piso de entre noventa a ciento diez metros en la capital de cualquiera de las provincias de la España vaciada, o en muchos pueblos de España de esas provincias y de otras.

Así que le quedan otros 100.000 euros para invertir en acciones. Con esto, su cartera de acciones pasará a ser de unos 200.000 euros, y le dará unos dividendos mensuales de unos 800 euros al mes, después de impuestos.

Recuerda que Marina gastaba unos 500 euros al mes en vivir en Barcelona, y con eso vivía de una forma muy austera.

Con 500 euros al mes en Orense, Huelva o Badajoz, por ejemplo, va a vivir mucho mejor. Pero es que ahora puede gastar casi el doble de esa cantidad en vivir, y sus dividendos seguirán creciendo a largo plazo por encima de la inflación.

Y ya no tiene que trabajar.

Es más, aunque Marina no tuviese nada de dinero invertido en acciones cuando vivía en Barcelona, haciendo este cambio de residencia que hemos visto, conseguiría la Independencia Financiera de forma casi inmediata, invirtiendo en acciones para cobrar dividendos los 100.000 euros que le sobran tras terminar de pagar la hipoteca y comprar su nueva vivienda en Orense, o donde sea.

Si Marina tiene que cambiar de trabajo y resulta que en Orense solo gana 1.000 euros, la mitad que, en Barcelona, entonces su situación sigue siendo infinitamente mejor que cuando vivía en Barcelona.

Hay casos reales aún más favorables y que tienen muchas personas, como el de alguien que tuviera un piso ya pagado en Madrid o Barcelona con un precio de mercado de unos 500.000 euros.

Podríamos seguir viendo ejemplos hasta el infinito, pero lo importante es que veas que mucha gente está en una situación muy parecida a las que hemos visto de Manuel y Marina, con todas las variantes de las que hemos hablado y otras que se te ocurran.

Fíjate, además, que los personajes del ejemplo pueden tener hijos si cambian de lugar de residencia, pero es casi imposible que los tengan si mantienen sus vidas actuales.

Puede parecer que cambiar de residencia dentro de España hoy es igual a como lo era hace diez, veinte o treinta años, pero no es así. Esto ha cambiado mucho más de lo que cree la mayoría de la gente.

Por un lado, porque en las provincias donde las viviendas son más baratas se vive mejor ahora que hace años, por internet y por el teletrabajo. En estas localidades hay muchos más servicios, muchas más posibilidades de ocio gracias a internet, cualquier cosa que compres en cualquier lugar del mundo te la llevan a casa, etcétera. Además, el transporte público ha mejorado, en general, y los coches y motos son mucho mejores, más asequibles, y más fiables.

Y, por otro lado, la situación también ha cambiado mucho porque en las grandes ciudades hay mucha gente que cada vez vive peor.

Cuando hace varias décadas la población empezó a moverse de los pueblos a las grandes ciudades la diferencia era muy grande. En los pueblos no había apenas ocio, no había apenas trabajo, había muchos menos servicios, se podían comprar muchas menos cosas... Incluso había muchos pueblos que no tenían servicios básicos como agua corriente, calefacción, electricidad, teléfono, transporte público (y los vehículos privados eran muchísimo más difíciles de comprar y no eran tan fiables como ahora). Así que en ciudades como Madrid o Barcelona se podía vivir una vida completamente diferente.

Pero este aumento de población en las grandes ciudades ha hecho que los desplazamientos diarios sean cada vez largos, las casas más pequeñas y la vida más cara. La realidad es que la calidad de vida ha bajado mucho en las grandes ciudades, y ya no es la que era hace tan solo veinte o treinta años, por ejemplo. Paralelamente, la calidad de vida ha subido mucho en las ciudades pequeñas y los pueblos.

Hace veinte o treinta años las viviendas ya eran mucho más caras en Madrid o Barcelona que en el resto de España, pero lo que sucede ahora es que las habitaciones en Madrid o Barcelona son mucho más caras que las viviendas en otras zonas de España, y esto no tiene ningún sentido.

España está mal diseñada desde hace muchas décadas. Tenía que haberse diseñado como una red, como sucede con Suiza, por ejemplo. En lugar de eso, se diseñó con Madrid y Barcelona como puntos en los que se ha concentrado la mayor parte de la actividad económica.

Nosotros no podemos cambiar esto, pero mucha gente sí puede aprovechar la oportunidad que se ha creado con esta situación.

El dicho de que las crisis crean oportunidades se puede aplicar a este caso, en el sentido de que todos los errores que se han cometido en el pasado han abierto una oportunidad muy buena que puede ser aprovechada por mucha gente.

¿Recuerdas la burbuja inmobiliaria que empezó a estallar en 2007? Es un buen ejemplo de que la mentalidad de la sociedad va cambiando. A veces cambia a mejor, y otras veces cambia a peor.

Podríamos pensar que la subida del precio de la vivienda y de los alquileres que se está produciendo en los años veinte del siglo XXI es muy similar a la que se produjo en la burbuja inmobiliaria de los primeros años del siglo XXI, pero si te fijas son situaciones muy diferentes.

—¿Muy diferentes? ¡Si en ambos casos las viviendas están por las nubes!

Sí, y no.

En la burbuja inmobiliaria de los primeros años del siglo XXI subieron las viviendas en toda España. No solo en Madrid y Barcelona, sino en cualquier pueblo o ciudad.

Además, ¿recuerdas cómo quería ganar dinero la gente con la vivienda en aquellos años?

Si recuerdas, lo que estaba de moda entonces era comprar caro, para vender aún más caro. La inmensa mayoría de la gente que invirtió en viviendas en aquellos años no quería quedárselas, sino venderlas lo más rápidamente posible.

Recuerda, por ejemplo, que algo que estuvo muy de moda entonces fue «comprar sobre plano». Es decir, comprar las viviendas antes de que se empezasen a construir, para venderlas cuando ya estuvieran terminadas o a punto de terminarse.

¿Por qué empezó a estallar esa burbuja en el año 2007?

Porque las viviendas llegaron a subir tanto que llegó un momento en que los dueños de esas viviendas ya no encontraron a nadie que quisiera, o pudiera, pagar un precio cada vez más alto por ellas.

Así que esos últimos dueños de aquellas viviendas tuvieron que venderlas a precios más bajos de los que las compraron, y se arruinaron porque las habían comprado endeudándose.

Fíjate, pues es muy importante para tener la psicología adecuada, que la gente que compró pisos endeudándose en aquella burbuja empezó comprando un piso, porque al principio le daba miedo eso de pedir una hipoteca por tanto dinero. Como le salió bien, cuando vendió el primer piso no compró uno más, sino 2. Al vender esos 2 nuevos pisos ganando dinero, lo que hizo fue comprar 4... y cuando estalló la burbuja les pilló con 8 pisos y sus correspondientes hipotecas.

Como ves, lo peor que le pudo pasar a esta gente es que la primera vez que se endeudaron para comprar un piso y venderlo rápidamente les salió bien. Porque eso les hizo perder el respeto a las deudas, endeudarse cada vez más para hacerse ricos más rápidamente, y acabar arruinados con una gran cantidad de deudas cuando aquella burbuja empezó a estallar.

¿Y por qué te decía que la sociedad cambia y que esto es un buen ejemplo de ello?

Porque, aunque sea de forma inconsciente y sin que la mayoría de la gente se haya dado cuenta de ello, nuestra sociedad ha aprendido que eso de endeudarte para comprar un piso y venderlo rápido es mala idea, porque en cualquier momento se acaba la fiesta y te arruinas.

Así que lo que está de moda ahora para invertir en viviendas es otra cosa.

Ahora la gente también se endeuda para comprar viviendas, pero para devolver esa deuda ya no cuenta con tener la suerte de que los precios de los pisos suban de forma indefinida.

Lo que hacen ahora es endeudarse para comprar un piso y hacerse sus cuentas para devolver la deuda con lo que cobren del alquiler de ese piso. Esto suena muy bonito, pero muchas veces sale mal, y también se pierde el dinero.

El caso es que lo que nos importa para lo que te quiero contar en este apartado es que eso ha hecho que la inversión en viviendas actualmente no esté repartida por toda España como sucedió en la burbuja de los primeros años del siglo XXI, sino que está muy concentrada en los centros de Madrid, Barcelona y el resto de las grandes ciudades de España (Valencia, Málaga, Mallorca, etcétera), porque es ahí donde los alquileres son más seguros y, por tanto, donde los inversores en vivienda tienen un riesgo más bajo. Y lo que quieren ahora los inversores en vivienda es tener el riesgo más bajo posible, porque nuestra sociedad aún tiene el miedo en el cuerpo de todas las ruinas que se produjeron con aquella burbuja inmobiliaria en la que la mentalidad era «comprar caro y vender rápidamente aún más caro».

¿Cómo puedes aprovechar esto tú (si es que puedes, porque ya te dije al principio de este apartado que sé que, a diferencia de todos los demás consejos del libro, esto no lo puede aplicar todo el mundo)?

Esta situación ha creado una gran diferencia de valoración entre los precios de los pisos en las grandes ciudades y los precios de los pisos en ciudades medianas y pequeñas, y en los pueblos. Así que, si eres de los que pueden cambiar su lugar de residencia, todo esto ha creado una gran oportunidad para ti, que hará que el resto de tu vida sea mucho más fácil. Si puedes vender tu casa en Madrid, Barcelona y algunas otras grandes ciudades, o dejar de pagar un alquiler caro, e irte a vivir a una capital de provincia o pueblo en los que las viviendas son mucho más baratas, y mucha gente vive mucho mejor de lo que viviría en Madrid o Barcelona, incluso con más posibilidades de ocio reales (sin tener que tardar dos horas para ir de un sitio a otro), entonces conseguirás tu Independencia Financiera muchos años antes que si sigues viviendo en esas grandes ciudades.

Como te decía al principio de este apartado, sé que esto no lo puede hacer todo el mundo, pero para el que pueda hacerlo puede ser una de las mejores decisiones de su vida. Y también sé que, hoy en día, esto lo está aprovechando mucha menos gente de la que podría hacerlo.

Ideas principales

- Haz la lista de todos tus gastos y:

    1. Reduce y elimina gastos.
    2. Gasta más en aquello que más te satisfaga.
    3. Si puedes cambiar de lugar de residencia, puede ser una de las mejores decisiones de tu vida.

> - Con todo esto, crea tu presupuesto y decide cuánto vas a ahorrar cada mes a partir de ahora.

¿Cuánto dinero tienes que ahorrar para conseguir la Independencia Financiera?

Si tienes un sueldo, una vez que hayas hecho el presupuesto que vimos antes, te será fácil decidir la cantidad de dinero que vas a ahorrar todos los meses. Acostúmbrate a usar esta calculadora para hacer estimaciones de cuándo conseguirás la Independencia Financiera, teniendo en cuenta el dinero que ya tengas ahorrado y el dinero que vayas a ahorrar todos los meses: https://invertirenBolsa.info/herramientas/calcula-cuanto-dinero-puedes-ganar-con-la-Bolsa.

Ya sé que no sabes cuál será la inflación media de los próximos años, cuánto crecerán tus dividendos, etcétera. Tranquilo, eso no lo sabe nadie, nunca lo ha sabido nadie y nunca lo sabrá nadie. Y no te hace falta saberlo para conseguir tu Independencia Financiera.

Yo te recomiendo que pruebes varios escenarios.

Como inflación media yo pondría el 2-4 %.

Como rentabilidad media por dividendo inicial de tus compras, pondría el 3-5 %.

Como crecimiento de los dividendos, el 6-10 %.

Como impuestos, alrededor de un 20 % es correcto.

No se trata de que adivines exactamente lo que pasará en el futuro porque eso es imposible, sino de que vayas viendo los resultados que tendrás con estos valores u otros similares.

Por ejemplo, haz una primera simulación con una inflación del 3 %, una rentabilidad por dividendo inicial media del 4 % y un crecimiento de los dividendos del 7 %.

¿Cuándo te dice el simulador que llegarás a la Independencia Financiera?

Y si bajas la inflación al 2 %, ¿cuál es la nueva fecha que te da el simulador?

Y si subes el crecimiento de los dividendos al 8 % o lo bajas al 6 %, ¿cuándo llegarás a la Independencia Financiera?
¿Y si aumentas el ahorro en 25 euros más al mes, o en 50? Etcétera.

Así es como tienes que usar este simulador, para tener una orientación de cuándo llegarás a la Independencia Financiera. Lógicamente, a medida que pasa el tiempo, la estimación será más precisa, ya que irán aumentando los dividendos reales que ya cobras de tu cartera de acciones.

Ideas principales

- Utiliza esta calculadora para estimar cuándo llegarás a la Independencia Financiera desde tu situación actual:
- https://invertirenBolsa.info/herramientas/calcula-cuanto-dinero-puedes-ganar-con-la-Bolsa.

¿TIENES INGRESOS VARIABLES?

Si tienes ingresos variables porque eres autónomo, tienes un negocio o algo así, entonces te recomiendo que hagas esta variación que te voy a explicar ahora porque no se sabe qué ingresos tendrás el año que viene.

Al hacer tu presupuesto plantea dos escenarios.

El primero es el de supervivencia. Aquí pon solo los gastos fijos e imprescindibles: los de mantenimiento de la casa, supermercado, ropa... Incluye también el ocio que consideres imprescindible, por supuesto.

El segundo es lo que gastarás si todo va bien: viajes, probablemente algo más de gasto en ropa e incluso en el supermercado, más gasto en ocio, etcétera.

Una vez hecho esto, lo primero que tienes que hacer con tus ingresos es cubrir los gastos del primer presupuesto: el de supervivencia.

Con los ingresos que pasen de ahí, haz dos partes:

1. El ahorro que vas a invertir.
2. El mayor gasto que tendrás porque las cosas están yendo bien.

Por ejemplo, imagina que en el presupuesto de supervivencia te sale un gasto mensual de 1.000 euros, y en el presupuesto de lo que gastarás si las cosas van bien te sale un gasto de 1.800 euros al mes. En esos 1.000 euros del presupuesto de supervivencia, evidentemente, está la parte correspondiente de los gastos anuales como el seguro del coche, las vacaciones...

En enero ganas 1.800 euros, así que te «sobran» 800 euros respecto al presupuesto de supervivencia.

Esos 800 euros los tienes que repartir, en los porcentajes que tú consideres, entre el ahorro y el mayor gasto.

Por ejemplo, si decides que el 60 % sea ahorro y el 40 % sea mayor gasto, entonces 480 euros irán a la cuenta de ahorro (para invertir ese dinero en acciones que te paguen dividendos) y 320 euros a la de gastos.

Según cómo sea la estabilidad de tu negocio, puedes hacer una tercera parte, que es una Reserva para el gasto de supervivencia de los próximos meses. Hay negocios que van lo suficientemente bien como para que sea bastante probable que todos los meses los ingresos sean de al menos esos 1.000 euros que hemos puesto de ejemplo. Pero hay otros casos en los que no es raro que haya meses muy malos en los que apenas hay ingresos. Si estás en este caso, entonces te recomiendo que añadas esta tercera parte de Reserva para gastos de los próximos meses, haciendo algo así, por ejemplo:

1. Ahorro: 50 %.
2. Mayor gasto: 30 %.
3. Reserva para próximos meses: 20 %.

Si las cosas van bien, yo dejaría de aportar a las partes de «Reserva» y «Mayor gasto» cuando lleguen al tope que hayas marcado, y que depende de los dos presupuestos que hemos visto (1.000 euros de gastos de supervivencia, y 1.800 euros si las cosas van bien).

Por ejemplo, imagina que Juan tiene un gasto de supervivencia de 1.000 euros al mes, y al terminar agosto ya tiene 4.000 euros en la parte de «Reserva». Con esos 4.000 euros ya cubriría el gasto de supervivencia de los cuatro meses que restan del año, así que de los ingresos que tenga de septiembre a diciembre ya no tendría que dedicar nada a la parte de Reserva, y el reparto de los ingresos de septiembre a diciembre quedaría de este modo:

1. Ahorro: 70 %.
2. Mayor gasto: 30 %.
3. Reserva para próximos meses: 0 %.

E incluso podría ir «liberando» la «Reserva», si todo sigue yendo normal en los meses que faltan para acabar el año. Imagina que en septiembre tiene unos ingresos de 1.600 euros. En principio, los primeros 1.000 euros irían para cubrir el gasto de supervivencia, pero como en la «Reserva» ya tiene 4.000 euros, si dedica esos primeros 1.000 euros de septiembre a los gastos de supervivencia, entonces se encontraría con que tiene una reserva de 4.000 euros para los tres últimos meses del año, así que le sobrarían 1.000 euros.

Lo lógico es que dedique ya esos 1.000 euros al ahorro, y se quede con una reserva de 3.000 euros para cubrir el último trimestre del año.

¿Por qué he dicho que Juan debe dedicar esos 1.000 euros al ahorro y nada al mayor gasto, y antes que el porcentaje de ahorro lo subía al 70 % y el de mayor gasto lo dejaba en el 30 %?

Porque, muy probablemente, y si todo esto lo tiene bien ajustado, más o menos cuando Juan consiga que la reserva le cubra lo que queda de año, entonces en la cuenta de «mayor gasto» también habrá llegado a la cantidad prevista, que son esos 1.800 euros al mes que hemos visto.

Es decir, en este momento Juan ya tendrá otros 2.400 euros (800 × 3) en la cuenta de «mayor gasto», que le cubren ese mayor gasto (hasta llegar a los 1.800 euros al mes) de los últimos tres meses del año y no necesitará añadir más dinero a esa cuenta.

Lógicamente, en este caso algunas personas decidirán ajustarse al presupuesto inicial y no gastar más de esos 1.800 euros al mes de nuestro ejemplo, y otros decidirán gastar algo más para celebrar que el año ha ido bien.

Eso sí, si mantienes el gasto en los 1.800 euros mensuales de nuestro ejemplo, llegarás antes a la Independencia Financiera.

No está ni mejor ni peor mantener el gasto en 1.800 euros o subirlo para celebrar que el año ha ido bien. Simplemente ten en cuenta esto y decide si en un caso así prefieres gastar un poco más o acelerar tu Independencia Financiera. Incluso es posible que unos años buenos prefieras gastar más dinero y otros, acelerar tu Independencia Financiera, según cómo te encuentres en cada momento.

Ideas principales

- Si tienes ingresos variables, haz estas tres partes con tus ingresos:

1. Ahorro.
2. Mayor gasto.
3. Reserva para próximos meses.

Haz tu balance

El balance es todo lo que *tienes* y todo lo que *debes*.
Debes hacer dos listas:

1. Lista de todo lo que tienes: además del dinero, las acciones, los inmuebles, etcétera, tienes que apuntar todas aquellas cosas que podrían ser vendidas: monedas, sellos, juguetes de cuando eras pequeño, muebles, lámparas, espejos, cuadros, esculturas, grabados, botellas de vino o licor, artículos deportivos que ya no usas (esquís, raquetas, palos de golf...), obje-

tos antiguos o curiosos de todo tipo, etcétera. Debes intentar valorar, al precio de mercado actual, todas estas cosas.
2. Lista de todo lo que debes: créditos y préstamos, si los tienes.

Optimiza tu balance

Ahora es el turno de optimizar tu balance, para darle un buen empujón a tu Independencia Financiera.

Si ya tienes acciones, debes ver cuáles son buenas para invertir a largo plazo por dividendos.

Las que sean adecuadas para esta estrategia, simplemente debes mantenerlas.

Las que no valgan para esta estrategia, tienes que venderlas. Aunque no es necesario que las vendas de forma inmediata. Quizá el mejor momento para hacerlo sea dentro de unas semanas o unos meses. Eso hay que verlo caso por caso.

Algo similar hay que hacer con:

1. Cuentas y depósitos.
2. Fondos de inversión.
3. Depósitos estructurados y similares.
4. ETF.
5. Etcétera.

De todas estas cosas, piensa cuáles debes mantener y cuáles debes vender.

Otras cosas que puedes tener, y que deberías vender para comprar más acciones que te den más dividendos, son objetos de arte y coleccionable. Otra recomendación es que «vacíes el trastero».

Lógicamente, si alguna de estas cosas te gusta mucho, quédatela para el resto de tu vida. Pero vende aquellas que casi ni te acuerdas de que las tienes o no te gustan mucho, ocupan un espacio que te vendría bien tener, etcétera.

> **Ideas principales**
>
> - Haz la lista de lo que tienes y lo que debes.
> - Si tienes deudas, redúcelas hasta eliminarlas.
> - Vende todo lo que tengas y no quieras para comprar más acciones que te den más dividendos.

Qué tienes que poner de tu parte para conseguir la Independencia Financiera de verdad

Todo el mundo puede, y debe, crearse un patrimonio que le permita vivir de sus rentas.

¿Cómo puedes, y debes, conseguirlo?

Tienes que ser constante ahorrando e invirtiendo.

Es mucho más importante que ahorres todos los meses el dinero que hayas establecido que hacer un análisis muy complicado para saber qué hará la Bolsa el año que viene.

Porque nadie puede llegar a saber qué hará la Bolsa el año que viene, por mucho tiempo que le dedique y muchos conocimientos que tenga. Así que ahí no está la clave.

La clave está en que ahorres todos los meses, sí o sí. E inviertas ese dinero, claro, porque si te quedas en ahorrarlo, pero no lo inviertes, entonces será un dinero desperdiciado.

Esto sería como tener unas semillas y dejar que se echen a perder en un cajón, en lugar de plantarlas para que en el futuro esas semillas se conviertan en un árbol que te dé frutos todos los años de tu vida.

Por eso es muchísimo más importante hacer bien lo que está bajo nuestro control que intentar adivinar el futuro. Porque el futuro nunca lo vas a adivinar (ni tú ni nadie), pero si haces todo lo que está bajo tu control conseguirás la Independencia Financiera con total seguridad (salvo que se hunda el mundo, pero si se hunde el mundo nadie podrá hacer nada para evitarlo y dará igual lo que hayamos hecho con nuestro dinero antes de que llegue el final).

Recuerda: siempre es mucho más rentable ser constante que intentar adivinar el futuro (cosa que nadie puede hacer).

Invertir no consiste en adivinar el futuro, y nunca ha consistido en eso. Invertir consiste en ser constante haciendo unas pocas cosas sencillas.

Volvamos al ejemplo de los dos hermanos gemelos que vimos antes, Juan e Iván. Ambos ganaron el mismo dinero todos los meses de su vida, pero Juan no ahorró e Iván sí lo hizo.

No sabemos cuánto subirán los dividendos en el futuro, pero sí sabemos que muy probablemente será en una proporción similar a la del pasado. Por ejemplo, entre 1980 y 2010 la Bolsa española subió un 16 % anual (reinvirtiendo los dividendos). En 1980 la Bolsa estaba barata, y en 2010 también, por lo que es un periodo largo (treinta años), homogéneo y representativo.

Más allá de las cifras concretas, lo que importa es que la diferencia entre esos dos hermanos gemelos es algo tan simple y sencillo como ahorrar, o no, 300 euros al mes (o la cantidad que sea) e invertirlos. Y eso es algo que todo el mundo puede hacer.

Empieza a ahorrar e invertir ya. El tiempo es oro, de verdad. Y sigue haciéndolo todos los meses. Mira los ejemplos que acabamos de ver. Tu futuro será el resultado de lo que hagas hoy. Por eso es tan importante empezar a ahorrar e invertir ya, para que el futuro que deseas llegue lo antes posible.

Al decidir cuánto dinero ahorrar todos los meses, estás decidiendo una gran parte de cómo va a ser el resto de tu vida. Esto es algo muy importante, porque mucha gente piensa de una forma totalmente equivocada que, «total, para ahorrar unos pocos euros al mes, mejor no ahorro nada». Con ese pensamiento están hundiéndose en la pobreza. Seguro que conoces muchos casos así en tu familia y en todo tu entorno.

Hay que dedicar algo de tiempo a todo esto, por supuesto. Pero el tiempo que le dediques a invertir ahora también te generará más tiempo libre (además del dinero) y de mucha mayor calidad en el futuro.

Y así, cada día estarás más cerca de conseguir la Independencia Financiera que tú quieres (que será distinta a la de los demás, porque lo que a ti te importa es vivir la vida que tú quieres, no la del resto), ya que tus dividendos cada mes cubrirán un porcentaje mayor de tus gastos, hasta que en un momento dado tus dividendos serán superiores a tus gastos.

Aunque este momento realmente no será un día concreto, sino una franja de tiempo.

Porque cuando te vayas acercando a ella verás que podrás ahorrar algo más y acortar tu Independencia Financiera. O al revés, gastar algo más porque no te importará que el día en que «oficialmente» alcances tu Independencia Financiera esté un poco más cercano o un poco más lejano.

Y después de eso llegará un momento en que podrás vivir de tus rentas gastando cada vez más dinero y siendo más rico a medida que pasa el tiempo. No es magia, son matemáticas (muy sencillas). Y están a disposición de todo el que quiera dedicarle un poco de tiempo a conocerlas.

Nadie sabe con seguridad qué van a hacer las distintas inversiones en el futuro, ni siquiera los mejores inversores del mundo y con más experiencia. Pero no hace falta saber esto, afortunadamente, porque nunca lo ha sabido nadie en el pasado y nunca lo sabrá nadie en el futuro. La clave no es esa.

La clave es que hagas bien todo lo que depende de ti. Y es fácil hacerlo bien.

Ideas principales

- Es mucho más importante que ahorres todos los meses el dinero que hayas establecido que hacer un análisis muy complicado para saber qué hará la Bolsa el año que viene.
- El futuro nunca lo vas a adivinar (ni tú ni nadie), pero si haces todo lo que está bajo tu control, conseguirás la Independencia Financiera con total seguridad.

- Empieza a ahorrar e invertir ya. El tiempo es oro, de verdad.
- Al decidir cuánto dinero ahorrar todos los meses, estás decidiendo una gran parte de cómo va a ser el resto de tu vida.
- El tiempo que le dediques a invertir ahora también te generará más tiempo libre en el futuro.
- Cada mes tus dividendos cubrirán un porcentaje mayor de tus gastos, hasta que en un momento dado tus dividendos serán superiores a tus gastos. No es magia, son matemáticas (muy sencillas).

Pero no te endeudes para comprar acciones... ¡porque a lo mejor te sale bien!

Manuel ya llevaba un tiempo invirtiendo en Bolsa. Algo más de un año. Le gustaba mucho leer todas las noticias que encontraba en internet sobre las empresas.

Su padre también invertía en Bolsa, pero era más tradicional. A él no le gustaba estar viendo noticias todo el día. Decía que antes no se miraban tanto las noticias, e igualmente se invertía en Bolsa, y con buenos resultados.

Pero los tiempos habían cambiado, le decía Manuel a su padre. Ahora podías ver noticias de todo el mundo cada segundo. Y él no paraba de hacerlo porque quería ganar mucho dinero con la Bolsa, y lo antes posible.

Un mes de enero, poco después de Navidades, la Bolsa tuvo una caída apreciable.

Cuando ya llevaba unos días cayendo, Manuel le dijo a su padre:

—Ahora sí que están baratas las acciones, papá. Yo voy a comprar Inditex. Creo que ya no puede caer más.

—Sí, hijo, son unos precios muy buenos. La pena es no tener más dinero ahora para poder comprar más acciones.

—Yo tengo 1.000 euros para comprar acciones ahora, pero voy a comprar 2.000 euros. Voy a pedir un crédito por otros 1.000 euros, y así podré comprar acciones de Inditex por 2.000 euros.

—No me gusta que hagas eso, hijo. Lo hemos hablado alguna vez y ya sabes que eso de endeudarse...

—Lo tengo muy bien pensado, papá. ¿Qué es lo peor que puede pasar?

—Que Inditex caiga más de lo que tú crees. Estás convencido de que no puede caer más, pero eso nunca se sabe. A lo mejor cae más, y entonces ¿qué vas a hacer?

—Lo tengo todo controlado.

—Con las deudas para invertir nunca se tiene todo controlado.

—Verás. Yo creo que Inditex no va a caer más, pero si llega a caer, no pasa nada, porque los 1.000 euros que voy a pedir prestados ahora los devuelvo con el sueldo que cobre a fin de mes, en el peor de los casos.

—Entiendo.

—¿Ves cómo es verdad que lo tengo todo controlado?

—Visto así parece que es verdad. Pero yo no me voy a endeudar. No quiero estar dándole vueltas a la cabeza, que mamá vea que estoy preocupado y tener que andar dándole explicaciones... No, yo no pido el crédito.

Dicho y hecho. Manuel pidió ese crédito de 1.000 euros y en total compró 2.000 euros en acciones de Inditex. Su padre compró acciones con los 1.000 euros que tenía, sin pedir ningún crédito.

Y Manuel acertó.

Inditex no solo no bajó más, sino que en los siguientes días subió como un cohete. Para cuando Manuel cobró su siguiente sueldo las acciones de Inditex ya habían subido un 30 %.

Así que Manuel ganó 600 euros (el 30 % de 2.000) y su padre solamente 300 euros (el 30 % de 1.000).

Los dos tenían 1.000 euros, pero gracias a haberse endeudado Manuel ganó el doble de dinero que su padre. Y eso le dio mucha confianza a Manuel, claro.

Así que pocos meses después vio otra oportunidad clara en Allianz. Esta vez pidió un crédito por 5.000 euros. Y Manuel volvió a acertar, y volvió a ganar. Esta vez obtuvo 3.000 euros, lo mismo que ganaba con dos meses de trabajo.

Su padre estaba preocupado con esta forma de invertir, pero Manuel lo tenía claro.

La tercera vez que se endeudó fue con el BBVA, y esta vez ganó 10.000 euros.

La cuarta vez, con BMW, obtuvo más de 30.000 euros. En poco tiempo ganó más con la Bolsa que en un año trabajando.

Manuel cada vez sabía más sobre la Bolsa, como parecía evidente por los resultados que estaba teniendo.

Así que empezó a pensar en dedicarse a ello, porque ganaba más dinero con la Bolsa que trabajando y con mucho menos esfuerzo. No se lo decía, pero cada vez tenía más claro que el gran error de su padre había sido no endeudarse a lo largo de su vida para invertir en Bolsa. Ese conservadurismo excesivo era lo que le había hecho ganar poco dinero a lo largo de su vida.

Manuel vio claro que Meliá iba a subir como un cohete, porque todas las previsiones apuntaban a que este año iba a ser el mejor para el turismo en España de toda la historia. Así que esta vez fue con todo. En un par de meses iba a ganar el sueldo de varios años con esta oportunidad tan clara, y entonces sí que iba a pensar seriamente en dejar de trabajar para dedicarse solo a la Bolsa. El caso es que Manuel no dormía bien últimamente, quizá por la emoción de cómo iba a cambiar su vida con todo el dinero que iba a ganar.

Pero esta vez el que tuvo razón fue su padre.

Un par de semanas después de que Manuel comprara las acciones de Meliá con todo el dinero que había ganado en las anteriores operaciones, más todo el crédito que había podido conseguir, los pilotos amenazaron con una huelga el próximo verano y todas las acciones de empresas turísticas cayeron bruscamente.

—Seguro que volverán a subir —le repetía Manuel, desesperado, al empleado del banco que le llamó.

—Puede ser, Manuel, pero ya sabes cuáles son las reglas cuando te endeudas. Tenemos que vender todas tus acciones ya, porque si caen más perderás más dinero del tienes, y el banco no puede arriesgarse a que eso suceda.

—Pero ¡tiene que haber alguna solución! —dijo Manuel, angustiado.

—Existir, existe una solución, pero no te la recomiendo.

—¿Cuál es? Estoy seguro de que las acciones de Meliá subirán antes o después, así que quiero esa solución ya, sea la que sea.

—La solución es que tus padres pongan como garantía la casa en la que vivís. Pero yo no te lo recomiendo en absoluto, porque, aunque tú estés seguro de que las acciones de Meliá vayan a subir, a lo mejor no es así, o tardan mucho tiempo en hacerlo. Y si siguen cayendo, estarías poniendo en riesgo la casa en la que vivís. Por esto te digo que no te recomiendo en absoluto que hagas esto. Es mejor que asumas la pérdida y controles mejor los riesgos que corres a partir de ahora.

—De acuerdo, lo entiendo. —Y aceptó vender sus acciones, y asumir una gran pérdida.

¿Has visto cuál es el principal peligro de endeudarse para invertir? Que salga bien.

Aunque pueda parecer mala suerte, lo que le pasó a Manuel es algo muy lógico y habitual.

Endeudarse para invertir, sea en Bolsa o en cualquier otra cosa, es muy arriesgado. En la burbuja inmobiliaria que empezó a pincharse en 2007 también vimos mucha gente que se arruinó por haber comprado viviendas con créditos, como hemos comentado antes.

Por eso, es muy importante entender el mecanismo psicológico que lleva a la gente a querer endeudarse, y cómo cambia la mentalidad a medida que se van haciendo más operaciones con deuda.

Endeudarse da miedo, creo que eso lo ve claro todo el mundo. Por eso casi nadie se endeuda mucho la primera vez que lo hace. Cuando te endeudas poco, el riesgo es pequeño y es muy fácil controlarlo. Y tan importante como esto es que ese riesgo pequeño te permite pensar bien y con tranquilidad, teniendo la mente despejada.

Como hemos visto, la primera vez que Manuel se endeudó lo hizo solo por 1.000 euros. 1.000 euros es una cantidad pequeña. Tan pequeña que, para devolverla, no necesitaba que subieran las acciones, ya que en el peor de los casos la podría devolver con su sueldo del mes siguiente. Aunque Inditex hubiera caído a cero y hubiera desaparecido de la faz de la Tierra, Manuel habría podido devolver esos 1.000 euros con mucha facilidad.

Así que este bajo riesgo le permitió pensar con claridad. En realidad, podemos verlo de otra forma, pensando que aquellos 1.000 euros no eran una deuda, sino un adelanto del siguiente sueldo. Así que fue casi como si no se hubiera endeudado.

Si le hubiera salido mal, y las acciones de Inditex hubieran caído en las siguientes semanas en lugar de subir, Manuel no habría tenido ningún problema en cubrir esa deuda, pero es muy importante darse cuenta de que le habría quedado la sensación de que se había equivocado. Habría visto que no sabía tanto de Bolsa como él creía y, seguramente, eso habría hecho que viera el riesgo real de endeudarse y no lo hubiera intentado más veces.

Por eso, lo peor que le puede pasar a una persona que se endeuda para invertir en Bolsa es acertar, y ganar dinero esa primera vez.

A primera vista, puede parecer lo contrario, y si preguntamos a varias personas si es mejor que Manuel ganase 600 euros o que los perdiera en aquella primera operación en la que se endeudó para comprar acciones de Inditex, la inmensa mayoría de la gente nos respondería que ni siquiera le ve sentido a esa pregunta porque es evidente que es mucho mejor ganar 600 euros que perderlos.

Pero si miramos más allá de lo evidente, la respuesta es la contraria: lo peor que le puede pasar a una persona que se endeuda por primera vez es ganar dinero.

Porque, junto con ese dinero, suelen venir «de regalo» una euforia excesiva, una sensación de saber mucho más de lo que realmente se sabe, la emoción de sentirse superior a los demás, etcétera, y todo eso es muchísimo peor que haber perdido unos pocos cientos de euros.

Es decir, a medida que aumenta el dinero que se va ganando gracias a esas deudas, aumenta mucho más el exceso de confianza, la sensación de creer que se sabe mucho más de lo que se sabe y el convencimiento de que se es superior a los demás.

Por supuesto, todas estas cosas son letales porque nunca nadie puede adivinar el futuro.

Y cuanto mayor es el exceso de confianza, menos se controlan los riesgos y menos se analizan las operaciones, por esa sensación de que «esto es muy fácil, yo soy muy listo, y lo tengo todo controlado» que no para de crecer día a día.

En nuestro ejemplo, Manuel pensó en dedicarse a la Bolsa y dejar su trabajo. Otros piensan en cambiar de casa o de coche, por ejemplo. El caso es que llega un momento en que se piensa cada vez menos en el control de riesgos y más en aquellas cosas que se quieren conseguir, y lo más rápidamente posible, «gracias» a las deudas. Y eso hace que sea inevitable que llegue el gran error antes o después.

No es una cuestión de conocimientos, sino de psicología. Esto te lo diré varias veces a lo largo del libro, pues en la Bolsa la psicología es muchísimo más importante que los conocimientos técnicos. Sin comparación posible.

Por eso casi nadie se arruina la primera vez que se endeuda, porque la primera vez que alguien se endeuda suele hacerlo con poco dinero «para probar». Y lo mejor que puede pasarle es que la prueba salga «mal», y pierda dinero. Porque, como esa prueba salga «bien» y gane dinero, entonces esa persona tiene muchas probabilidades de acabar arruinándose, y además cuando tenga mucho más dinero y sea mucho más doloroso.

Si Manuel hubiera perdido 600 euros (o 300, o cualquier cifra similar a esta) aquella primera vez que se endeudó en 1.000 euros para comprar acciones de Inditex, lo que más le habría dolido no habrían sido esos 600 euros, sino la sensación de haberse equivocado, la sensación de no ser más listo que los demás, de darse cuenta de que no sabía de Bolsa tanto como creía, etcétera. Los 600 euros perdidos los habría olvidado pronto, pero esa sensación de fracaso la habría recordado siempre, y en la gran mayoría de los casos eso hace que la gente adquiera rechazo a endeudarse para invertir y no lo haga más.

Un caso muy conocido fue el de la quiebra del fondo LTCM (Long Term Capital Management). Este fondo fue creado por varias personas con unos conocimientos enormes sobre la Bolsa y los mercados financieros (algunas de esas personas también tenían premios Nobel, pero le doy más importancia a sus conocimientos reales que a los galardones que les pudieran haber dado).

Creyeron haber encontrado una estrategia infalible y se endeudaron mucho para aplicarla. Ganaron mucho dinero durante varios años. Muchos miles de millones de dólares. Hasta que un día pasó algo que no habían previsto y lo perdieron todo.

Esa idea de que todo el mundo se arruina cuando llega un crac es completamente falsa. Pero sí es cierto que en los cracs se arruinan algunas personas.

¿Quienes?

Los que antes del crac se habían endeudado para invertir y al llegar esa caída repentina pierden más dinero del que tenían. Esas imágenes de algunas personas saltando de las ventanas en el famoso crac del 29 en Estados Unidos son ciertas. Pero hay que saber que eran personas que se habían endeudado y perdieron todo lo que tenían, y aún más. No eran inversores prudentes que mantuvieron sus acciones tranquilamente e incluso compraron más acciones a esos precios tan bajos, como debes hacer tú cuando te encuentres en una situación parecida a esa.

Las deudas son el motivo de la ruina de casi todo el que se arruina. Fíjate en que casi todo el que se arruina (tenga más o menos patrimonio) lo hace porque tenía deudas contraídas que le hicieron perder sus inversiones.

Mucha gente se ha arruinado invirtiendo en inmuebles o en la Bolsa, a lo largo de toda la historia.

Pero los inmuebles nunca han llegado a valer cero, y la Bolsa tampoco.

Recuerda siempre que la clave para invertir en Bolsa no está en tener muchos conocimientos técnicos, sino en tener la psicología adecuada.

Fíjate asimismo en que, al principio de la historia, Manuel duerme bien, pero al final no y eso le hace tomar malas decisiones. Es muy importante que tu dinero te haga vivir más tranquilo.

Mucha gente, cuando empieza a invertir, duda entre varias alternativas y pregunta: ¿Qué hago?

Mi respuesta siempre es: elige la alternativa que te haga estar más tranquilo. También se puede decir «dormir tranquilo», pero en la vida no todo es dinero y a veces suceden cosas que no dejan dormir bien, por muy bien que se invierta.

Por eso creo que la guía más fiable es ver qué decisión de todas las alternativas que estás contemplando te hace sentirte más tranquilo que las otras.

Ideas principales

- El principal peligro de endeudarse para invertir es que salga bien, porque se le pierde el respeto.
- Ni los inmuebles ni la Bolsa han valido nunca cero. Todo el que se arruina es porque se ha endeudado.

¿Tienes deudas actualmente?

Deudas para consumir

La gente que se endeuda para consumir lo hace para vivir mejor, pero en la práctica lo que consiguen es vivir peor.

Ana pide un préstamo de 1.000 euros para hacer un viaje, por el que acaba pagando 1.300 euros con los intereses.

Elena no pide ese préstamo, así que con sus 1.300 euros hace el mismo viaje de 1.000 euros que Ana, y además se compra una televisión de 300 euros.

Además, Ana tiene que trabajar para conseguir cada uno de esos 1.300 euros, mientras que Elena trabaja para conseguir 1.200 euros y los otros 100 euros los gana invirtiendo esos 1.200 euros.

Elena consigue más cosas (un poco más tarde, eso sí) y trabajando menos.

¿Quién vive mejor, Ana o Elena?

Es evidente que Elena vive mucho mejor que Ana. Y no solo porque compra más cosas, sino porque las compra con menos esfuerzo, trabajando menos días por ellas, viviendo la vida con más tranquilidad, con más consciencia, valorando más el tiempo y el dinero...

Por eso, nunca te endeudes para consumir.

Se dice que, para ganar dinero, «debemos hacer que nuestro dinero trabaje para nosotros».

Pero si tienes deudas para consumir, entonces «tu dinero está trabajando en tu contra», y debes hacer que eso termine lo más rápidamente posible, para «darle la vuelta» a la situación y empezar a aumentar tu patrimonio.

Ideas principales

- Endeudarte para consumir hace que puedas comprar menos cosas y vivas peor.

Si ya tienes deudas con tipos de interés altos, elimínalas

Si tienes deuda por cosas o viajes que compraste en el pasado, y por las que pagas un tipo de interés alto (superior al 4-5 %, aproximadamente), entonces tienes que cambiar la mentalidad y hacer un esfuerzo extra, respecto a lo que has hecho hasta ahora, para ahorrar y poder cancelar esas deudas.

En el caso de que tengas varias deudas, las amortizaciones extra que hagas a partir de ahora deben ir primero hacia la deuda con el interés más alto, que es la que más te está perjudicando.

Una vez cancelada la deuda más cara, debes dirigirte a cancelar la segunda deuda más cara, luego la tercera, etcétera.

A veces, la cancelación de las deudas tiene comisiones, y en ese caso hay que estudiar el importe de esas comisiones, para ver si es preferible alterar algo el orden anterior (podría ser preferible cancelar primero la segunda deuda más cara, por ejemplo, porque la primera tuviera unas comisiones por cancelación anticipada que hicieran preferible no cancelarla de forma anticipada).

Desde el momento en que hagas la primera amortización anticipada de tus deudas, es muy probable que mejore tu estado de ánimo y te encuentres más optimista. Porque las deudas son también una losa anímica, no solo financiera, en muchos casos.

Ideas principales

- Si tienes varias deudas, empieza eliminando las que tengan un interés más alto, y sigue por la segunda que tenga un interés más alto, luego la tercera, etcétera.

El crecimiento de nuestras inversiones es fundamental

Lo más importante de cualquier inversión es el crecimiento que tenga en el futuro. Lo barato o caro que estén ahora unas acciones (o un inmueble) depende totalmente de cuánto crezcan en el futuro los resultados de la empresa (o los alquileres que da ese inmueble). Pero, tranquilo, porque esto no quiere decir que tengamos que adivinar lo que crecerán los beneficios y dividendos de nuestras empresas en el futuro, ya que eso es completamente imposible.

La idea que tiene que quedarte clara es que cuanto más rápido crezcan los dividendos (o alquileres), antes llegaremos a nuestro objetivo.

Por ejemplo, si nuestras inversiones crecen al 6 %, entonces obtendremos la renta que queremos tener a los sesenta años, pero si lo hacen al 8 %, será a los cincuenta y cinco años, y si lo hacen al 12 %, a los cuarenta y cinco...

Esta es la razón por la que, a largo plazo, la renta variable es mucho más rentable que la renta fija. La renta variable crece, mientras que la renta fija se queda estancada.

Supongamos que en un momento determinado los bonos del Estado dan un interés del 5 %, mientras que las acciones de las principales empresas dan una rentabilidad por dividendo del 3 %.

Mucha gente, al ver esto, piensa: «¿Qué sentido tiene invertir en Bolsa para obtener una rentabilidad menor corriendo un riesgo mayor?». Para entenderlo hay que tener en cuenta estos tres factores:

1. La evolución del capital a lo largo de los años.
2. La evolución de los intereses o dividendos a lo largo de los años.
3. La influencia de la inflación tanto en el capital como en las rentas (intereses y dividendos).

El valor de las acciones debe compararse con el capital invertido en la renta fija y el dividendo cobrado con los intereses que se obtienen de la renta fija.

Supongamos que los beneficios y dividendos de las empresas crecen al 10 %.

Año	Capital en renta fija	Intereses renta fija	Capital en acciones	Dividendos
1	100,00	5,00	100,00	3,00
5	100,00	5,00	146,41	4,39
10	100,00	5,00	235,79	7,07
20	100,00	5,00	611,59	18,35

30	100,00	5,00	1.586,31	47,59
40	100,00	5,00	4.114,48	123,43
50	100,00	5,00	10.671,90	320,16

La renta fija (capital e intereses) permanece «congelada».

Sin embargo, el valor de las acciones y los dividendos crecen mediante el interés compuesto, y la diferencia va siendo cada vez más grande, hasta llegar a ser espectacular.

En la tabla anterior hemos supuesto que no se reinvierten ni los intereses de la renta fija ni los dividendos de las acciones. En caso de que se reinvirtieran ambos, la diferencia a favor de las acciones aumentaría mucho más, pues los intereses de la renta fija se reinvertirían a una tasa inferior (5 %) a la de las acciones (10 %). Por ejemplo, a los cincuenta años en renta fija se acumularían un total (capital + intereses) de 1.092,13 euros, mientras que las acciones tendrían un valor de 39.888,13 euros, y pagarían un dividendo solamente en ese año de 1.196,64 euros.

Las rentas que te dé hoy tu patrimonio son muy importantes, pero son mucho más importantes las rentas que te dé dentro de diez, veinte o cuarenta años. Por eso debes invertir a largo plazo (pero sin intentar adivinar el futuro, porque eso es imposible).

Ideas principales

- Lo más importante de cualquier inversión es el crecimiento que tenga en el futuro.
- Cuanto más rápido crezcan nuestras inversiones, antes llegaremos a nuestro objetivo. Por eso las acciones son mucho más rentables a largo plazo que los bonos.
- La renta fija (capital e intereses) permanece «congelada», mientras que el valor de las acciones y los dividendos crecen mediante el interés compuesto y la diferencia llega a ser espectacular.

Por qué no es posible vivir de los intereses de la renta fija

En el ejemplo anterior no hemos tenido en cuenta la inflación, pero siempre hay que tenerla presente. En caso de haberla tenido en cuenta, la diferencia a favor de las acciones sería mayor.

Supongamos que en el ejemplo anterior la inflación media es del 4 % al año durante esos cincuenta años. Ahora veremos el mismo ejemplo suponiendo esa inflación media del 4 %:

Año	Capital renta fija deflactado	Intereses renta fija	Capital en acciones	Dividendos deflactados
1	100,00	5,00	100,00	3,00
5	85,48	4,27	125,15	3,75
10	70,26	3,51	165,67	4,97
20	47,46	2,37	290,29	8,71
30	32,07	1,60	508,65	15,26
40	21,66	1,08	891,28	26,74
50	14,63	0,73	1.561,74	46,85

«Deflactado» significa restar la inflación acumulada en ese tiempo.

En esta tabla tampoco se han reinvertido los intereses de la renta fija ni los dividendos de las acciones. Si lo hubiéramos hecho, como en el caso anterior, la diferencia a favor de las acciones aumentaría muchísimo.

Esta segunda tabla es más real que la primera. Como puedes ver, ni aun «comiéndonos» el patrimonio entero podríamos vivir de la renta fija (a no ser que nos quedaran pocos años de vida).

Así que, como ves, a largo plazo la renta fija es muchísimo más arriesgada de lo que cree la mayoría de la gente. Vivir de las rentas de la renta fija no solo no es seguro, sino que es inviable.

A los veinte años, por ejemplo, tu patrimonio se habría reducido a menos de la mitad (medido en poder adquisitivo, que es lo que importa), y tendrías que gastar menos de la mitad de lo que gastabas el primer año para no consumir nada del capital. Y el problema es que todo te costaría mucho más que veinte años antes, cuando empezaste a «vivir de las rentas». No tienes más que acordarte de cuánto te costaba hace veinte años la ropa, la comida, un coche, etcétera.

Además, en el momento en que tuvieras que empezar a gastar parte del capital acumulado para vivir, la ruina se aceleraría.

En este ejemplo hemos supuesto que la rentabilidad media de la renta fija es el 5 % y la inflación, el 4 %. Podríamos hacer otras tablas similares a esta poniendo otras cifras de rentabilidad de la renta fija y de la inflación (4 % y 2 %, 3 % y 2 %, 3 % y 1 %...), pero las conclusiones serían las mismas.

Ideas principales

- A largo plazo la renta fija es muchísimo más arriesgada de lo que cree la mayoría de la gente.
- Vivir de las rentas de la renta fija no solo no es seguro, sino que es inviable.

13

Cómo invertir en Bolsa por dividendos: la mejor estrategia de inversión que conozco

Ahora te voy a explicar mi estrategia de inversión en Bolsa, con la que conseguí mi Independencia Financiera. Creo que esta es la estrategia con la que más gente puede conseguir la Independencia Financiera, y además con la mayor rapidez, tranquilidad y seguridad posibles.

INVERTIR ES FÁCIL... SI SABES QUE NO TIENES QUE ADIVINAR EL FUTURO

> Guillermo llevaba un tiempo pensando en invertir en Bolsa. Había dedicado mucho tiempo a informarse y leía las noticias todos los días.
> Hace seis meses estuvo a punto de hacer su primera compra de acciones, pero vio una noticia sobre una crisis en China y no lo hizo.
> Un par de semanas después, lo que le frenó fue que el precio del petróleo estaba subiendo y eso, dicen, es malo para la Bolsa.
> Después fue una caída del precio del oro del 10 % que no esperaba; luego unos problemas en Latinoamérica, que al final no llegaron a hacer caer la Bolsa a continuación...
> El caso es que Guillermo le había dedicado mucho tiempo a la Bolsa, pero no había encontrado la forma de predecir sus subidas y bajadas. Casi siempre que creía que la Bolsa iba a subir, bajaba. Y cuando creía que la Bolsa iba a caer, subía.

> Cada vez leía más y más, pero no encontraba la forma de predecir con fiabilidad lo que iba a hacer la Bolsa en el futuro, y eso es lo que le frenaba para empezar a invertir.

Esto es una de las cosas que más detiene a la gente para empezar a invertir en Bolsa: no encontrar la forma de saber lo que hará la Bolsa en el futuro.

Parece una pretensión relativamente realista, porque muchos expertos en Bolsa hablan con una seguridad que evidencia, o al menos lo parece, que ellos sí han encontrado la forma de saber lo que hará la Bolsa en el futuro.

Pero no es así. Esa supuesta seguridad al hablar sobre lo que hará la Bolsa en el futuro no es más que un truco psicológico, para aparentar que son superiores a los demás.

La realidad es que nadie sabe lo que hará la Bolsa mañana, nunca lo ha sabido nadie y nunca lo sabrá nadie. Ni siquiera el mejor inversor del mundo, sea quien sea.

En realidad, nadie sabe nunca lo que pasará en el futuro con nada.

Desde que yo era pequeño, una de las excusas que más he oído para no invertir en Bolsa es: «Yo no sé lo que va a hacer la Bolsa».

La respuesta es: «Claro, ni tú ni nadie». Por eso invertir en Bolsa no consiste en adivinar el futuro (como cree Guillermo, y muchas personas en todo el mundo), sino en tomar decisiones racionales y sencillas, sabiendo que nunca nadie puede adivinar el futuro.

Invertir en Bolsa a largo plazo buscando la rentabilidad por dividendo (que es la forma de invertir que yo sigo, y la que explico desde que creé InvertirenBolsa.info en 2007) consiste en hacer unas pocas cosas sencillas, sabiendo que nunca adivinaremos lo que va a pasar. Ni nosotros ni ningún otro ser humano.

Por eso diversificamos en varias empresas, comprando acciones en diferentes momentos en el tiempo y adquiriendo acciones de distintos sectores, países y continentes.

Ideas principales

- A largo plazo la renta fija es muchísimo más arriesgada de lo que cree la mayoría de la gente.
- Vivir de las rentas de la renta fija no solo no es seguro, sino que es inviable.
- Nadie sabe lo que hará la Bolsa en el futuro, nunca lo ha sabido nadie y nunca lo sabrá nadie. Ni siquiera el mejor inversor del mundo, sea quien sea.
- Invertir en Bolsa no consiste en adivinar el futuro, sino en tomar decisiones racionales y sencillas, sabiendo que nunca nadie puede adivinar lo que va a pasar.
- Por eso diversificamos en varias empresas, comprando acciones en diferentes momentos en el tiempo y adquiriendo acciones de distintos sectores, países y continentes.

Por qué esta es la mejor estrategia para la mayoría de la gente

Esta estrategia es la que mejor cumple las tres características principales que quieren todos los inversores:

1. **Conocimientos asequibles para cualquier persona.** Si hay que ser muy inteligente o hábil en algo muy específico, entonces poca gente podrá seguir esa estrategia con éxito.
2. **Tiempo requerido razonable.** Todo el mundo tiene la necesidad de invertir su dinero, y eso debe ser compatible con el trabajo, el ocio, la familia, etcétera. Si hace falta mucho tiempo para desarrollar una estrategia, entonces la podrá seguir poca gente.
3. **Probabilidades de éxito elevadas.** Cumpliendo los dos puntos anteriores, las probabilidades de éxito tienen que ser elevadas. Porque si fuera fácil y llevara poco tiempo, o si lo normal fuera perder dinero o tener una rentabilidad baja, entonces no merecería la pena.

Esta estrategia de inversión se basa en un concepto que es muy sólido y sencillo. Es algo que todo el mundo entiende perfectamente y sabe explicar, incluso en los momentos malos.

Esto es fundamental no solo para que consigas una buena rentabilidad, que también, sino por tu tranquilidad y tu salud a lo largo de toda tu vida. Todas las estrategias tienen algún momento malo (no existe la estrategia perfecta, esa es la realidad), lo que pasa es que en esta estrategia los momentos buenos son muchísimo mejores que los malos y duran mucho más tiempo (toda tu vida). Querer tener solo los momentos buenos de varias estrategias suele llevar a tener los momentos mediocres o malos de todas ellas.

Este concepto tan sólido en el que se basa la inversión a largo plazo por dividendos es que, si no se hunde el mundo, conseguirás la Independencia Financiera con total seguridad.

¿Por qué?

Porque si invertimos en las mejores empresas del mundo, diversificando como ahora veremos, se tendría que hundir nuestra civilización, literalmente, para que nosotros nos arruinásemos.

¿Se puede hundir el mundo?

Sí, por poder se puede hundir el mundo. Pero si eso pasa el dinero será la menor de nuestras preocupaciones. Y eso en el caso de que hayamos sobrevivido, que lo más probable sería que no fuera así, por cierto.

¡La Bolsa se hunde!

> El crac de 1987 fue uno de los días más decisivos en la vida de Antonio, a pesar de que no tenía acciones... o, precisamente, porque no las tenía.
>
> Antonio y Fernando eran amigos desde pequeños. Vivían a cientos de kilómetros el uno del otro durante el invierno. Pero en el verano solo unos pocos metros separaban sus apartamentos, y pasaban tres meses juntos todo el día, jugando a mil cosas en la

playa. Carreras en el agua, carreras en la arena, fútbol, petanca, cometas ...

Cuando empezaron a trabajar, dejaron de poder veranear tres meses, claro. Pero lo deseaban. ¡Vaya que si lo deseaban!

Entonces ya solo podían verse unas pocas semanas al año, aunque seguían pasando el día juntos.

—¿Y por qué no inviertes en Bolsa? —dijo Fernando.

—¿En Bolsa? —preguntó extrañado Antonio—. No sé. A mí la Bolsa me da mucho miedo.

—Trabajar está bien, pero el dinero no solo se gana trabajando, como nos han enseñado a la gente como tú y como yo. Déjame que te explique.

Y Antonio dejó que su amigo Fernando le explicara lo que había aprendido sobre la Bolsa. Pero el miedo no le permitía escucharle bien. Cuando terminaron de hablar y se fueron a cenar, Antonio no recordaba casi nada de lo que le había contado Fernando. Lo que más recordaba era lo ilusionado que estaba Fernando con la Bolsa, pero, a decir verdad, si tuviera que hacer un resumen de lo que le había contado su amigo, Antonio no podría haberlo hecho, porque durante toda la conversación le escuchó sin poder dejar de pensar en las historias que había oído alguna vez de gente arruinada por la caída de la Bolsa, en el año 1929, o por ahí. Lo había visto hasta en las películas, así que la cosa debía ser seria.

El verano acabó pronto. Demasiado pronto. Y cada uno se fue a su ciudad. Antonio no se acordó para nada de lo que le contó Fernando sobre la Bolsa aquel verano, hasta que un día, de repente, en todos los sitios dijeron que la Bolsa se había hundido. El Lunes Negro, lo llamaron. Negro. Casi nada. Si es que Antonio lo sabía: ¿cómo se le pudo ocurrir a Fernando invertir en la Bolsa?

Pobre Fernando. Al menos seguiría con su trabajo, porque sus ahorros ya los habría perdido todos. Y en un solo día.

En 1987 internet solo era un experimento cuya existencia desconocía la población. Y aunque parece ser que existían, nadie tenía un teléfono móvil. Las conferencias (llamar por teléfono fijo de una provincia a otra) eran muy caras, y solo se usaban cuando pasaba algo importante. Muy importante.

Antonio pensó hacer una excepción y llamar a Fernando, pero ¿qué le iba a decir? Suponía que estaría completamente hundido y no se le ocurría ninguna forma de intentar animar a su amigo.

Así que fueron pasando los días y Antonio se volvió a olvidar de la Bolsa, hasta el día en que cogió sus vacaciones de verano. Entonces fue cuando se acordó de la Bolsa y de su amigo Fernando. ¿Qué le iba a decir? No se le ocurría nada. Absolutamente nada.

Al verse por primera vez, Antonio se quedó petrificado y Fernando, muy sonriente, fue directo a saludar a Antonio.

—¡Hombre, Antonio! ¡Por fin, otro verano más! Pero ¿qué te pasa? ¿Te noto extraño?

—Es por lo de la Bolsa. ¿Cómo lo llevas? Es que el verano pasado estabas tan ilusionado...

—Y sigo ilusionado con la Bolsa. ¿A qué te refieres? —preguntó Fernando.

—¿No lo perdiste todo con el crac aquel? El del Lunes Negro.

—¿Por eso estabas preocupado? ¡Si te lo expliqué el verano pasado! La Bolsa a veces tiene caídas fuertes, así es. Esos momentos son muy malos para vender, pero son muy buenos momentos para comprar. Y eso es lo que hice a finales de octubre, durante ese día y las semanas siguientes: comprar todas las acciones que pude. Y estoy contento, porque la Bolsa ya está subiendo otra vez. ¿Tú no compraste acciones?

—No, yo no compré nada. Ya te dije que tenía mucho miedo a la Bolsa —admitió Antonio.

—A la Bolsa no hay que tenerle miedo, Antonio. Simplemente hay que conocerla. Te lo expliqué el verano pasado.

—Me acuerdo, sí. Lo que pasa es que parecía que te estaba haciendo caso, pero la verdad es que solo te oía de fondo mientras pensaba en cómo convencerte de que dejaras de invertir en Bolsa. Entonces ¿no te has arruinado?
—¡Pues claro que no, Antonio!
—Cuéntamelo todo otra vez, por favor, que esta vez sí estoy interesado por el tema de la Bolsa y te voy a hacer caso.

Y esta vez sí que le hizo caso. Por eso el crac de 1987 fue uno de los días más decisivos de la vida de Antonio, porque, aunque no tenía ninguna acción aquel día, aquello fue lo que hizo que al final escuchara a su amigo Fernando, empezara a invertir en Bolsa y juntos comenzaran a hacer planes para volver a tener veraneos de tres meses antes de llegar a la edad de jubilación que establecen los políticos y que cada vez retrasan más.

Los cracs de la Bolsa tienen dos caras completamente diferentes.

Para mucha gente, el miedo a ellos es lo que los mantiene alejados de la Bolsa y, por tanto, lejos de crearse un buen patrimonio y tener una buena vida.

Para la gente que entiende cómo funciona la Bolsa, los cracs son aquellos momentos en los que hicieron algunas de las mejores compras de su vida y que les acercaron más rápidamente a la Independencia Financiera.

¿Cómo puede ser esto?

Es muy importante que sepas que en los cracs de la Bolsa no se «hunde el mundo», ni se arruinan los inversores que tienen conocimiento y un poco de cabeza y sentido común.

Este es un gráfico del SP 500, que es el principal índice de la Bolsa de Estados Unidos, durante el crac de 1987 y en los años anteriores y posteriores:

Como ves, el máximo antes del hundimiento de 1987 estuvo en los 339 puntos, aproximadamente.

En el peor momento del crac cayó hasta los 216 puntos. Esto es una caída del 36 % respecto a ese máximo de 339 puntos que acabamos de ver, lo que quiere decir que, en el peor momento, las acciones valían en el mercado un 36 % menos que el máximo anterior al crac (339 puntos), suponiendo que necesitases venderlas entonces.

¿Es agradable ver que el precio de tus acciones cae un 36 % en pocos días? Pues depende de tu mentalidad. Vamos a seguir viendo más cosas de este gráfico y luego te explico con detalle por qué puede ser agradable ver caer el precio de tus acciones, aunque te sorprenda.

En ese peor momento del crac de 1987, cuando durante unos instantes este índice SP 500 llegó a tocar los 216 puntos, las acciones valían más del doble que en 1982. Como ves, el mínimo de 1982 fue alrededor de los 100 puntos, así que cuando los medios de comunicación anunciaron con alarmismo que todo el que hubiera invertido en Bolsa se había arruinado y se había quedado sin nada, la realidad era que, en ese momento de histeria máxima total, las acciones de los inversores en Bolsa valían, en media, algo más del doble que solo cinco años antes.

La situación ya no parece tan mala como la pintaban los telediarios aquellos días y como han contado muchas películas, ¿verdad?

Además, fíjate en que menos de dos años después, en el verano de 1989, la Bolsa ya estaba por encima de aquel máximo previo al crac de 1987, esos 339 puntos que vimos antes.

Una vez que sabes esto, que son los datos reales de uno de los hundimientos bursátiles más famosos de la historia, ¿ves claro ahora que esa imagen de que los inversores en Bolsa se arruinan cuando llega un crac es completamente falsa?

Pero, espera, que ahora viene lo mejor.

Este es un gráfico de ese mismo índice SP 500 desde el crac de 1987 hasta nuestros días (finales de 2024, en el momento en que escribo estas líneas):

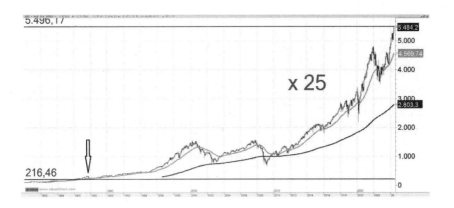

A no ser que tengas vista de lince, no serás ni capaz de ver el crac de 1987 (es una caída muy pequeña, de alrededor de un milímetro, que está a la izquierda del gráfico, donde señala la flecha).

Lo que sí puedes ver es que, desde aquellos mínimos en los que se suponía que a todos los inversores en Bolsa se les había tragado la tierra, la Bolsa se ha multiplicado por 25 veces.

25 veces es mucho, ¿no?

Pero es que aún hay más.

¡En estos gráficos que acabas de ver no están incluidos los dividendos que pagan las empresas, y que son la principal fuente de rentabilidad de la Bolsa!

Si incluimos los dividendos que pagan las empresas, entonces, desde aquellos mínimos, la Bolsa se ha multiplicado por 55 veces.

¡55 veces!

Y ten en cuenta que esto es la media de todas las empresas: buenas, malas y regulares.

¿Entiendes ahora por qué Fernando compró todo lo que pudo en aquel crac de 1987 y lo recuerda como un gran momento en el que hizo algunas de sus mejores compras?

Por eso te decía antes que ver cómo tus acciones, y todas las demás, caen un 36 % es agradable, o no, dependiendo de tu mentalidad. Antonio, que en aquellos días no conocía la Bolsa ni la seguía, creyó que aquello era el fin del mundo para todos los inversores en Bolsa, porque eso es lo que decían las televisiones, las radios y los periódicos.

Pero Fernando, que sí conocía y seguía la Bolsa, sabía que, muy probablemente, aquello era algo temporal, y que lo mejor que podía hacer en esos momentos no era perder el tiempo con elucubraciones que no llevan a ningún sitio, sino comprar todas las acciones de empresas de calidad que pudiera porque, muy probablemente, esas iban a ser algunas de las mejores compras de su vida, como así resultó ser.

¿Por qué salió en su día en todos los medios que la Bolsa se había hundido en el crac de 1987, y te siguen haciendo creer en películas y series que aquella jornada se arruinó todo el que había invertido en Bolsa, pero hasta hoy nadie te había dicho que desde entonces hasta ahora la inversión en Bolsa se ha multiplicado por 55 veces, como media?

El objetivo de los medios de comunicación no es enseñarte, sino atraer tu atención la mayor cantidad de tiempo posible, con las historias más llamativas que se les ocurran.

Si empiezas a invertir en Bolsa ahora quizá te preguntes si es posible que en el futuro haya un crac similar a este.

No es posible, es seguro.

¿Por qué?

Porque los cracs son parte del funcionamiento normal de la Bolsa, porque así funciona el ser humano. Pero esto no debes verlo como una preocupación, sino como un buen momento para hacer muy buenas compras y acelerar así tu Independencia Financiera.

Los cracs son muy malos momentos para vender, pero muy buenos momentos para comprar.

Cuando vivas uno, que es casi seguro que lo vivirás, compra todas las acciones que puedas de empresas de calidad (manteniendo siempre la Reserva Permanente en Renta Fija).

Así que, sí, seguro que en el futuro habrá más cracs... ¡Y eso es muy buena noticia!, porque para ti serán buenas oportunidades de inversión.

Luego veremos el «secreto» que debes conocer para aprovecharte de los cracs con tranquilidad y seguridad.

Ideas principales

- Los cracs bursátiles tienen dos caras completamente diferentes:
    1. Para mucha gente, el miedo a ellos es lo que los mantiene alejados de la Bolsa y, por tanto, lejos de crearse un buen patrimonio y tener una buena vida.
    2. Para la gente que entiende cómo funciona la Bolsa, los cracs son aquellos momentos en los que hicieron algunas de las mejoras compras de su vida.
- En los cracs de la Bolsa no se «hunde el mundo», ni se arruinan los inversores que tienen conocimiento y un poco de cabeza y sentido común.
- Si incluimos los dividendos que pagan las empresas, entonces, desde el crac de 1987 hasta 2024, la Bolsa se ha multiplicado por 55 veces.
- En los cracs hay que comprar todas las acciones de empresas de calidad que puedas porque, muy probablemente, esas serán algunas de las mejores compras de tu vida.
- Seguro que en el futuro habrá más cracs... ¡Y eso es muy buena noticia!, porque para ti serán buenas oportunidades de inversión.

Resumen rápido de la estrategia

Esta estrategia consiste en comprar acciones de empresas de calidad, buscando la rentabilidad por dividendo a largo plazo (toda tu vida), de forma que los dividendos que cobres sean cada vez mayores, hasta que puedas vivir de ellos, tal y como hayas diseñado al establecer tus objetivos, como vimos antes.

¿Cuándo comprar acciones?

Lo mejor es comprar acciones de forma continua. Es decir, lo que no hay que hacer es invertir por rachas. La inversión debe ser un proceso continuo porque, así se evitan muchos de los peligros que teme la mayoría de la gente (como comprar justo antes de que caiga la Bolsa). Más adelante veremos la mejor manera de elegir los momentos concretos para comprar. ¿Cómo se eligen las empresas?

Para elegir las empresas se utiliza el análisis fundamental (esto es, básicamente, ver cómo de caras o baratas están las empresas, luego lo veremos con detalle). Lo más importante es elegir empresas que tengan unas buenas barreras de entrada a largo plazo. Tener buenas barreras de entrada significa que será difícil que entren nuevos competidores y puedan mantenerse en el negocio. La consecuencia de esto es que es muy probable que las empresas que tienen buenas barreras de entrada, dentro de varias décadas, sigan siendo un buen negocio, ganando cada vez más dinero y pagando cada vez más dividendos. Más adelante veremos muchos ejemplos.

Cuando creemos que una empresa está barata por fundamentales, es decir, según el análisis fundamental, entonces se puede usar el análisis técnico para precisar más el precio de compra. El análisis técnico no es imprescindible, pero sí me parece útil si tienes tiempo para usarlo y te apetece conocerlo. En caso de que uses el análisis técnico, siempre debe ser un complemento al análisis fundamental, que es lo realmente importante. De todas formas, puedes seguir sin problema esta estrategia sin usar el análisis técnico.

Lo que nos dice el análisis fundamental es qué empresas debemos comprar, o no, y en qué zona de precios podemos considerar que esa empresa es, o no, una buena inversión.

¿Por qué importe hacemos las compras?

Lo mejor es hacer las compras por el mismo importe de dinero. Pueden ser 300 euros, 500 euros, 1.000 euros... El importe concreto en tu caso depende de tu capacidad de ahorro, los dividendos que ya cobres de tu cartera... Lo importante es que no hagas una compra de 500 euros, otra de 2.000, otra de 1.200 u otra de 3.000 sin seguir ningún criterio.

El motivo es el siguiente:

Supongamos que el valor «justo» de Santander y BBVA es de 10 euros, en los dos casos.

Supongamos también que no sabemos valorar si las acciones están caras o baratas (solo sabemos que son buenas para el largo plazo, pero no si están caras o baratas). Si hacemos siempre compras de 1.000 euros (o el importe que sea), sucede esto:

Cuando el Santander está a 5 euros y el BBVA a 20 euros, entonces compramos doscientas acciones del Santander (1.000 / 5) y cincuenta acciones del BBVA (1.000 / 20).

Unos meses después sucede lo contrario, que el BBVA está a 5 euros y el Santander a 20 euros. Así que ahora compramos doscientas acciones del BBVA y cincuenta del Santander.

De modo que nuestro precio medio de compra en ambos casos es:

$$2.000 \text{ euros} / 250 \text{ acciones} = 8 \text{ euros}$$

Es decir, sin saber valorar las acciones ni saber nada de análisis fundamental, tenemos las acciones a un precio medio (8 euros) que es inferior a su valor «justo» (10 euros). Y piensa que no vas a comprar las acciones a lo loco, sino entendiendo cuándo están más baratas (sin pretender comprar solo en los mínimos, por supuesto, porque eso sería algo totalmente irreal), y por eso es muy probable que consigas mejorar tus resultados con facilidad.

Ideas principales

- Resumen de la estrategia:
  1. Comprar acciones de empresas de calidad, buscando la rentabilidad por dividendo a largo plazo (toda tu vida), de

> forma que los dividendos que cobres sean cada vez mayores, hasta que puedas vivir de ellos.
> 2. Hacer compras de forma continua.
> 3. Diversificar entre empresas de calidad.
> 4. Hacer las compras por importes iguales de dinero.

POR QUÉ LOS DIVIDENDOS SON CRUCIALES

Oirás a mucha gente que dice que los dividendos no son importantes porque «lo que te dan por un lado te lo quitan por otro», o cosas similares.

Los dividendos son lo más importante de la Bolsa. Entender esto es una de las claves de la Bolsa. Si una empresa es buena, acaba pagando dividendos sí o sí. Porque los buenos negocios son capaces de crecer a largo plazo a la vez que generan dinero suficiente para remunerar a sus accionistas, que son los dueños de la empresa.

Piensa una cosa: ¿qué negocio sería ese que, de forma indefinida, necesitara reinvertir todos sus beneficios para crecer y no pudiera remunerar nunca a sus accionistas?

En la práctica, las empresas más rentables a largo plazo para sus accionistas son las que mayores dividendos reparten habitualmente. Hay excepciones, pero son excepciones. Y el motivo es que algo que es capaz de dar una renta estable y creciente, cada vez vale más (más que la media de las demás inversiones).

Dicho eso, tiene sentido que haya empresas que no paguen dividendos en algunos momentos por la fase de crecimiento en la que están. Por ejemplo, hay pequeñas empresas o empresas de crecimiento que, en algunas fases de su vida, tienen muchas oportunidades para invertir, y tiene sentido que en esos momentos no paguen dividendos. Estas empresas son adecuadas para otras estrategias de inversión, pero no para la que te estoy explicando aquí.

Para la estrategia de invertir a largo plazo por dividendos, los dividendos son fundamentales e imprescindibles.

Lógicamente, lo más importante es lo que crezcan los dividendos en el futuro. Y no pasa nada porque una empresa tenga que bajar de forma temporal alguna vez su dividendo (o incluso dejar de pagarlo algún año), por algún problema temporal que tenga, para luego volver a subirlo cuando haya solucionado esos problemas. Lo importante son los dividendos que cobramos del conjunto de nuestra cartera y su crecimiento a largo plazo.

> **Ideas principales**
>
> - Los dividendos son lo más importante de la Bolsa.
> - Los buenos negocios son capaces de crecer a largo plazo a la vez que generan dinero suficiente para remunerar a sus accionistas.
> - Lo más importante es lo que crezcan los dividendos en el futuro.
> - No pasa nada porque una empresa tenga que bajar de forma temporal alguna vez su dividendo.

Cómo diversificar

Hay que diversificar sí o sí. No es aceptable concentrar toda nuestra inversión en unas pocas empresas, por muy buenas que creamos que son.

Si supiéramos cuál va a ser la empresa más rentable, pondríamos ahí todo nuestro dinero, pero eso es imposible y no hay ni que pensar en ello.

Diversificar es la forma de protegernos y de asegurarnos un buen resultado. Y también es la forma de vivir tranquilos. Porque la diversificación no solo nos protege de la ruina, sino también de la mediocridad. El principal peligro que se viene a la cabeza al concentrar las inversiones es que esas pocas empresas que elijamos quiebren. Si las elegimos bien, es muy poco probable que suceda esto, pero sí es probable que en algún momento suceda algo como:

1. Que esas empresas crezcan menos que la media, lo cual afectaría a nuestro interés compuesto y a nuestra rentabilidad final.
2. Que los problemas temporales que tengan esas empresas nos afecten más de lo normal (psicológicamente), llevándonos a venderlas en un mal momento (perjudicando nuestro proyecto) o haciéndonos pasar una mala temporada desde el punto de vista anímico. Por eso, diversificar no es solo una cuestión financiera, sino también de salud.

Es muy importante que tengas claro que, si invertimos en algo que no conocemos, en lugar de reducir el riesgo lo estamos aumentando.

Por eso no hay que diversificar por diversificar. Si no conocemos nada de la Bolsa de Japón, por ejemplo, entonces comprar acciones de empresas japonesas va a aumentar nuestro riesgo, no lo va a reducir, que es de lo que se trata.

No está más diversificado, entendiendo por tal que hay un menor riesgo, el que tiene un mayor número de inversiones, sino el que reparte su dinero de forma equilibrada entre aquellas inversiones que conoce lo suficientemente bien.

Recuerda que no diversificamos para conseguir la máxima rentabilidad, sino para obtener la máxima seguridad y tranquilidad. Porque diversificar es también una cuestión de salud y de bienestar.

Por eso es muy importante que tengas claro que no solo importa la rentabilidad final que consigamos al final de nuestra vida, sino que hayamos vivido de la mejor forma posible a lo largo de toda nuestra vida, y en todos los sentidos.

Por este motivo hacemos estos cuatro tipos de diversificaciones:

1. **Diversificación por sectores.** Debemos tener varios sectores (electricidad, seguros, autopistas, alimentación, etcétera). Cuantos más, mejor, pero siempre que los conozcamos. No hay que caer en «diversificar por diversificar», comprando empresas de sectores que no conocemos. A veces los problemas temporales afectan a todo un sector, no solo a una em-

presa, y por eso no debemos tener demasiado dinero en un solo sector. Como mucho, recomiendo tener un 20 % invertido en un mismo sector. Y si es menos, mejor.

Ten en cuenta que en unos sectores se puede invertir más que en otros, no es necesario invertir lo mismo en todos los sectores que tengamos. Por ejemplo, si tenemos diez sectores, no hay que tener un 10 % en cada uno de ellos, sino que en unos se puede tener el 10 %, en otros el 14 %, en otros el 6 %, etcétera.

2. **Diversificación por empresas.** Lógicamente, dentro de cada sector es recomendable tener varias empresas. Así, dentro del sector eléctrico es bueno tener Iberdrola, Endesa y Naturgy, y no elegir solo una de ellas. La diversificación por empresas, y por sectores, se va consiguiendo con el tiempo. Cuando la cartera esté formada (a partir de unos 100.000 euros, aproximadamente), recomiendo tener al menos veinte empresas (para que cada una de ellas suponga como mucho el 5 % de tus rentas) y que ningún sector implique más del 20 % de tu cartera. En los inversores de largo plazo, es bastante habitual llegar a tener entre treinta y cuarenta empresas. Tranquilo, si estás empezando, lo primero que tienes que hacer es elegir tu primera empresa. Solo una. No quieras elegir diez o veinte empresas de golpe. Todo el mundo empieza comprando una primera empresa. Luego, una segunda; después, una tercera... Con el tiempo, verás que cada vez te resulta más fácil ir eligiendo empresas nuevas. Como te decía, se puede, y se debe, tener varias empresas de un mismo sector (siempre que todas ellas sean buenas para nuestra estrategia de inversión, lógicamente). Por ejemplo, no tienes que elegir entre comprar Iberdrola o Endesa. Es mejor que compres acciones de ambas. Tampoco tienes que elegir entre comprar Coca-Cola o Pepsi, Allianz o Axa, etcétera. Yo no pierdo ni un segundo en intentar adivinar qué empresa de cada una de estas parejas, y muchas otras similares, lo hará mejor en el futuro, porque eso no lo puede saber nadie. Así que compro de ambas y así vivo mejor, más tranquilo, tengo más tiempo libre y mi dinero está más seguro.

3. **Diversificación geográfica.** Es importante que nuestro patrimonio esté repartido entre varios países, para tener mayor estabilidad. En la actualidad, solo con invertir en la Bolsa española ya conseguimos esto en gran parte, porque muchas empresas españolas tienen gran parte de su negocio fuera de España. Por ejemplo, ACS es la mayor constructora de Estados Unidos. Pero es tan fácil invertir en empresas de Estados Unidos y el resto de Europa que, en mi opinión, no tiene sentido no hacerlo.
4. **Diversificación temporal.** Esta quizá sea la forma de diversificar menos conocida, pero es también muy importante. Resuelve de una manera muy sencilla gran parte de las dudas que tiene mucha gente al invertir en Bolsa, como «¿Qué pasa si cae la Bolsa después de que compre?, ¿estaré comprando caro o barato?». Si haces muchas compras, como debes hacer, importa muy poco si cae la Bolsa después de alguna de ellas (porque en ese caso las siguientes compras las harás más baratas), o si alguna compra la haces un poco cara (recuerda el ejemplo que vimos antes del Santander y el BBVA a 20 y a 5 euros).

En caídas fuertes de la Bolsa creo que sí que hay que procurar concentrar más las compras en esos momentos, porque esto acelera nuestra rentabilidad y hace que lleguemos antes a la Independencia Financiera.

¿Cómo medimos el peso de cada empresa en nuestra cartera?

Al principio, lo mejor es medir el peso de cada empresa en la cartera según el dinero que hayamos invertido en ella. Por ejemplo, si invertimos 1.000 euros en cinco empresas, haciendo un total de 5.000 euros, cada una de esas empresas supone el 20 % de nuestra cartera.

Así, cuando compremos una sexta empresa por otros 1.000 euros, cada una de esas seis empresas supondrá el 16,67 % de nuestra cartera.

Haciéndolo de este modo diversificamos mejor nuestra cartera cuando la estamos formando.

Con el paso del tiempo, es más útil medirlo según los dividendos que cobremos de cada empresa.

¿Por qué?

Porque cuando nuestra cartera ya está formada lo que más nos importa medir es qué parte de nuestras rentas depende de cada empresa que tenemos. Además, llegados a este punto ya no es tan importante la cantidad que invertimos en cada empresa, teniendo en cuenta además que 1.000 euros invertidos el año pasado en Caterpillar no se pueden comparar bien con 1.000 euros invertidos hace diez o veinte años en Aviva, por ejemplo.

¿Y cómo elegimos la siguiente empresa que compraremos?

Por ejemplo, si dudas entre Colgate e Inditex, porque ambas te parece que están igual de baratas, y ya tienes acciones de Inditex, pero no de Colgate, entonces yo compraría ahora acciones de la empresa que no tienes, que en este caso es Colgate.

Si dudas entre comprar una empresa eléctrica y una de seguros, y en tu cartera tienes más dinero invertido en empresas eléctricas que en empresas de seguros, entonces yo compraría ahora la empresa del sector en el que menos dinero invertido tienes, que en este caso es el sector de seguros.

Si dudas entre comprar una empresa europea y otra de Estados Unidos y actualmente tienes más dinero invertido en empresas de Europa que de Estados Unidos, entonces yo ahora elegiría la empresa de Estados Unidos.

Es decir, ante la duda entre dos (o más) empresas que te parece que están más o menos igual de baratas, elige aquella de la que no tengas acciones, o tengas menos, porque así diversificas antes y mejor.

Ideas principales

- Hay que diversificar sí o sí.
- Diversificar es la forma de protegernos, asegurarnos un buen resultado y vivir tranquilos.

- Si invertimos en algo que no conocemos, en lugar de reducir el riesgo, lo estamos aumentando.
- Debemos distinguir entre cuatro tipos de diversificación:

1. Empresas.
2. Sectores.
3. Geográfica.
4. Temporal.

Cuál es la principal desventaja de esta estrategia

Lo primero que tienes que tener claro es que ninguna estrategia de inversión es perfecta y que todas tienen alguna desventaja. Lo habitual es no hablar de las desventajas de las estrategias, pero yo creo que es imprescindible que las conozcas.

En el caso de la inversión a largo plazo por dividendos, cuando hay una caída fuerte de la Bolsa hay que aguantar y no vender. Este es el peor momento de esta estrategia y lo tienes que saber. Es una cuestión psicológica, no económica, ni matemática, ni de tener unos conocimientos especiales.

Pero lo cierto es que es más fácil de lo que parece. En la mayoría de los casos, cuando hay una caída fuerte en la Bolsa, a la mayor parte de la gente que me sigue desde 2007 le entran muchas ganas de comprar acciones incluso con el dinero de la Reserva Permanente en Renta Fija (cosa que no hay que hacer), no de vender.

Por eso, en realidad, es una grandísima ventaja que los peores momentos se solucionen simplemente «no haciendo nada» (cosa en la que esta estrategia se diferencia del resto de estrategias, en las que las rachas de pérdidas tienen que arreglarlas cada uno por sí mismo, tomando muchas decisiones de compra y de venta acertadas en el futuro, lo cual es muy difícil de hacer en la práctica).

Recuerda siempre que los inversores no venden porque la Bolsa cae, sino que la Bolsa cae porque venden los inversores, a precios cada vez más bajos porque se asustan.

Los nervios que pases en algún momento de tus primeras etapas como inversor serán las semillas de tu tranquilidad futura.

Y para que esta estrategia te funcione bien debes tener paciencia, ya que los resultados buenos de verdad se obtienen con el paso del tiempo. La parte buena de esto es que la paciencia es una de las mejores cosas que puedes tener en todos los ámbitos de tu vida, y aprender a tener paciencia al invertir te enseñará a tenerla en todo lo que hagas en la vida. Recuerda que la paciencia es hacer todo lo que esté en tu mano y esperar tranquilamente a que se produzcan los resultados deseados en su momento oportuno.

Ideas principales

- Ninguna estrategia de inversión es perfecta.
- Cuando hay una caída fuerte de la Bolsa, hay que aguantar y no vender.
- Es una cuestión psicológica, no económica, ni matemática, ni de tener unos conocimientos especiales.
- Es una grandísima ventaja que los peores momentos se solucionen simplemente «no haciendo nada».
- Los nervios que pases en algún momento de tus primeras etapas como inversor serán las semillas de tu tranquilidad futura.

Principales errores que evitar en esta estrategia de inversión

Los principales errores que tienes que evitar son estos:

1. Comprar empresas no adecuadas para esta estrategia: luego veremos cómo elegirlas correctamente.
2. No diversificar: para evitarlo nunca compres mucho de ninguna empresa, por muy buena que te parezca. Te aconsejo que respetes los límites de compra por empresa y por sector que te acabo de explicar en los apartados anteriores.

3. Vender solo porque la cotización ha subido: cuando vendemos, en lugar de asegurar las ganancias, lo que hacemos es limitarlas. Es muy importante que no autolimites tu rentabilidad, porque una de las grandísimas ventajas de esta estrategia es que no se vende (salvo excepciones que luego veremos y que serán muy pocas a lo largo de tu vida).
4. Actuar por codicia (comprando cuando algo está subiendo muy rápido) o miedo (vendiendo solo porque caiga la cotización).
5. Invertir en empresas que se conocen poco: lo exótico no es más rentable, sino peligroso. No compres empresas de países poco conocidos, empresas que sigue poca gente, etcétera, porque te estarás complicando la vida tú mismo y aumentando tu riesgo.
6. Ser impaciente: la paciencia es el camino más rápido para ganar dinero.
7. Complicarse la vida: este error es bastante habitual en inversores que tienen ya algunos años de experiencia. Empiezan a hacer análisis cada vez más complicados y eso hace que no distingan los datos importantes de los que no lo son y empiecen a tomar decisiones equivocadas por dar importancia a cosas que realmente no la tienen. Es muy importante mantener las cosas sencillas, porque lo sencillo es lo que mejor funciona. Quien cree que la estrategia de inversión que te estoy explicando es complicada, entonces es que no ha entendido la estrategia y está haciendo algo distinto que se le ha ido de las manos.
8. Creer que se puede llegar a tener una cartera de empresas en la que ninguna de ellas baje nunca el dividendo, en lo que a nosotros nos queda de vida. Pretender algo así no tiene ni el más mínimo sentido, pero es uno de los errores más habituales. Pensar que es posible este imposible es lo que hace que mucha gente haya buscado formas de complicarse la vida (punto 7), para darse cuenta al final de que han dedicado mucho tiempo a perseguir un imposible. Es totalmente normal que alguna de nuestras empresas baje el dividendo en algún momento (para reducir la deuda o porque ha encontrado más oportunidades

de inversión), y esto no debe preocuparnos ni lo más mínimo. Lo esencial es el conjunto de la cartera, y es ahí donde debemos tener fijada nuestra atención.

9. La sobreinformación: hoy en día este es tu principal enemigo a la hora de conseguir tu Independencia Financiera (y casi cualquier otra cosa que te propongas en la vida). Las redes sociales tienen muchas cosas buenas, pero también otras muy malas, y una de las peores es que han llevado la sobreinformación a unos niveles que han saturado el cerebro de casi toda la población. Ten clara tu estrategia, haz lo que tienes que hacer y no le dediques a esto más tiempo que el estrictamente necesario. El futuro nunca lo vamos a saber y con sobreinformarnos lo único que haremos será tomar peores decisiones en el presente, tener un futuro peor y haber perdido mucho tiempo en empeorar nuestra vida.

10. Dedicarle demasiado tiempo: esta estrategia es sencilla. Elegir las empresas es fácil. Y para que funcione solo hay que dejar pasar el tiempo. Así que dedica tiempo a entender bien lo que tienes que hacer y luego dedícale poco a llevarlo a cabo porque, realmente, no lleva mucho tiempo. Y si le estás dedicando mucho tiempo, es porque estás haciendo cosas que no hace falta hacer (como exceso de análisis).

Ideas principales

- Principales errores:

    1. Comprar empresas no adecuadas para esta estrategia.
    2. No diversificar.
    3. Vender solo porque la cotización ha subido.
    4. Actuar por codicia (comprando cuando algo está subiendo muy rápido) o miedo (vendiendo solo porque caiga la cotización).

> 5. Invertir en empresas que se conocen poco.
> 6. Ser impaciente.
> 7. Complicarse la vida.
> 8. Creer que se puede llegar a tener una cartera de empresas en la que ninguna de ellas baje nunca el dividendo, en lo que a nosotros nos queda de vida.
> 9. La sobreinformación.
> 10. Dedicarle demasiado tiempo.

SI QUIERES TENER UNA VIDA FÁCIL, NO VENDAS

Jaime y Pablo se conocían del gimnasio, y a los dos les gustaba mucho la Bolsa, de modo que hablaban habitualmente de ella.

—¿Has visto la subida de hoy del Banco Santander? —dijo Pablo.

—La verdad es que no. Estaba liado con el trabajo y no he mirado hoy las cotizaciones.

—Ha tenido una subida del 6 %, así que, como he visto que ganaba algo, he vendido.

—A mí me gusta invertir de forma más tranquila.

—Yo prefiero asegurar las ganancias. Y ahora estoy dándole vueltas a qué compro mañana con el dinero de la venta del Santander. He visto que pueden estar a buen precio Colgate y BMW. Mañana, según abra la Bolsa, lo decidiré.

—¡Qué líos te traes, siempre comprando y vendiendo!

—A veces alguna se me atasca. Compré unas acciones de Danone hace tres meses y aún no he ganado dinero, así que ahí las mantengo. Pero estoy atento a venderlas en cuanto suban por lo menos al precio al que las compré.

—Yo miro lo que hacen mis acciones al final de cada trimestre, y con eso me vale.

> —No entiendo cómo puedes invertir en Bolsa siguiéndola tan poco como la sigues.
> —Qué quieres que te diga. A mí me funciona bien así, cobrando los dividendos, y vivo más tranquilo sin estar mirando todos los días las que suben, las que bajan... Porque ¿cuánto tiempo te lleva a ti eso cada día?
> —Al menos un par de horas, más o menos.
> —Yo, sin embargo, a diario no le dedico nada de tiempo a la Bolsa. Si veo algo de casualidad, bien. Y si no, también bien.

¿Quién crees que gana más dinero con la Bolsa?

¿Pablo, el que está todo el día pendiente de las cotizaciones y comprando y vendiendo acciones, o Jaime, el que solo mira sus acciones una vez al trimestre y normalmente no se ha enterado de todos los movimientos diarios que le cuenta Pablo en el gimnasio?

Lo normal sería responder que Pablo, el que dedica más tiempo a la Bolsa, porque es lo que suele pasar con cualquier otra actividad humana: los que más tiempo dedican a tocar la guitarra suelen tocar mejor que los que apenas le dedican tiempo, y lo mismo pasa con los deportes, el teatro o casi cualquier cosa que se nos ocurra.

Pero la Bolsa es una actividad muy especial y funciona de una forma muy diferente a la del resto de actividades.

Esto es algo que la mayoría de la gente no sabe, y es uno de los mayores problemas de nuestra sociedad, porque ha alejado a mucha gente de la Bolsa y ha hecho que toda esa gente sea más pobre, y por tanto que toda la sociedad sea más pobre.

Generalmente, cuanto más tiempo se dedique a una cosa, mejor se hace esa cosa.

Lógicamente, sin llegar a situaciones extremas. Por ejemplo, si se entrena demasiado en el gimnasio, se cae en el sobreentrenamiento y se baja el rendimiento hasta que se descanse lo suficiente. Con el estudio pasa algo parecido: si se estudia demasiado, el cerebro pierde claridad y el tiempo de estudio ya no rinde hasta que se descanse.

Pero, quitando estos casos extremos, está claro que cuanto más se estudien las leyes, mejor abogado se es; cuanto más se practique el baile, mejor se baila; cuanto más se practique un idioma, mejor se habla, etcétera.

Así que parecería lógico que cuanto más tiempo se dedique a la Bolsa, mejor se invierte en Bolsa.

Si este razonamiento fuera cierto, la siguiente conclusión que sacaríamos es que no tendría ningún sentido que una persona de la calle invirtiese en Bolsa y esperase tener un buen resultado, con la gran cantidad de empleados de bancos, brókeres, empresas de seguros y demás que dedican muchas horas al día a la Bolsa.

¿Tiene sentido que una persona espere que, con dedicar algún rato libre a la ingeniería, vaya a hacer mejores aviones que los ingenieros de Boeing o Airbus?

No. Eso no tiene ningún sentido.

El error es creer que ambas situaciones son similares porque son totalmente distintas.

La ingeniería, los abogados, los bailarines, los comerciales, los deportistas... trabajan con leyes físicas o humanas que definen el mundo en el que vivimos.

Pero las inversiones son algo totalmente diferente.

Invertir en Bolsa a largo plazo por dividendos no consiste en intentar adivinar el futuro, sino en hacer unas pocas cosas sencillas en el presente, sabiendo que si lo hacemos es muy probable que tengamos un buen resultado en el futuro, y teniendo muy claro que nada puede sustituir a la paciencia para dejar que el paso del tiempo haga su efecto, con el interés compuesto que ya hemos visto.

Es decir, cuando unos ingenieros diseñan un avión no les parece probable que ese avión llegue a volar, sino que están seguros de que va a hacerlo. Y, además, lo hará hasta una velocidad de X, una altura de Y, con determinado nivel de vibraciones, con una tolerancia a las turbulencias concreta, con un alcance máximo de Z kilómetros, etcétera.

El problema está en que mucha gente cree que la Bolsa es algo similar a esto, de forma que los «expertos» en Bolsa saben qué empresas subirán más, cuáles bajarán o cuándo llegará la próxima crisis. Pero esto no tiene nada que ver con la realidad.

Por muchas horas que le dedique alguien a la Bolsa, ni aunque fuera la persona más inteligente de la historia de la humanidad, nunca sabrá qué empresas subirán más el año que viene, cuáles caerán o cuándo vendrá la próxima crisis.

Quizá te estés preguntando: «Si esto es así, ¿por qué no lo han dicho claramente los "expertos" en Bolsa desde hace décadas?».

Ahora piensa una cosa: si lo hubieran dicho, ¿qué ganarían con ello?

A lo mejor me dices: «Hombre, es que, si es la verdad, tienen la obligación moral de decirlo».

Sí, ya, pero es que el mundo no es perfecto, y no todo el mundo hace lo que debería hacer.

Lo cierto es que esa imagen de que «la Bolsa es algo muy difícil, y solo unos pocos sabemos si subirá o bajará el año que viene, cuándo vendrá la próxima crisis...» es muy rentable para algunos.

Si lo piensas bien, tampoco los expertos en Bolsa te han dicho nunca que ellos sepan adivinar el futuro. Otra cosa es que el ambiente que rodea a la Bolsa induzca a pensar eso, y a muchos de los que viven de ello les venga muy bien.

Pero realmente, salvo estafadores que no vienen al caso, los que se dedican al negocio institucional de la Bolsa nunca te ha dicho que ellos sepan adivinar el futuro. Aunque el resultado es que se ha creado esa imagen de que invertir en Bolsa consiste en adivinar qué va a pasar, y a mucha gente le viene muy bien que esa imagen se mantenga, y no desmentirla.

La realidad que debes saber es que es imposible adivinar el futuro y que nadie puede hacerlo. Ninguna persona que veas hablando de Bolsa, sea quien sea y tenga la experiencia que tenga, sabe cuáles serán las empresas que más subirán el año que viene, qué empresas van a ver caer su cotización o cuándo será la próxima crisis.

Sí, sé que en YouTube hay muchos vídeos anunciando cuándo tendremos la próxima crisis, pero, como luego veremos, esto no es más que un negocio de unos pocos, del que debes mantenerte totalmente alejado.

También es importante que sepas por qué gente de la calle que invierte en Bolsa «se ha unido» a esta corriente de aparentar que invertir es algo muy difícil que solo pueden hacer unos pocos. Me refiero a gente que tiene su trabajo fuera de la Bolsa y que, aparentemente, no tiene ningún motivo para hacer creer a sus amigos, familiares o compañeros de trabajo que lo que ellos hacen es algo muy difícil que no pueden hacer los demás.

Lo que ganan estas personas es sentirse superiores a sus familiares, amigos y compañeros de trabajo: «Yo sé hacer algo que tú no sabes hacer». Y para mucha gente esto vale mucho más que el dinero.

¿Y qué tiene que ver todo esto con que tú no vendas tus acciones?

Muy fácil.

Imagina que alguien te dice: «Hace veinte años compré acciones de Danone o Allianz, y desde entonces lo único que he hecho es mantenerlas e ir cobrando el dividendo todos los años».

¿Te parece que esto es muy complicado?

¿Crees que esto es tan difícil como hacer un avión (que vuele de verdad, claro)?

¿Dirías que para hacer esto hay que estar dedicando horas y horas a la Bolsa todos los días?

Supongo que a la primera pregunta habrás respondido que no, a la segunda que no y a la tercera también que no.

Pues esta es la clave para entender qué es la Bolsa de verdad y qué aparenta ser.

La Bolsa es una muy buena inversión a largo plazo. Es la que tiene la mejor combinación de rentabilidad, seguridad, comodidad y facilidad.

Pero siempre y cuando tengamos claro que invertir no consiste en adivinar el futuro, porque probablemente este es el error más extendido que existe desde siempre.

Creo que las estrategias de inversión se pueden dividir en dos grandes grupos:

1. Las estrategias en las que no se vende: solo está la inversión a largo plazo por dividendos.
2. Las estrategias de inversión en las que, antes o después, se vende lo que se ha comprado: aquí están todas las demás estrategias de inversión, desde el *trading* al más corto plazo, y cualquier estrategia de corto y medio plazo, en las que el objetivo es vender en algún momento las acciones que se tienen compradas.

¿Por qué hago esta distinción?

Porque vender es lo más difícil de la Bolsa, con muchísima diferencia. Es tan difícil que casi nadie en el mundo sabe hacerlo bien. Por supuesto, hay mucha gente que vende unas acciones a un precio superior al que las compró, ganando dinero. Esto es muy habitual y pasa todos los días.

Pero una cosa es vender acciones ganando dinero alguna vez y otra cosa es que esa forma de invertir a lo largo de toda tu vida te haga ganar más dinero que la inversión a largo plazo por dividendos, pues esto es lo que no consigue casi nadie.

¿Por qué es tan difícil comprar y vender acciones, sea en el plazo que sea?

Porque al vender estamos limitando nuestras ganancias. Se suele decir que al vender «aseguramos» nuestras ganancias. Pero si quieres entender bien lo que es la Bolsa, el dinero y las inversiones, es mucho mejor que asimiles la idea de que al vender estás limitando tus ganancias. Por tanto, si no vendes no estás limitando tus ganancias. Y esa diferencia es absolutamente clave.

Fíjate en este hecho matemático tan importante.

Cuando inviertes en una empresa, lo máximo que puedes perder es el cien por cien de tu dinero.

«¡No es poco! ¡Eso sería perder todo mi dinero!», probablemente estarás pensando.

Lo sé, tranquilo.

Lo que quiero que veas es que, a largo plazo, las cotizaciones de las empresas se multiplican por muchas veces.

Es decir, por un lado, tenemos que, en el peor (y muy poco probable) de los casos, como máximo perderás el 100 % del dinero que inviertas en una empresa, pero si mantienes tu inversión a largo plazo y no vendes, entonces lo más probable es que ganes el 300 %, el 500 %, el 1.000 % y más. No de un día para otro, por supuesto. Te estoy hablando del caso de que mantengas tus acciones, sin venderlas, durante años. Recuerda que hemos visto antes que, desde el crac de 1987 y hasta finales de 2024 (cuando estoy escribiendo estas líneas), las acciones se han multiplicado, como media, por 55 veces.

Así que, como ves, si no vendes, las probabilidades matemáticas están claramente a tu favor.

Sin embargo, ¿qué pasa si vendes?

Si vendes, tu vida será completamente distinta y verás el mundo de una forma también completamente diferente, y peor. Peor porque todo se te hará más complicado, tendrás que dedicarle mucho más tiempo a invertir, tendrás más intranquilidad en tu vida, etcétera.

Vamos a ver dos razonamientos que muestran muy bien estas dos realidades.

Imagina que decides invertir a largo plazo por dividendos y llegas a la conclusión de que siempre se consumirá electricidad y, por tanto, invertir en empresas eléctricas es una buena idea. En este momento tienes 1.000 euros y decides invertirlos en comprar acciones de Endesa. A partir de ahí, esos 1.000 euros ya no te darán más trabajo. Tú mantendrás tus acciones de Endesa de forma indefinida e irás cobrando tus dividendos todos los años. Aunque algún año pueda bajar, a largo plazo esos dividendos irán subiendo por encima de la inflación, como ya hemos visto. Puedes hacer lo que quieras con tu tiempo libre, porque esos 1.000 euros ya no te van a dar más trabajo.

Si en lugar de invertir a largo plazo por dividendos decides invertir a corto o medio plazo, entonces esos 1.000 euros te van a dar mucho trabajo el resto de tu vida.

¿Por qué?

Porque tendrás que estar buscando constantemente los mejores momentos (¡ojalá fuera tan fácil encontrarlos de verdad como decirlo!) para ir comprando y vendiendo las acciones de Endesa. Así que tendrás que mirar continuamente datos sobre si baja o sube el consumo de electricidad, los márgenes de beneficios con los que Endesa vende la electricidad a sus clientes, si el número de clientes sube más o menos en los últimos meses y muchas cosas más.

¿De dónde sacas el tiempo para mirar todos estos datos sobre Endesa (y otras empresas)?

De tu tiempo libre, evidentemente, que se verá muy reducido.

Además, por mucho tiempo que le dediques, no existe ninguna fórmula a la que puedas meterle todos esos datos, y muchos otros, que te diga si el mes que viene la cotización de Endesa subirá o bajará.

Así que, a pesar de dedicarle todo ese tiempo (que sale de tu tiempo libre), muchas veces creerás que la cotización va a subir, y caerá. Y muchas otras veces creerás que la cotización va a caer, y subirá. En otras ocasiones acertarás, por supuesto. Pero, salvo que seas un genio, es casi imposible que a lo largo de tu vida tengas una rentabilidad superior a la que tendrías comprando acciones de Endesa y manteniéndolas de forma indefinida, como vimos antes, y dedicándote a cobrar sus dividendos, un año detrás de otro.

La realidad es que la paciencia es la forma más rápida de ganar dinero. Mucha gente no lo cree e intenta sustituir la paciencia por dedicarle muchas horas a la Bolsa, para comprar y vender acciones. A unos pocos les va bien así, pero la mayoría acaba perdiendo dinero o ganando mucho menos que si hubiera invertido a largo plazo por dividendos. Y, además, a cambio de haber perdido gran parte de su tiempo libre durante muchos años.

Por otro lado, si decides seguir cualquier otra estrategia que implica vender tus acciones en algún momento, hay otro problema, muy profundo, que consiste en que todos los días de tu vida, y todos los segundos de tu vida, tendrás un patrimonio que no quieres tener.

¡¿Cómo es eso?!

Es muy fácil de entender. Vamos a verlo con el ejemplo de Ana.

Ana puede ser una inversora tanto de corto plazo como de medio plazo, ya que en ambos casos el problema es el mismo.

Vamos a suponer que Ana tiene 10.000 euros y decide empezar a invertir hoy, con su estrategia de corto o de medio plazo.

¿Quiere Ana tener esos 10.000 euros?

No, Ana no quiere tener esos 10.000 euros porque lo que le gustaría es tener acciones que vayan a subir pronto para venderlas y ganar dinero con su venta.

Al día siguiente Ana decide comprar 2.500 euros de acciones de Mercedes, así que ahora tiene 7.500 euros en dinero en efectivo y 2.500 euros en acciones de Mercedes.

¿Ha avanzado algo Ana, que ahora al menos tiene 2.500 euros en acciones de Mercedes que sí quiere tener (porque las acaba de comprar)?

No, Ana no ha avanzado nada, porque ella realmente no quiere tener esas acciones de Mercedes. Las ha comprado porque cree que van a subir pronto, así que lo que de verdad quiere Ana es que esas acciones suban rápido para venderlas lo antes posible y dejar de tenerlas.

Si ahora Ana compra otros 2.500 euros de acciones de Danone, su patrimonio estará formado por:

1. 5.000 euros en efectivo.
2. 2.500 euros en acciones de Mercedes.
3. 2.500 euros en acciones de Danone.

Como supongo que ya habrás imaginado, Ana no quiere tener ni esos 5.000 euros en efectivo, ni esas acciones de Mercedes ni esas acciones de Danone.

Porque los 5.000 euros en efectivo querría usarlos lo antes posible para comprar acciones de otras empresas que crea que van a subir pronto. Y le gustaría vender las acciones de Mercedes y Danone lo antes posible, ganando dinero, para tener dinero en efectivo en lugar de esas acciones.

Y esto, lógicamente, no tiene fin. Toda la vida de Ana va a ser siempre así.

Porque si mañana usa los 5.000 euros que tiene en efectivo para comprar acciones de BBVA y Burberry, por ejemplo, inmediatamente estará deseando que suban esas acciones de BBVA y Burberry para venderlas y dejar de tenerlas.

Y en cuanto venda las acciones de Mercedes y de Danone, recibirá dinero en efectivo e inmediatamente estará deseando encontrar otras acciones que crea que van a subir pronto para dejar de tener ese dinero en efectivo.

Como puedes suponer, esto crea una inestabilidad emocional y vital tremenda, pues tener todos los segundos de tu vida un patrimonio que no quieres tener porque te gustaría transformarlo por otro lo antes posible, y así hasta el infinito, es evidente que es incompatible con tener una vida serena y tranquila.

Ideas principales

- La Bolsa es una actividad muy especial y funciona de una forma muy diferente a la del resto de actividades.
- Por muchas horas que le dedique alguien a la Bolsa nunca sabrá qué empresas subirán más el año que viene, cuáles caerán, cuándo vendrá la próxima crisis, etcétera.
- Invertir no consiste en adivinar el futuro, y probablemente este es el error más extendido que existe desde siempre.
- Vender es tan difícil que casi nadie en el mundo sabe hacerlo bien.
- Al vender estamos limitando nuestras ganancias.
- En el peor (y muy poco probable) de los casos, como máximo perderás el 100 % del dinero que inviertas en una empresa, pero si mantienes tu inversión a largo plazo y no vendes, entonces lo más probable es que ganes el 300 %, el 500 %, el 1.000 % y más.
- La paciencia es la forma más rápida de ganar dinero.
- El problema de cualquier otra estrategia que implica vender tus acciones consiste en que todos los días de tu vida tendrás un patrimonio que no quieres tener.

Si te informas mucho, estarás mal informado

¿Te has fijado en la gran cantidad de información que hay sobre la Bolsa?

Es realmente abrumadora y, lo que es peor, es otra de esas cosas que hacen creer que invertir en Bolsa es muy difícil.

¿Por qué se genera tanta información a diario sobre la Bolsa y qué utilidad real tiene?

Para entender esto es fundamental conocer la diferencia entre vender tus acciones y no venderlas, que es lo que hemos visto en el apartado anterior.

Querer ganar dinero, de verdad y de forma consistente, comprando y vendiendo acciones es una tarea titánica.

Pero no lo parece.

¿Sabes por qué?

Porque cualquiera puede ganar dinero comprando y vendiendo acciones en cualquier momento.

Si una cosa la puede hacer cualquiera en cualquier momento, eso tiene que ser fácil, ¿verdad?

Las cosas difíciles, como por ejemplo hacer aviones, no las puede hacer casi nadie. Si nos pusiéramos a hacer aviones, lo más probable es que lo que consigamos hacer ni siquiera tenga forma de avión, y en caso de llegar a tener forma de avión, no volará.

Pero algo que puede hacer cualquiera tiene que ser algo fácil de hacer, sí o sí. Se supone.

La cuestión es que una cosa es ganar dinero vendiendo acciones alguna vez y otra es ganar dinero de forma consistente a lo largo de toda tu vida, y poder vivir de ello, o poder jubilarte cuando quieras.

Lo primero es muy fácil (ganar dinero vendiendo acciones alguna vez) y la segunda es muy difícil (ganar dinero de forma consistente a lo largo de toda tu vida comprando y vendiendo acciones, y poder vivir de ello, o poder jubilarte cuando quieras).

Y la mayoría de la gente no aprecia esta diferencia.

¿Resultado?

Empiezan a comprar y vender acciones, y alguna vez les va bien.

Pero muchas veces no les va bien y el resultado no es el que esperaban.

¿Cuál creen que es el problema?

Que les falta información. Porque cuando revisan las operaciones fallidas, creen ver que si hubieran tenido tal dato no habrían comprado esas acciones, o las habrían vendido antes, o más tarde, etcétera.

Así que, supuestamente, la solución es tener más información.

¿Y consiguen mejorar sus resultados con más información?

Generalmente, no. Y conocer lo siguiente es clave para entender la Bolsa:

Si inviertes a largo plazo por dividendos, la inmensa mayoría de la información es ruido. Y si quieres comprar y vender acciones, entonces nunca llegarás a tener toda la información que sería necesaria para hacerlo bien de verdad durante toda tu vida porque es algo que excede la capacidad humana.

Entonces ¿por qué se genera tanta información?

Porque vivimos en una sociedad cortoplacista. Es una sociedad cortoplacista para todo (incluida la política, las relaciones personales, el aprendizaje de todo tipo de habilidades y cualquier otra cosa que se te pueda ocurrir), pero aquí me voy a centrar en el tema del dinero.

La mayoría de la gente quiere ganar la mayor cantidad de dinero posible en el menor tiempo posible.

Y realmente esto está bien, pues debemos tender a ser eficientes.

Cuando nos desplazamos de un sitio a otro, tenemos que procurar tardar el menor tiempo posible, no mucho más del que sea necesario.

Cuando hacemos un trabajo, debemos procurar terminarlo lo antes posible.

Cuando enviamos algo por correo, debemos procurar que llegue lo antes posible.

Etcétera.

Todo esto está muy bien, si somos realistas.

Porque si por tardar el menor tiempo posible nos salimos de la carretera, o no hacemos el trabajo, o el objeto que enviamos llega roto, entonces hemos hecho mal las cosas por impaciencia.

A la hora de ganar dinero pasa algo parecido.

Está muy bien, y debería ser el objetivo de todo el mundo, ganar la mayor cantidad de dinero posible en el menor tiempo posible... siempre y cuando seamos realistas.

Porque cuando intentamos hacer eso mismo sin ser realistas, es cuando vienen los problemas. Y esto es una de las principales contrariedades de la sociedad cortoplacista en la que vivimos: tener demasiada ansia por ganar dinero, lo que lleva a establecer objetivos fuera de la realidad.

Como te dije antes, la paciencia es la forma más rápida de ganar dinero para la inmensa mayoría de la población. Hay unas pocas personas que pueden saltarse esta regla, pero son muy pocas en el mundo.

Para todas las demás, querer ganar dinero sin tener paciencia conlleva ponerse objetivos irreales.

¿Qué tenemos, con total seguridad, cuando no tenemos paciencia? Impaciencia.

O tenemos paciencia, o tenemos impaciencia.

Una de las dos cosas la vamos a tener seguro, y todos los días de nuestra vida.

Cuando tenemos impaciencia por ganar dinero, tenemos que llenar el tiempo con algo que creamos que nos va a ayudar a ganar dinero más rápidamente. Y ese algo es más y más información.

El problema es el siguiente: ¿qué información haría falta tener para ganar dinero más rápidamente que los demás?

Nadie lo sabe. O, si alguien lo sabe, se lo ha callado y no nos lo ha contado a los demás.

Si queremos aprender a construir una silla, por ejemplo, la información que necesitamos es finita y conocida. Una vez que la encontremos, la aplicamos y construimos una silla.

Lo mismo pasa con muchísimas más cosas.

Pero como la información necesaria para ganar dinero más rápido que los demás no está definida en ningún sitio, eso quiere decir que es infinita.

Así que es negocio generar grandes cantidades de información para las personas que quieren ganar dinero más rápidamente que los demás, y eso es lo que pasa a diario.

Lo importante es que entiendas bien que:

1. Si quieres ganar dinero más rápido que los demás comprando y vendiendo acciones, por mucha información que consumas, es casi seguro que nunca llegarás a tener la información necesaria para conseguirlo.
2. Si decides elegir el camino de la paciencia, el camino más rápido para ganar dinero para la inmensa mayoría de la gente, entonces casi toda la información que se genera a diario para ti es ruido y no te aporta absolutamente nada.

Consumir mucha información tiene otro problema, muy grave, y es que llega un momento en que no se distingue la información importante de la que no lo es, como vimos antes.

Piensa en cuando buscas información para comprarte un móvil. Si eres un experto en móviles, ponte en el caso de una persona normal y corriente, que cuando va a cambiar de teléfono no está actualizado en las últimas tendencias.

Al principio, obtienes varios datos importantes que no sabías y que te ayudan a ver más claro cuál es el mejor móvil para ti. Esta suele ser la información realmente significativa y decisiva.

Pero si sigues leyendo más y más sobre móviles, cada vez encontrarás más datos, pero menos importantes, y llegará un momento en que estarás más confundido que al principio porque no sabrás distinguir la información realmente importante (por norma general, la primera que encontraste) de toda la demás información que hallaste luego, y que suelen ser detalles poco importantes, que no deberían influir en tu decisión.

Por desgracia, la era de la información que trajo internet duró pocos años. Hace ya tiempo que estamos en la era de la sobreinformación, y uno de los principales problemas de nuestra sociedad es que la mayor parte de la gente aún no se ha dado cuenta de esto. Así, muchísimas personas consumen cada vez más información, pensando que así están mejor informadas, pero lo que sucede es lo contrario. Porque, al consumir cada vez más información, el efecto más importante es que ya no se distingue la información importante de verdad de la que no lo es, y eso hace que la gente esté más desinformada y tome peores decisiones.

Esto pasa en todos los ámbitos de la vida, y las inversiones y la Bolsa no son una excepción.

Por eso, no te centres en consumir la mayor cantidad de información posible, sino en desarrollar bien tu pensamiento crítico, para centrarte en la información que realmente es importante. Si lo haces, no solo tomarás mejores decisiones, sino que vivirás con mucha mayor tranquilidad y paz mental.

Ideas principales

- Si inviertes a largo plazo por dividendos, la inmensa mayoría de la información es ruido.
- Se genera tanta información porque vivimos en una sociedad cortoplacista.
- O tenemos paciencia, o tenemos impaciencia.
- Consumir mucha información supone otro problema, muy grave, y es que llega un momento en que no se distingue la información importante de la que no lo es.
- La era de la información que trajo internet duró pocos años. Hace ya tiempo que estamos en la era de la sobreinformación.
- Céntrate en la información que es importante de verdad, para invertir mejor, tomar mejores decisiones y vivir con mucha mayor tranquilidad y paz mental.

¿Y CUÁLES SON ESAS POCAS VECES QUE SÍ DEBEMOS VENDER?

En la inversión a largo plazo por dividendos no se vende prácticamente nunca. En principio solo se vendería si alguna de tus empresas tuviera un problema permanente, cosa que sucede muy raramente.

¿Qué es un problema permanente?

Por ejemplo, si alguien hubiera invertido en medios de comunicación (televisiones tradicionales, periódicos de papel, emisoras de radios, etcétera), al aparecer internet debería haber visto que las barreras de entrada de todos estos negocios han cambiado por completo (porque cada vez es más fácil crear webs, canales de YouTube..., que hacen cada vez más competencia a los medios de comunicación tradicionales) y debería haber vendido sus acciones en esas empresas.

Como te digo, esto es algo que probablemente no te pase nunca si eliges bien las empresas (luego veremos cómo hacerlo).

Es muy probable que todas las noticias alarmantes que veas continuamente en los medios de comunicación y las redes sociales sobre las empresas de calidad sean problemas temporales, o incluso bulos, exageraciones de la realidad para llamar la atención. Piensa que el gran negocio de los medios de comunicación y las redes sociales se basa en alarmar, asustar y generar adicción a la información en su audiencia. Por eso, tienes que aislarte de todo este ruido que se genera a diario. Para estar bien informado hay que informarse poco y bien. Si te informas mucho, es casi seguro que estarás desinformado.

Es muy importante que sepas que estos problemas temporales que tienen a veces algunas empresas son los mejores momentos para comprar sus acciones porque es cuando están más baratas. Y eso supone que, comprando en esos momentos, cobraremos más dividendos, nuestro patrimonio crecerá más y alcanzaremos antes la Independencia Financiera.

Algo que casi seguro te pasará es que alguna de las empresas que compres recibirá una OPA de exclusión (o sea, el comprador querrá el 100 % de las acciones para sacarla de la Bolsa). En estos casos debemos vender, y son buenas noticias. Lo que sucede en las OPA es que nos compran las acciones a un precio superior al que están en el mercado en ese momento, y con ese dinero podemos comprar acciones de otras empresas que estén más baratas. Así que lo normal es que las OPA aumenten los dividendos que cobras de tu cartera de acciones. Sin embargo, la mayoría de los años ninguna de tus empresas recibirá ninguna OPA, ya que estas operaciones son poco habituales.

Recuerda siempre que, como vimos antes, cada vez que vendemos limitamos nuestras ganancias y, además, tenemos que pagar a Hacienda por la ganancia que hayamos tenido. En estas OPA de exclusión de Bolsa que te comento, el cambio de unas acciones por otras suele salir bien, aun pagando impuestos, porque el precio que recibimos en las OPA por nuestras acciones suele ser alto.

Quitando estos casos poco habituales que acabamos de ver, la gran pregunta que se suele hacer todo el mundo es: ¿merece la pena vender cuando creamos que van a caer las acciones para recomprarlas más baratas a precios más bajos?

Vender para recomprar más abajo sería lo ideal y todo el mundo lo puede conseguir algunas veces, aunque casi nadie consigue que le merezca la pena a lo largo de su vida.

El gran riesgo de vender es perderse las grandes subidas, que son aquellas que de verdad nos cambian la vida a los inversores.

Es infinitamente peor, sin ningún tipo de comparación posible, perderse una de estas grandes subidas que tener acciones en la Bolsa durante un crac.

Tener acciones en la Bolsa cuando se produce un crac no nos va a cambiar la vida, pero tener acciones en una gran subida sí que nos la va a cambiar, y mucho. A mejor, claro.

¿Y qué es una gran subida?

La economía tiene sus fases, no es algo lineal. Una gran subida son esas fases alcistas que se producen cada X años, en las que los beneficios y dividendos de las empresas (y también sus cotizaciones) suben mucho en poco tiempo (y para no volver a caer al nivel previo). Una gran subida no es una burbuja en la que solo suben las cotizaciones, sino una creación de valor real, que aumentará mucho y de forma sana el valor de tu patrimonio y los dividendos que cobres de tu cartera de acciones.

El riesgo al alza (no estar invirtiendo en Bolsa y perderse la gran rentabilidad que da la Bolsa a largo plazo), del cual no se suele hablar prácticamente nunca, es muchísimo mayor que el riesgo a la baja.

> **Ideas principales**
>
> - En la inversión a largo plazo por dividendos no se vende prácticamente nunca, salvo:
>
>   1. Si alguna de tus empresas tuviera un problema permanente, cosa que sucede muy raramente.
>   2. En las OPA, donde nos compran las acciones a un precio superior al que están en el mercado en ese momento, y con ese dinero podemos adquirir acciones de otras empresas que estén más baratas.
>
> - Los problemas temporales que tienen a veces algunas empresas son los mejores momentos para comprar acciones de esas empresas.
> - Vender para recomprar más abajo sería lo ideal, pero casi nadie consigue que le merezca la pena a lo largo de su vida.
> - Tener acciones en la Bolsa cuando se produce un crac no nos va a cambiar la vida, pero tener acciones en una gran subida sí que nos la va a cambiar, y mucho.

Por qué esta estrategia debería seguir funcionando en el futuro

Esta estrategia ha funcionado muy bien en el pasado, con la Primera y la Segunda Guerra Mundial, las guerras civiles en muchos países, el crac del 29, etcétera. Te doy algunos datos sobre la Bolsa española, que son similares a los del resto de Bolsas de Occidente:

1. Durante la Primera Guerra Mundial (1914-1918) el comportamiento de la Bolsa española fue alcista.
2. Tras la Guerra Civil Española, que finalizó en 1939, la Bolsa superó el máximo previo a la guerra (que se había producido

en 1928) en el año 1946. Es decir, siete años después de la finalización del conflicto. La Bolsa de Madrid estuvo cerrada entre el 18 de julio de 1936 y el 1 de marzo de 1940, por lo que las acciones no cotizaron durante ese tiempo, pero los dueños de las acciones no perdieron ninguno de sus derechos sobre las empresas que poseían.
3. Durante la Segunda Guerra Mundial (1939-1945), el comportamiento de la Bolsa española fue alcista, y también el de la Bolsa de Estados Unidos.

Si pasa algo mucho peor que esto, probablemente no sobrevivamos para ver qué hay después.

Además, hay cosas que están mejorando (a pesar de todo lo que vemos en los medios de comunicación y las redes sociales a diario, para llamar la atención de cualquier manera) y probablemente harán que esta estrategia sea aún más segura y rentable en el futuro:

1. Tecnología: las tecnologías cada vez se expanden más rápidamente. Por ejemplo, internet llegó a toda la población en muchos menos años que la radio o la televisión.
2. Transferencia rápida de la tecnología a todos los países del mundo: esto no era posible en la era industrial porque los trenes, las máquinas de todo tipo, los inmuebles, etcétera, no se podían «transferir por cables» de unos países a otros. Ahora gran parte de la riqueza que existe en el mundo es digital, y eso hace que se pueda llegar con mayor rapidez a todos los países del mundo. Esto supone que se transfiere rápidamente a todo el mundo lo más importante: el conocimiento.
3. Internet: es una gran mejora de la productividad y de la creación de riqueza, como puede ver cualquiera.
4. Globalización: más comercio entre países es más riqueza para la población.
5. Reducción de la pobreza a nivel mundial: esto es un hecho desde hace décadas, aunque, por supuesto, debería avanzar a mayor velocidad.

6. Aumento de la población: las personas no son cargas, sino lo más valioso que hay. Por eso, cuantas más personas hay en el mundo, mayor es la cantidad de riqueza que existe en el mundo (para que una parte de esa riqueza sea tuya tienes que invertir, lógicamente, porque si no será de otros).
7. Expansión de la democracia: es evidente que cuanto mayor es la libertad, más riqueza pueden crear las personas.
8. Inteligencia artificial: creo que la inteligencia artificial va a ser aún más importante que internet y tiene capacidad para producir una de esas grandes subidas que te comentaba antes (en todas las empresas de todos los sectores, no solo en las empresas que crean la tecnología de la inteligencia artificial), ya que va a aumentar mucho la productividad de todas las empresas.

Ideas principales

- Esta estrategia ha funcionado en las dos guerras mundiales, en guerras civiles...
- Probablemente en el futuro funcionará mejor debido a los siguientes factores:

  1. Tecnología.
  2. Transferencia rápida de la tecnología a todos los países del mundo.
  3. Internet.
  4. Globalización.
  5. Reducción de la pobreza a nivel mundial.
  6. Aumento de la población.
  7. Expansión de la democracia.
  8. Inteligencia artificial.

Cómo elegir las empresas y los sectores en los que invertir

> —Acabo de comprar acciones de esta empresa minera canadiense.
> —¿Le va bien el negocio?
> —No lo sé.
> —Entonces ¿por qué has comprado acciones?
> —He leído en un sitio que va a subir mucho, y eso es lo que quiero.
> —Entiendo. Y si no subiera, ¿qué harías?
> —Va a subir seguro. Lo dice todo el mundo.

No sabemos si esa minera canadiense subió o no, pero sí sabemos que así no se deben elegir las empresas, aunque por desgracia este es un error muy habitual.

Generalmente, la mayor parte de la gente que empieza a invertir en Bolsa cree que invertir consiste en intentar detectar cuáles serán las empresas que más subirán en los próximos meses y comprar acciones antes que los demás.

Incluso mucha gente que lleva años invirtiendo en Bolsa también actúa de esta manera.

Pero casi ninguno de ellos consigue buenos resultados.

¿Por qué?

Porque, si te fijas, eso es lo que querría hacer todo el mundo. Piensa que comprar continuamente acciones de empresas que más subirán los próximos meses supondría tener una rentabilidad excelente.

Tanto que en pocos años multiplicaríamos por muchas veces nuestro dinero y seríamos multimillonarios en muy poco tiempo. Apenas unos años después seríamos milmillonarios, y seguiríamos multiplicando nuestro patrimonio a ritmos espectaculares durante toda nuestra vida.

¿Esto es completamente imposible?

No lo sé. Es probable que haya alguna persona en el mundo que haya conseguido algo parecido a eso.

Lo que sí te puedo decir es que, si no es totalmente imposible, al menos sí que es extremadamente difícil.

Aquí quiero que te fijes mucho en el «salto» que da mucha gente de un extremo a otro porque es un error muy habitual.

Me refiero a que muchas personas que no invierten en Bolsa porque les parece algo prácticamente imposible, cuando un día se deciden a empezar, de repente, les parece fácil y realista intentar hacer algo que no consigue hacer casi nadie en el mundo. Y eso suponiendo que haya alguien que logre hacerlo. Me refiero a saber qué empresas serán las que más subirán los próximos meses.

Lógicamente, no consiguen saberlo nunca y se sienten frustrados.

Lo importante es que tú sepas que invertir en Bolsa no consiste en esto, ni por asomo.

La Bolsa es una muy buena inversión si somos realistas y tenemos un plan.

Querer comprar acciones de empresas que más subirán los próximos meses no es ningún plan, sino un deseo que está completamente fuera de la realidad.

No te compliques la vida, ve a lo seguro. No intentes comprar acciones de empresas raras que a lo mejor les va muy bien, pero a lo mejor no. No arriesgues y compra empresas de calidad que muy probablemente vayan a ganar cada vez más dinero el resto de tu vida, aunque ningún año sean la empresa que más suba.

Concretando, en esta estrategia de inversión es totalmente imprescindible que las empresas que compremos:

1. Cuenten con unas buenas barreras de entrada a largo plazo: esto es la mayor o menor dificultad de que entren, y se mantengan en el mercado, nuevos competidores, como ya vimos antes.
2. Tengan buenas perspectivas de crecimiento en el futuro: esto quiere decir que sean empresas que creas que van a seguir ganando cada vez más dinero dentro de diez, veinte o treinta años.

3. Paguen dividendos y tengan una buena rentabilidad por dividendo (luego te lo explico con detalle).

Todas estas cosas suelen ir unidas, aunque puede haber casos en que no sea así.

Vamos a ver con más detalle qué son las barreras de entrada, como te dije antes. Para invertir a largo plazo, las barreras de entrada de las empresas que elijamos tienen que ser lo más altas posible. Piensa que lo normal en todos los sectores es que haya varios competidores. Lo malo es que haya «demasiados» competidores, pero es totalmente normal que en un buen sector para invertir a largo plazo por dividendos haya varios competidores.

¿Y cómo conocemos el negocio de una empresa, para saber si es un negocio que tiene futuro porque no hay demasiados competidores?

Creo que lo mejor es ir a lo sencillo y empezar por las empresas que ya conoces de toda la vida y sabes cómo funciona su negocio.

«Pero ¡si yo estoy empezando con esto de invertir!», puedes estar pensando.

Tranquilo, no pasa nada.

Seguro que conoces las empresas eléctricas desde que tienes uso de razón y encendías las luces de tu casa. Todos los meses, o cada dos meses, pagas un recibo de la electricidad, ¿verdad? Y sigues necesitando luz y la seguirás necesitando toda la vida (aunque uses autoconsumo, estás conectado a la red, y eso son ingresos y beneficios para las empresas eléctricas).

Así que ya tenemos un buen sector para invertir a largo plazo.

También pagas todos los años seguros de tu casa, tu coche, de salud, etcétera, igual que hacían tus padres y tus abuelos desde hace muchas décadas. Así que las aseguradoras son otro buen sector para invertir a largo plazo.

Como ves, se trata de entender cómo ganan dinero las empresas, por qué es probable que en el futuro gane más dinero, etcétera. No hay que buscar empresas raras ni hacer cálculos complicados, sino simplemente tienes que usar la lógica y el sentido común.

Elige empresas que creas que van a seguir existiendo y ganando dinero dentro de varias décadas.

Debes optar por empresas lo más sólidas y estables posible, y que lleven muchos años ganando dinero y se prevea que van a continuar haciéndolo en el futuro, de forma indefinida y cada vez en mayor cantidad (con los lógicos altibajos que toda actividad humana tiene).

Primero hay que elegir las empresas en las que invertiremos y, después, el momento de invertir en ellas. Por ejemplo, seguro que conoces Danone y sus yogures y postres desde que eras pequeño. Danone cada vez gana más dinero y probablemente seguirá siendo así. De modo que llegas a la conclusión de que esta compañía te parece que es una buena empresa para el largo plazo y quieres invertir en ella.

Si crees que Danone está barata ahora, haces una compra de acciones por esos 500, 1.000 euros o la cantidad que hayas establecido, como vimos antes.

Y si crees que Danone en este momento está cara, entonces no compras acciones. Simplemente la añades a tu lista de empresas que comprar en algún momento del futuro, lo que harás cuando creas que está barata.

¿Cómo saber si Danone está cara o barata? Ahora te lo explico, pero déjame que te cuente antes alguna cosa más para que lo entiendas mejor.

Hay que estar bien diversificado por sectores, como ya te he comentado, y para ello hay que elegir una variedad de sectores que represente bien la economía mundial.

Sobre todo, hay que elegir sectores con buenas perspectivas a largo plazo y que sean seguros. Por ejemplo, las biotecnológicas tienen (al menos aparentemente) buenas perspectivas a largo plazo como sector, pero para los inversores son muy inseguras porque es muy difícil predecir qué empresas biotecnológicas concretas tendrán éxito, ya que hay muchas de estas compañías que fallan en sus investigaciones y quiebran. Así que este sector no me parece adecuado para esta estrategia de inversión.

Ten en cuenta que todos los sectores pasan alguna mala racha temporal. No se trata de deterioros permanentes y no hay que vender en estos momentos, sino comprar, pues es cuando las empresas de este sector están más baratas, como ya vimos.

Te hago un resumen de los principales sectores que a mí me parecen buenos para invertir en Bolsa a largo plazo por dividendos, y en cada uno de ellos te cito empresas que considero buenas para invertir a largo plazo por dividendos:

- Agua: todos usamos agua cada día, así que es uno de los sectores más estables, tanto el agua potable como el reciclaje del agua ya usada. Ejemplos: Severn Trent y United Utilities en el Reino Unido. En España no cotiza ninguna, aunque algunas como empresas como FCC y Acciona tienen divisiones de agua.
- Alimentación: además de usar agua, también comemos todos los días, por eso el sector de la alimentación también es de los más estables. Ejemplos en España: Ebro Foods y Viscofán. Fuera de España: Unilever, Danone, Coca-Cola, Pepsi y Nestlé.
- Automóviles: algunas empresas me parecen válidas para el largo plazo, aunque la mayoría no. BMW y Daimler creo que sí son buenas para el largo plazo, pues se acercan al sector del lujo. Aunque ten en cuenta que incluso las mejores empresas de este sector son más cíclicas que la mayoría de las empresas adecuadas para el largo plazo, como las de agua y alimentación que acabamos de ver. Ferrari es una de las pocas empresas del mundo que realmente es lujo y, por tanto, es adecuada para el largo plazo.
- Autopistas e infraestructuras (aeropuertos, puertos, líneas de tren, centros de datos, etcétera): también es uno de los sectores más estables. En España tenemos a Aena; en Francia, a Vinci. Otras empresas tienen división de infraestructuras, como ACS, Ferrovial y Acciona, además de otros negocios.
- Bancos comerciales: son buenos para el largo plazo, aunque en la crisis que se inició en 2007 han vivido una situación muy especial (en gran parte por los cambios en la regulación, no por su negocio en sí). Ejemplos en España: Banco Santander, BBVA, Bankinter y CaixaBank.

- Construcción: la construcción en sí no es buen sector para el largo plazo, pero muchas constructoras ya tienen otros negocios que sí lo son (agua, energía, infraestructuras/concesiones, servicios medioambientales...). Ejemplos en España son Ferrovial, ACS y Acciona.
- Consumo: esto incluye higiene personal y del hogar y similares. También son cosas que todos usamos cada día. Es un buen sector, similar a la alimentación. De hecho, hay muchas empresas que tienen parte de su negocio en consumo y parte en alimentación. Ejemplos fuera de España son Procter & Gamble, Unilever y Henkel.
- Distribución: en general, las barreras de entrada en este sector son insuficientes para invertir a largo plazo. Algunos casos, como Inditex en España (aunque es más que solo distribución, pues también fabrica lo que vende) o Wal-Mart en Estados Unidos, pueden ser adecuados para el largo plazo.
- Eléctricas: es un sector estable y bueno para el largo plazo, como ya hemos visto. Ejemplos en España: Iberdrola, Naturgy, Redeia y Endesa.
- Farmacéuticas: se considera bueno para el largo plazo. Yo prefiero evitarlo, porque creo que se consumen demasiadas medicinas en la sociedad actual (alrededor del 1-2 % del PIB) y podría bajar ese consumo en el futuro (por las terapias alternativas; la racionalización del tamaño de los envases, lo que evitaría el exceso de recetas; la importancia del efecto placebo; el excesivo consumo actual de medicinas sin necesidad; la popularización de estilos de vida más saludables, etcétera). Te lo cuento aquí porque es un sector muy conocido y la mayoría de los inversores lo consideran bueno para el largo plazo. Así que, si no lo citara, probablemente pensarías que se me había olvidado. Pero yo no invierto en este sector por los motivos que te he comentado.
- Gasistas: las empresas gasistas son similares a las eléctricas. En general, estas empresas están entrando en el negocio del hidrógeno y eso les da más diversificación y seguridad porque tienen gas e hidrógeno. Son suficientemente buenas para el largo plazo. Ejemplos en España: Enagás.

- *Holdings*: las empresas *holdings* son aquellas que invierten en otras empresas. Por eso, que sean buenas para el largo plazo o no depende totalmente de en qué compañías inviertan y con qué estrategia. Por eso, este sector es más complicado que los demás que estamos viendo y no deberías invertir en empresas de este sector hasta que no tengas más experiencia. Ejemplo en España: Alba.
- Industriales: hay mucha variedad de tipos de empresas dentro de este sector. Algunas sí son buenas para el largo plazo, pero otras no. Ejemplos en España: Vidrala; y fuera de España: 3M, Caterpillar, Otis y Air Liquide.
- Inmobiliarias: son adecuadas aquellas que tienen un patrimonio de inmuebles y su beneficio es el alquiler que cobran por esos inmuebles, y no lo son las que construyen viviendas (promotoras de viviendas) porque sus resultados tienen muchos altibajos a lo largo del tiempo. Ejemplos en España: Colonial y Merlín. Ejemplo fuera de España: Klépierre.
- Petroleras: aunque el petróleo cada día tiene menos importancia, las petroleras se están transformando en empresas de energías renovables, hidrógeno, etcétera, por lo que creo que son adecuadas para invertir a largo plazo. Hay que procurar comprarlas cuando el precio del petróleo está bajo, no cuando está alto y casi todo el mundo las quiere comprar. Ejemplo en España: Repsol. Fuera de España: Chevron, Exxon y Shell.
- Químicas: en general, no son adecuadas para el largo plazo. Aunque en casos como el de BASF, sí, ya que es parte química y parte industrial, y en la parte química tiene ventajas por su tamaño y por sus productos.
- Seguros: las aseguradoras sí son adecuadas para el largo plazo porque cubrir riesgos da mucha estabilidad a la economía y a la vida de las personas, y eso siempre será necesario. Ejemplos en España: Mapfre, LDA y Catalana Occidente. Ejemplos fuera de España: Allianz, AXA y Munich Re.
- Tecnología: en general es un sector demasiado cambiante, aunque empresas como Google y Microsoft han conseguido

crear negocios muy estables. Aun así, procuraría darles a las empresas de este sector un peso en la cartera inferior a la media, pues es un sector más cambiante que los demás.
- Telecomunicaciones: sí es adecuado para el largo plazo, aunque en los últimos años les ha perjudicado mucho la regulación. Ejemplo en España: Telefónica. Ejemplos fuera de España: Orange, ATT y Verizon.

Ideas principales

- Invertir en Bolsa no consiste en intentar detectar cuáles serán las empresas que más subirán en los próximos meses y comprar acciones antes que los demás.
- La Bolsa es una muy buena inversión si somos realistas y tenemos un plan.
- No te compliques la vida, ve a lo seguro.
- Elige empresas que creas que van a seguir existiendo y ganando dinero dentro de varias décadas.
- Empieza por las compañías que ya conoces de toda la vida y sabes cómo funciona su negocio.
- No hay que hacer cálculos complicados, simplemente tienes que usar la lógica y el sentido común.
- Primero hay que elegir las empresas en las que invertiremos y, después, el momento de invertir en ellas.
- Hay que estar bien diversificado por sectores, y para ello hay que elegir una variedad de sectores que represente bien la economía mundial.

Cómo saber si una empresa está cara o barata

Para estimar esto hay que mirar el balance y la cuenta de resultados, que encontrarás en las webs de las propias empresas.

- Balance: es lo que tiene la empresa (sus fábricas, maquinaria, inmuebles...) menos lo que debe (sus deudas).
- Cuenta de resultados: es el dinero que gana o pierde la empresa cada año.

Probablemente en algún momento oirás hablar de los «flujos de efectivo». Puede ser útil consultar los flujos de efectivo en algún caso especial, aunque en general siguen la misma tendencia que los resultados y con ver los resultados te será suficiente. Digamos que los flujos de efectivo pueden ser útiles cuando, en algún caso, se quiere ver algún detalle concreto, pero debes saber que mucha gente no los usa bien y por eso saca conclusiones erróneas.

Ratios más importantes para ver si una empresa está cara o barata

Aquí vamos a ver unas pocas fórmulas, pero son sencillas. Al leer esta parte recuerda que el valor exacto de una empresa (o un piso, o cualquier cosa) no lo sabe nadie, así que, en mi opinión, no merece la pena complicarse la vida haciendo cálculos complicados que luego no sabe interpretar ni la persona que los ha hecho. Es muchísimo mejor y más eficaz estar familiarizado con formas de valoración sencillas y robustas, y usarlas con la psicología adecuada, como estamos viendo en este libro.

Lo que vamos a ver ahora, básicamente, es cómo medir de forma fácil lo cara o barata que está una empresa que nos parece adecuada para invertir en ella a largo plazo por dividendos, para decidir si hacemos ahora una compra (de esos 300, 500 o 1.000 euros, o lo que sea, que vimos antes) o esperamos a ver si baja algo de precio.

Este es el resumen:

1. Ingresos: deben ir subiendo a largo plazo, aunque no pasa nada si caen algún año.
2. Beneficio por acción (BPA): es lo que te toca a ti por cada acción que compres de todo el beneficio que tiene la empresa.

Parte de esta cantidad te la pagará la empresa como dividendo y otra parte quedará dentro de la empresa para hacer nuevas inversiones y crecer más.
3. PER (cotización / BPA): nos dice cómo de cara o barata está la empresa en cada momento. Cuanto más bajo sea el PER, mejor. La zona buena de compra suele ser comprar a PER entre ocho y quince veces, aunque en empresas muy estables (como las de alimentación y consumo) la zona de compra realista suele ser PER quince a veinte veces.
4. Dividendo: es el dinero que te ingresan en tu cuenta por los beneficios que ha tenido tu empresa.
5. Rentabilidad por dividendo (dividendo / cotización × 100): es otra forma, además del PER, de ver cómo de caras o de baratas están las acciones en un momento dado. Normalmente, las acciones nos dan una rentabilidad por dividendo inicial del 3 % al 6 %.
6. *Payout*: es el porcentaje del BPA que representa el dividendo. Si la empresa tiene un BPA de un euro y nos paga un dividendo de 0,60 euros, entonces el *payout* es del 60 %.
7. Deuda: en general, cuanto más baja, mejor. Pero para la mayoría de las empresas no sería eficiente no tener deuda porque eso reduciría su rentabilidad. Lo normal es que las empresas tengan deuda.
8. Valor contable: si la compañía cotiza por debajo de su valor contable, entonces probablemente esté muy barata. Cuando las empresas cotizan por encima de su valor contable, este dato es poco útil para nosotros.

A continuación, te explicaré todo esto con un poco más de detalle.
¿Dónde encontramos estos datos que vamos a ver ahora?
Los tienes en la web de cada empresa, en los informes de resultados que publican. Son fáciles de encontrar.
Esto es lo más importante que debemos mirar en la cuenta de resultados y el balance (es sencillo, tranquilo):
Ingresos. Todo el mundo sabe lo que es esto: el dinero que ingresa la empresa. La explicación rápida es que cuanto más crezcan

los ingresos, mejor. Como es evidente. No pasa nada porque algún año los ingresos caigan algo, pero deben subir a largo plazo.

Beneficio por acción (BPA). Es la parte del beneficio total de la empresa que le corresponde a cada acción. Este es el beneficio que te corresponde a ti por cada acción que compres de esa empresa. Se calcula dividiendo el beneficio total de la empresa entre el número de acciones que componen su capital social. Ejemplo: si el beneficio total de la empresa son cinco millones de euros y esta tiene un millón de acciones, entonces el BPA es de 5 euros:

$$5 \text{ millones euros} / 1 \text{ millón de acciones} = 5 \text{ euros}$$

Hay que tener en cuenta si los beneficios son ordinarios o extraordinarios.

Si la empresa del ejemplo anterior vende bebidas y ha ganado tres millones de euros vendiendo bebidas y dos millones de euros vendiendo unos terrenos que tenía, pero no usaba, entonces:

- El BPA ordinario es de 3 euros.
- El BPA extraordinario es de 2 euros.

Lo normal es que no haya beneficios extraordinarios, pero alguna vez puede haberlos.

PER. Es el dato más útil para saber cómo de cara o barata está una empresa en esta estrategia de inversión, junto con la rentabilidad por dividendo. Resumidamente, cuanto más bajo sea el PER, más barata está la empresa, y cuanto más alto sea el PER, más cara.

Lo calculamos con el BPA ordinario (que es el que no incluye los beneficios extraordinarios, en los pocos casos en los que existen estos beneficios extraordinarios).

El PER es la cotización dividida entre el BPA.

Si la empresa de nuestro ejemplo cotiza a 30 euros, entonces su PER es de diez veces:

$$30 / 3 = 10$$

Calcular el PER con los 5 euros de BPA total (ordinario + extraordinario) sería engañoso porque no representa bien lo que ha ganado la empresa con su negocio habitual (se dedica a vender bebidas, no terrenos). Está muy bien que haya ganado esos 2 euros con un terreno que no usaba, pero eso es un «extra», así que no hay que tenerlo en cuenta al ver la evolución de los resultados de la empresa.

En principio, cuanto más bajo sea el PER, mejor, porque más barata está la empresa. Aunque esto depende del crecimiento (futuro y, por tanto, desconocido) de los beneficios de cada empresa. Cuanto más se espera que crezca una empresa en el futuro, lo normal es que más alto sea el PER con el que cotiza, ya que los inversores están dispuestos a pagar un precio más alto por esa empresa que, parece, va a crecer más. Ese precio más alto no quiere decir necesariamente que la compañía esté más cara que otras que cotizan a un PER algo más bajo, pues estas últimas tienen un crecimiento (esperado) de los beneficios también más bajo.

Generalmente, la zona interesante de compra está alrededor de entre PER 8 y PER 15.

Que esté más cerca de 8 o de 15 depende de dos cosas:

1. El crecimiento esperado de los beneficios de la empresa en los próximos años: cuanto más alto sea el crecimiento esperado, la zona realista de compra estará más cerca de 15. Y cuanto más bajo sea el crecimiento esperado, más cerca de PER 8 se podrá comprar. Esto es algo que irás adquiriendo con la experiencia.
2. La situación general de mercado: es importante el tipo de interés que dé la renta fija, principalmente los bonos a diez años. Por norma general, cuanto más alto sea el interés de los bonos, menor será el PER al que cotice la Bolsa, y al revés.

En empresas muy estables, como las de los sectores de consumo y alimentación que hemos visto antes, la zona de compra buena y realista suele estar en la zona de PER 15 a 20.

En estas referencias hay que mirar tanto el PER del último año terminado y conocido como el del año actual. Por ejemplo, si estamos a mediados de 2025, entonces el último año conocido será 2024 y el año actual, 2025. A veces las empresas dan previsiones de cuál creen que será su BPA en el año actual, y aunque no siempre se cumplen exactamente (nadie sabe el futuro), son útiles. El PER de 2024 será un dato exacto (porque sabemos cuál es la cotización en este momento y cuál fue el BPA en 2024), y el PER de 2025 será una estimación (porque la cotización actual sí la sabemos con exactitud, pero el BPA de 2025 aún no, solo tenemos su estimación).

En la práctica, lo más rentable suele ser comprar las empresas de calidad cuando la mayoría de los inversores creen que van a crecer poco en los próximos años y por eso cotizan a un PER más bajo. El futuro no lo sabe nadie, y que la mayoría de la gente crea que va a crecer más la empresa A que la B no quiere decir que estén en lo cierto. Esta es una de las formas de beneficiarse de las emociones (miedo y codicia) de la mayoría de los inversores, que son la gran fuente de sus errores. Así que realmente esto te facilita la vida, porque no se trata de hacer cálculos muy complicados para estimar datos del futuro, sino de que apliques la lógica y el sentido común a estos pocos datos que estamos viendo.

Recuerda que lo que te hará tener éxito en tus inversiones es evitar los errores importantes y realizar buenas compras, no buscar desesperadamente la forma de hacer compras «perfectas».

Dividendo. El dividendo es la parte del beneficio por acción (BPA) que la empresa paga a sus accionistas. Esto es lo que te ingresan en tu cuenta corriente, sin que tú tengas que hacer nada.

Por ejemplo, la empresa del ejemplo anterior paga un dividendo ordinario de 1,5 euros por sus beneficios ordinarios y un dividendo extraordinario de 2 euros por la venta de los terrenos.

Los otros 1,5 euros del BPA ordinario quedan dentro de la empresa (para reducir deuda, hacer nuevas inversiones, etcétera).

Rentabilidad por dividendo. La rentabilidad por dividendo se calcula solo con el dividendo ordinario de 1,5 euros.

Si la cotización está en 30 euros, la rentabilidad por dividendo es del 5 %:

$$1{,}5 / 30 \times 100 = 5\%$$

El *payout* es el porcentaje del BPA que la empresa paga como dividendo.

En este caso el *payout* es del 50 %, ya que 1,5 euros es el 50 % de 3 euros.

El *payout* habitualmente está entre el 40 % y el 60 %, y las referencias de PER que vimos antes están pensadas para estas situaciones.

Hay algunas empresas (pocas) que pueden mantener de forma estable un *payout* más alto, como del 80-100 % aproximadamente, y aun así seguir creciendo, por las particularidades de su negocio. Estas empresas suelen cotizar con un PER superior a la media, por lo que ahora veremos.

La zona correcta de compra para la rentabilidad por dividendo, habitualmente, está entre el 3 % y el 6 %, tanto para las empresas que tienen un *payout* normal del 40-60 % como para las que lo tienen cercano al 100 % (en estos casos suele «mandar» la rentabilidad por dividendo por encima del PER, y por eso cotizan a PER superiores a la media).

Imagina dos empresas que pagan un dividendo de 0,50 euros. Una tiene un *payout* del 50 % (tiene un BPA de un euro) y otra del 100 % (tiene un BPA de 0,50 euros).

Si las dos cotizasen a PER 10, entonces la del *payout* del 50 % cotizaría a 10 euros y la del *payout* del 100 % cotizaría a 5 euros. La primera tendría una rentabilidad por dividendo del 5 % y la segunda, del 10 %. Esto puede pasar, pero es más habitual que la del *payout* del 100 % cotice a 10 euros, con un PER de unas veinte veces y una rentabilidad por dividendo de alrededor del 5 % (similar a la de la empresa que tiene un *payout* del 50 %).

Recuerda que el precio inicial al que compremos una empresa es muy importante, pero lo es mucho más el crecimiento que tenga esa empresa en el futuro.

Los dividendos ordinarios se pueden pagar de una vez o de varias veces. Lo que importa es su importe total, no en cuántas veces se reparta el pago de ese dividendo. Por ejemplo, es lo mismo hacer un pago de un dividendo único de un euro que cuatro pagos de 0,25 euros.

Deuda y exceso de liquidez. Esto es importante para que veamos el mayor o menor riesgo que tiene una empresa. Básicamente, cuanto menor sea la deuda de una empresa, más bajo es su riesgo.

Las empresas, o tienen deuda, o tienen «dinero de sobra» (es lo que se llama «exceso de liquidez»).

Lo normal es que las empresas tengan deuda, y eso no es malo. Lo malo es que tengan demasiada deuda.

Tener exceso de liquidez es muy seguro, pero puede reducir la rentabilidad de la empresa (por no endeudarse para invertir más dinero en nuevos negocios y así hacer crecer más sus beneficios).

Simplemente quédate con la idea de que lo normal es que las empresas tengan deuda, y ahora vamos a ver cómo detectar si tienen demasiada en algún momento.

¿Cómo saber si una empresa tiene demasiada deuda?

Mirando el ratio deuda neta / EBITDA. Ambos datos (deuda neta y EBITDA) son publicados habitualmente por las empresas. Y, de hecho, lo habitual es que publiquen también su ratio deuda neta / EBITDA, así que solo tienes que entender qué es y consultarlo.

El EBITDA es un beneficio intermedio. Es decir, el beneficio neto que vimos antes es el beneficio real de la empresa, lo que les queda a los accionistas tras pagar todos los gastos e impuestos.

El EBITDA es un beneficio intermedio que resta algunos gastos, pero no todos (en concreto, es el beneficio antes de intereses, impuestos, amortizaciones y depreciaciones). Es un resultado intermedio que se utiliza para diversas cosas, como estimar la capacidad de la empresa para devolver su deuda con su negocio ordinario. Este es el principal uso del EBITDA en esta estrategia de inversión, y es lo que vamos a ver aquí.

En general, si el ratio deuda neta / EBITDA supera las tres o cuatro veces, la empresa puede tener algunos problemas para pagar su deuda. No es seguro que los tenga, eso dependerá de los resultados de la compañía en los siguientes trimestres y de la situación general de la economía. En el caso de las empresas de calidad (que son las que compramos en esta estrategia de inversión), en la inmensa mayoría de los casos las empresas que en algunos momentos llegan a tener un ratio deuda neta / EBITDA de hasta 3-4 veces no tienen problemas para devolver su deuda, aunque en principio lo deseable es que este ratio esté por debajo de tres veces.

Empresas muy estables como Redeia y Enagás pueden presentar ratios deuda neta / EBITDA de alrededor de cuatro o cinco veces y estar cómodas en esa situación.

Si una compañía no puede pagar su deuda con su negocio ordinario, entonces soluciona la situación de dos formas:

1. Vendiendo activos.
2. Haciendo una ampliación de capital.

Puede usar una de estas dos alternativas, o las dos. Ninguna es deseable porque ambas pueden reducir algo los beneficios por acción (BPA) futuros de la empresa. Lo ideal es que pague su deuda con su negocio ordinario.

Sin embargo, si en algún caso alguna empresa tiene que vender activos o ampliar capital, esto tampoco es el fin del mundo, e incluso es probable que sea una muy buena oportunidad de compra en ese momento para los inversores de largo plazo, si eso hace que su cotización haya caído.

El exceso de deuda es el mayor peligro para la reducción o supresión temporal de los dividendos. Más que las crisis. En las crisis las empresas de calidad habitualmente siguen ganando dinero y pagando dividendos, aunque puede que algo menos si no están muy endeudadas. Si están muy endeudadas, entonces los dividendos corren más riesgo de ser reducidos, hasta que se reduzca la deuda.

Para entender bien esto es muy importante que no tengamos mentalidad de depositantes (las personas que lo único que hacen es meter su dinero en depósitos del banco, como el abuelo de Joaquín). El dividendo no es como el interés de un depósito bancario, pero algo mayor, sino algo muy distinto y mucho mejor.

Recuerda siempre que el dinero que queda dentro de la empresa también es de los accionistas, no es dinero que se ha «perdido para siempre». La empresa es tuya y, por tanto, todo lo que hay «dentro» de ella también es tuyo. Muchas veces recortar el dividendo de forma temporal en el presente supone dividendos mayores en el futuro.

El mayor riesgo de las empresas sólidas no es la quiebra (lo que es altamente improbable), sino que tengan que realizar una ampliación de capital para arreglar errores del pasado. Esto suele producirse por exceso de deuda, no porque haya una crisis (si la empresa no está muy endeudada en esa crisis, como te decía antes).

No debe descartarse una buena empresa, en mi opinión, solamente porque tenga mucha deuda, porque recuerda que el mejor momento para invertir en una empresa suele ser cuando pasa por problemas temporales, y un caso típico de problema temporal es el exceso de deuda.

Quédate con la idea de que lo normal es que las empresas tengan deuda y que la situación esté controlada. En algunos pocos casos en los que la deuda llega a ser demasiado alta, existe la posibilidad de que reduzcan los dividendos de forma temporal para reducirla, pero esos casos suelen ser oportunidades muy buenas de compra, pues en esos momentos las empresas se pueden comprar a precios más baratos de lo habitual.

Valor contable. A diferencia de los ratios que hemos visto hasta ahora, que son útiles en todos los casos, el valor contable no lo es en todas las empresas. Pero hay situaciones en las que sí es útil y por eso te lo cuento.

El valor contable es el valor al que la empresa tiene contabilizados sus activos (restando sus deudas). Por ejemplo, si una empresa tiene una fábrica con un valor contable de cien millones de euros y una deuda de treinta millones de euros, entonces el valor contable de esa empresa es de setenta millones de euros (cien menos treinta).

Este valor no tiene por qué ser, y de hecho no suele ser, el precio de mercado de esos activos. Es decir, la mayoría de las veces el precio de esa empresa en Bolsa a la cotización actual no será de setenta millones de euros. A pesar de ello, es una referencia útil en muchos casos.

¿Cuándo es útil?

Tenemos que fijarnos cuando la cotización sea inferior al valor contable. Es decir, que el ratio precio / valor contable por acción sea inferior a uno.

El valor contable por acción se calcula dividiendo el patrimonio neto (que publica la empresa) entre el número de acciones que tenga la compañía, de forma similar a como hemos visto que se calcula el BPA. Muchas empresas ya lo dan calculado.

Por ejemplo, si el patrimonio neto de una empresa es de diez millones de euros y su capital social está formado por un millón de acciones, entonces su valor contable es de 10 euros por acción (10 millones / 1 millón = 10 euros).

Si el ratio precio / valor contable por acción es inferior a uno, entonces probablemente la empresa esté muy barata. Tenemos que mirar todos los demás ratios que hemos visto, pero las probabilidades de hacer una compra barata son muy altas. Así, si la empresa de nuestro ejemplo cotiza a 7 euros (un 30 % por debajo de su valor contable de 10 euros), probablemente esté muy barata.

¿En qué tipos de empresa es útil el valor contable? En eléctricas, bancos comerciales, seguros, petroleras y algunas otras. En general, es útil cuando tienen muchos activos (fábricas, terrenos, etcétera) y no es útil en las empresas de servicios, que suelen tener pocos activos.

Como verás, todo lo que hemos visto en este apartado es algo muy sencillo.

Es muchísimo mejor que te acostumbres a manejar con soltura estos ratios sencillos que acabamos de ver que calcular decenas y decenas de ratios, para luego no saber interpretarlos. Como te contaba antes, este es uno de los errores más comunes: hacer análisis largos y complicados que realmente no sabe interpretar ni la persona que los hace.

Invertir en Bolsa a largo plazo por dividendo es sencillo. En cuanto empieces a mirar empresas y consultar estos ratios, enseguida cogerás soltura con ellos.

> **Ideas principales**
>
> - Los datos principales que tienes que consultar para estimar si una empresa está cara o barata son los siguientes:
>
>   1. Ingresos.
>   2. Beneficio por acción (BPA).
>   3. PER (cotización / BPA).
>   4. Dividendo.
>   5. Rentabilidad por dividendo (dividendo / cotización × 100).
>   6. *Payout* (porcentaje del BPA que representa el dividendo).
>   7. Deuda.
>   8. Valor contable.

OTRAS CUESTIONES SENCILLAS QUE DEBES SABER PARA ANALIZAR EMPRESAS

A continuación te explicaré otros conceptos sencillos que debes conocer.

Las ampliaciones de capital

En principio no es bueno que una empresa haga una ampliación de capital, como hemos visto antes al hablar de la deuda. Puede haber ocasiones en las que sí lo sea, pero lo ideal es que las empresas no necesiten hacerlo.

Si hay una ampliación de capital captando dinero nuevo, entonces sucederá una de estas dos cosas:

1. Si nosotros no ponemos ese dinero nuevo, entonces entrarán accionistas nuevos que, a partir de este momento, se llevarán una parte de los beneficios y dividendos que hasta ahora nos llevábamos nosotros.

2. Si ponemos ese dinero nuevo para mantener nuestro porcentaje actual de beneficios y dividendos, entonces hemos tenido que dedicar más dinero a esta empresa para mantener el mismo porcentaje de los beneficios y de los dividendos que ya teníamos.

Cualquiera de estas dos alternativas puede ser buena si con ese dinero nuevo los beneficios crecen más que el número de acciones, pero no es lo más habitual. Lo habitual es que las ampliaciones de capital reduzcan algo nuestra rentabilidad en esa empresa respecto a la que habríamos tenido si esa empresa no hubiera ampliado capital. Tampoco son el fin del mundo, pero debes saber que en principio lo deseable es que las empresas no hagan ampliaciones de capital.

Lo bueno es que la mayoría de las empresas que son buenas para nuestra estrategia no hacen ampliaciones de capital, y posiblemente ninguna de tus empresas hará ampliación de capital nunca.

Ideas principales

- Aunque a veces son buenas, en general es preferible que las empresas no hagan ampliaciones de capital.
- Las ampliaciones de capital son poco habituales en las compañías que son buenas para la inversión a largo plazo por dividendos.

Las amortizaciones de acciones (o de autocartera)

Son la operación inversa a las ampliaciones de capital. Consisten en que la empresa compra sus propias acciones en el mercado y las hace «desaparecer».

Esto sí es bueno para los accionistas porque, a partir de ese momento, quedan menos acciones, así que cada una de ellas vale más y recibe más dividendos. Afortunadamente, en las empresas de calidad son muchísimo más habituales las amortizaciones de autocartera que las ampliaciones de capital.

Las amortizaciones de acciones (o de autocartera, pues se puede decir de las dos formas) son mejores cuanto más baratas compre la empresa sus propias acciones, lógicamente. No es lo mismo que una empresa compre el 1 % de su capital a un precio medio de 10 euros que de 20 euros. Si lo compra a un precio medio de 10 euros, le costará la mitad de dinero comprar ese mismo 1 % de su capital (o el porcentaje que sea) que si hace la compra a 20 euros, evidentemente.

Ideas principales

- Las amortizaciones de autocartera hacen que tus acciones valgan más y que cobres más dividendos.
- Muy probablemente todos los años varias de tus empresas harán amortizaciones de acciones.

«Alto y caro» y «bajo y barato» son cosas muy distintas

Una empresa que ha caído mucho puede estar muy cara.
Una empresa que ha subido mucho puede estar muy barata.
Una empresa que cotice a 0,01 euros puede estar muchísimo más cara que otra que cotice a 1.000 euros.

Así que la cotización, por sí sola, no nos dice absolutamente nada sobre si la empresa está cara o barata.

¿Qué debemos mirar entonces para ver si una empresa que cotiza a un euro está más cara o barata que otra que cotice a 10 euros?

Fundamentalmente, el PER y la rentabilidad por dividendo, como vimos antes.

> **Ideas principales**
>
> - Para ver si una empresa está cara o barata, principalmente debemos ver el PER y la rentabilidad por dividendo.

Las fusiones de empresas

Suelen ser buenas a largo plazo, pues mejoran la rentabilidad. Pero no todas son buenas ni son una «gran noticia» que cambie mucho la valoración de las empresas en el momento en que se producen.

Si ante el anuncio de una fusión hay una gran subida de las cotizaciones porque se genera mucha euforia (por las emociones de los inversores, más que por un análisis racional de la situación), entonces normalmente es mejor no comprar en ese momento porque lo más probable es que no haya cambiado mucho el valor de las acciones de ambas empresas y la cotización vuelva a retroceder antes o después.

La mejora de los beneficios que producen las fusiones suele conseguirse a lo largo de varios años, no es inmediata ni espectacular. Además, estos posibles beneficios no son «automáticos», sino que dependen de cómo se gestione la fusión.

En resumen, las fusiones suelen ser positivas, pero no aumentan la rentabilidad de una forma espectacular a corto plazo.

> **Ideas principales**
>
> - Las fusiones suelen ser buenas a largo plazo, pues mejoran la rentabilidad, pero no son una «gran noticia» que cambie mucho la valoración de las empresas en el momento en que se producen.

Split y contrasplit

Son operaciones neutras que no hacen a los accionistas ni más ricos ni más pobres. Simplemente se realizan para facilitar que se negocien más acciones de esa empresa en la Bolsa, por tener un precio que resulte más cómodo para los inversores.

El *split* consiste en dividir una acción en varias. De una acción se crean cinco, por ejemplo. De este modo, si nosotros teníamos cien acciones, pasamos a tener quinientas. Pero no ganamos nada porque el número total de acciones de la empresa sube de un millón a cinco millones. Así que el BPA y el dividendo de cada una de esas cinco acciones es la quinta parte de la acción original. Por tanto, seguimos teniendo el mismo porcentaje de la empresa y seguimos cobrando la misma cantidad de dividendos.

El *contrasplit* consiste en agrupar varias acciones en una. De cinco acciones se crea una, por ejemplo. De este modo, si nosotros teníamos quinientas acciones, pasamos a tener cien. Pero no perdemos nada porque el número total de acciones de la empresa se reduce de cinco millones a un millón, así que el BPA y el dividendo de cada una de esas nuevas acciones es cinco veces mayor que los de las acciones originales. Por tanto, igualmente, seguimos teniendo el mismo porcentaje de la empresa y seguimos cobrando la misma cantidad de dividendos.

Ideas principales

- Ni el split ni el contrasplit te hacen más ni menos rico. Simplemente se hacen para facilitar la negociación de las acciones.

Otras cosas que debes tener en cuenta para invertir bien en Bolsa

¿Es posible comprar en mínimos?

No, no es posible. Puede pasarnos alguna vez por casualidad, pero será una anécdota. Y ni debe ser nuestro objetivo ni lo necesitamos para conseguir nuestro verdadero fin: la Independencia Financiera.

No vamos a ganar mucho más dinero en nuestra vida por hacer diez compras en mínimos que por hacer cinco. El dinero no está ahí. El dinero está en la constancia y en la paciencia.

Sí es verdad que cuando la Bolsa cae intentamos comprar lo más cerca posible del mínimo de la caída, e intentarlo está bien. Pero sabiendo que, si lo conseguimos será más casualidad que acierto o conocimiento, y no preocupándonos ni lo más mínimo si no lo logramos.

Lo correcto es hacer muchas compras pequeñas, a muchos precios distintos, y eso es lo que nos asegura un muy buen resultado a largo plazo.

Las compras se pueden hacer a intervalos regulares de tiempo (todos los meses o cada tres meses, por ejemplo), de forma discrecional (cuando creamos que una empresa está barata) o de ambas formas a la vez. Así, podemos hacer una compra cada tres meses al principio de cada trimestre, y además hacer otras dos compras en cualquier momento de ese trimestre, sin establecer una fecha de antemano, cuando veamos que dos empresas están baratas.

Si hay una caída fuerte de la Bolsa, entonces creo que debemos concentrar las compras más de lo habitual, ya que estos son los mejores momentos para comprar a largo plazo, aunque el ambiente no invite a hacerlo (precisamente por eso son los mejores momentos para comprar, porque casi nadie quiere hacerlo, y por eso es cuando más baratas están las empresas). Esto es lo que ya vimos al hablar de los cracs.

Ideas principales

- El dinero no está en hacer algunas compras en mínimos por suerte, sino en la constancia y en la paciencia.
- Hacer muchas compras pequeñas, a muchos precios distintos, es lo que nos asegura un muy buen resultado a largo plazo.
- Puedes hacer las compras a intervalos regulares de tiempo (todos los meses o cada tres meses, por ejemplo), de forma discrecional (cuando creas que una empresa está barata) o de ambas formas a la vez.
- Si hay una caída fuerte de la Bolsa, entonces creo que debemos concentrar las compras más de lo habitual.

¿Dónde guardar la liquidez que tengamos hasta que hagamos la próxima compra de acciones?

Lo mejor son las cuentas remuneradas y los fondos monetarios, que ya hemos visto. Lo importante es poder utilizar ese dinero rápidamente, no sacarle mucha rentabilidad (porque no es posible sacar mucha rentabilidad a ese dinero, ya que debe estar disponible de forma inmediata, o casi). La rentabilidad que le saquemos a este dinero va a ser siempre baja, pero no pasa nada. El dinero se gana con la Bolsa, no dedicando mucho tiempo a sacar unas décimas más de interés al año a la liquidez que tengamos para comprar acciones.

Ideas principales

- Las mejores alternativas para guardar nuestra liquidez son:

    1. Cuentas remuneradas. Consisten en prestarle dinero al banco.
    2. Fondos monetarios. Son fondos que invierten Letras del Tesoro.

¿Cómo reinvertir los dividendos en la compra de más acciones?

El dinero cobrado por los dividendos lo sumamos al ahorro mensual, y no se distingue uno de otro.

Es decir, no hay que reinvertir los dividendos de Telefónica en acciones de Telefónica, los dividendos de Inditex en acciones de Inditex, etcétera, sino que, con el ahorro mensual más los últimos dividendos que hayamos cobrado, hacemos la siguiente compra de 1.000 euros (o 500, o 1.500, o el importe que hayamos establecido, como vimos antes).

Por ejemplo, juntamos los 300 euros que hemos ahorrado este mes con un dividendo de 150 euros que hemos cobrado de Danone y otro dividendo de 50 euros que hemos cobrado de Mercedes, y con esos 500 euros (300 + 150 + 50 = 500) hacemos una compra de 500 euros de Iberdrola.

Las OPV no suelen ser buenos momentos de compra

Una OPV (oferta pública de venta) es la forma habitual de que una empresa empiece a cotizar en Bolsa.

En los años noventa hubo muchas OPV de empresas públicas en España (Telefónica, Endesa o Repsol). En todas ellas se ganó dinero desde el primer día. Eran aciertos seguros, y los motivos de que esto fuera así fueron estos:

1. Los compradores eran también votantes (o posibles votantes) de los políticos que sacaban esas empresas a Bolsa.
2. Había muchas empresas públicas que vender y a lo largo de muchos años. Si las primeras OPV hubieran salido mal, entonces no habría habido compradores suficientes para las siguientes. Por eso había que atraer a muchos compradores, y eso se hizo vendiendo las acciones a precios muy atractivos.
3. En general, coincidieron con momentos alcistas en la Bolsa.

Esto fue algo excepcional, que ya pasó.

De cara al futuro, los dueños de las empresas que venden en una OPV suelen buscar vender al precio más alto posible, lo cual choca con los intereses de los compradores (nosotros).

Puede seguir habiendo OPV interesantes (por ejemplo, Aena en 2015, también empresa pública, o Inditex en 2001, privada, fueron compañías muy buenas que salieron a cotizar a precios muy buenos interesantes), pero lo habitual es que los precios de las OPV sean caros, y por tanto en la mayoría de los casos lo mejor es que no compremos. La forma de ver si una empresa que sale a Bolsa está cara o barata es aplicando todo lo que ya hemos visto (fundamentalmente el PER y la rentabilidad por dividendo).

En algunas OPV salen a cotizar empresas que son buenas para el largo plazo, pero salen a precios caros. En estos casos simplemente hay que dejar pasar el tiempo hasta que podamos comprar esas empresas a precios más baratos.

Ideas principales

- A veces alguna OPV es una buena oportunidad de compra, pero en general no son buenos momentos de compra porque las acciones se venden caras en las OPV.

Cómo actuar en los puntos extremos de mercado

Hay dos situaciones que se repiten de forma periódica:

1. Casi todo el mundo quiere vender, porque «el mundo se hunde».
2. Casi todo el mundo quiere comprar, porque «la Bolsa se va a disparar».

Cuando casi todo el mundo quiere vender debemos comprar, y con más intensidad de lo habitual. Puede costar psicológicamente las primeras veces, pero son las mejores oportunidades de compra. Lo que no hay que hacer en estos casos bajo ningún concepto es vender, pues son los peores momentos para hacerlo.

Cuando casi todo el mundo quiere comprar, casi siempre lo que hay que hacer es no comprar (en esta estrategia de inversión no vendemos, ni por mucho que suba la Bolsa ni por mucho que creamos que va a bajar, ya que si vendemos corremos el gran riesgo de perdernos una gran subida de las que nos cambian la vida, como comentamos antes).

Digo «casi siempre» porque puede haber momentos en esas grandes subidas en los que casi todo el mundo quiera comprar y lo correcto sea seguir comprando. No te puedo dar una fórmula matemática para detectar estos casos, pero son situaciones que pasan pocas veces en la vida de una persona (aunque en ocasiones suceden y por eso no hay que vender, para no perderse ninguna de estas grandes subidas).

Ideas principales

- Cuando casi todo el mundo quiere vender debemos comprar, y con más intensidad de lo habitual.

¿Cómo influyen los tipos de interés en la Bolsa?

En general, las bajadas de los tipos de interés son buenas para la Bolsa y las subidas de tipos de interés son malas para la Bolsa.

La teoría es la siguiente.

Cuando bajan los tipos de interés:

1. Las empresas tienen que pagar menos dinero por sus deudas, y eso hace aumentar sus beneficios y sus dividendos.
2. Las rentabilidades por dividendo de las acciones se vuelven más atractivas respecto a los bonos, y eso hace que haya gente que venda bonos y compre acciones.

Cuando suben los tipos de interés:

1. Las empresas tienen que pagar más intereses por sus deudas, y eso hace que crezcan menos sus beneficios y dividendos.
2. Las rentabilidades por dividendo de las acciones se vuelven menos atractivas respecto a los bonos, y eso hace que haya gente que venda acciones para comprar bonos.

Pero, en la práctica, no siempre que bajan los tipos de interés sube la Bolsa, y no siempre que suben los tipos de interés baja la Bolsa.

Porque en los mercados influyen millones de cosas, y aunque los tipos de interés son una de las más importantes, hay muchas otras que pueden moverse en la dirección contraria a los tipos de interés y contrarrestar su efecto. Así que debemos entender cómo influyen los tipos de interés en teoría, pero no saques la conclusión de que siempre que bajen los tipos de interés subirá la Bolsa y siempre que suban los tipos de interés bajará la Bolsa, porque muchas veces no es así.

Ideas principales

- En general, las bajadas de los tipos de interés son buenas para la Bolsa, y las subidas de tipos de interés son malas para la Bolsa.
- Pero, en la práctica, no siempre que bajan los tipos de interés sube la Bolsa, y no siempre que suben los tipos de interés baja la Bolsa.

Recomendaciones contradictorias

Lo normal es que siempre veas recomendaciones contradictorias en unos sitios y otros.

Unos recomiendan comprar y otros vender.

A unos les gusta mucho una empresa y a otros no les gusta nada.

Etcétera.

Recuerda siempre que hay muchísimas estrategias y formas de invertir, y que lo que es adecuado para unas no lo es para las otras. En un mismo momento puede ser correcto que un inversor de largo plazo compre BBVA mientras un *trader* (inversor que hace operaciones comprando y vendiendo rápidamente) de corto plazo lo vende, y que ambos ganen dinero en su plazo de tiempo (el inversor, a largo plazo, y el *trader*, a corto plazo).

Además, el problema de la sobreinformación cada vez es mayor, y leer miles y miles de opiniones hace tomar peores decisiones, como ya hemos visto.

Ideas principales

- Hay muchísimas estrategias y formas de invertir, y lo que es adecuado para unas no lo es para las otras.
- El problema de la sobreinformación cada vez es mayor, y leer miles y miles de opiniones hace tomar peores decisiones.

Los movimientos de corto plazo no tienen explicación

Quizá esta sea una de las cosas que más quebraderos de cabeza da cuando se empieza a invertir en Bolsa, y es bueno saber lo antes posible que no merece la pena dedicarle tiempo a este tema.

En los movimientos de corto plazo influyen millones de factores. Nadie los conoce ni es capaz de analizarlos.

Predecir los movimientos de corto plazo de la Bolsa escapa por completo a las capacidades de la mente humana. Intentarlo sirve para rellenar muchas páginas de periódico, horas de radio y de YouTube, pero es una pérdida de tiempo para los que consumen esa información.

Hay momentos en los que parece que los movimientos de corto plazo sí tienen explicación, pero no es así. Creer que se ha encontrado alguna causa a los movimientos de corto plazo puede llevar a cometer graves errores si esa sensación de que se sabe lo que va a hacer la Bolsa mañana hace que uno se desvíe de su estrategia.

Los datos fundamentales de la economía y de las empresas influyen poco en los movimientos diarios de las cotizaciones. Donde sí son determinantes es en el largo plazo, y esa es una de las bases de esta estrategia que te estoy explicando.

Si las empresas ganan mucho más dinero en el futuro, entonces pagarán muchos más dividendos y cotizarán a precios más altos. Esto sí lo sabemos.

Yo no pierdo ni un segundo intentando encontrar la explicación de por qué ayer bajó la Bolsa y antes de ayer subió.

Descuento de los dividendos en la cotización

Es una de las principales críticas que se hacen a esta estrategia que estamos viendo.

Se dice que las cotizaciones descuentan los dividendos y eso es una verdad a medias, que son las peores mentiras.

Es más correcto verlo desde el otro lado. Es decir, lo que sucede realmente es que el dinero que se va acumulando en la empresa para pagar el próximo dividendo «infla» la cotización, y al pagar el dividendo se normaliza la cotización. Pero en ese momento ya se está acumulando dinero nuevo para el próximo dividendo.

¿Vale menos un naranjo por dar su cosecha de naranjas o una vaca por dar su leche diaria? Todo el mundo sabe que ese naranjo volverá a dar naranjas el año que viene y que esa vaca volverá a dar leche mañana, y precisamente eso es lo que hace que ese naranjo y esa vaca tengan valor.

Te doy un dato que creo que es muy esclarecedor.

Un dólar invertido en el año 1900 en la Bolsa de Estados Unidos se habrá convertido en 575 dólares en 2024 si no tenemos en cuenta los dividendos que pagaron las empresas en todos esos años.

Sin embargo, si consideramos los dividendos pagados por las empresas, entonces ese dólar de 1900 se habrá convertido en más de 70.000 en 2024.

Los dividendos son la principal fuente de rentabilidad de la Bolsa, con muchísima diferencia. Además, y por suerte para ti, para mí y para todo el que lo sepa, son también la forma más fácil y segura de ganar dinero en los mercados.

> **Ideas principales**
>
> - Lo que sucede realmente es que el dinero que se va acumulando en la empresa para pagar el próximo dividendo «infla» la cotización.
> - ¿Vale menos un naranjo por dar su cosecha de naranjas o una vaca por dar su leche diaria?
> - Los dividendos son la principal fuente de rentabilidad de la Bolsa, con muchísima diferencia. Y también la forma más fácil y segura de ganar dinero en los mercados.

Los rumores suelen ser información malintencionada

Algún rumor es verdad, pues si no los rumores dejarían de tener efecto. Pero el objetivo de un rumor suele ser atraer compradores hacia algo que va a caer, para que el que lo lance pueda vender sus acciones al precio más alto posible.

O asustar a los accionistas de una empresa para que el que lanza el rumor pueda comprar lo más barato posible.

Por eso, seguir los rumores es una estrategia perdedora.

> **Ideas principales**
>
> - Seguir los rumores es una estrategia perdedora.

Alégrate de que los bajistas vendan las acciones que quieres comprar

> —¡Acabo de oír que esa empresa que estabas pensando comprar está siendo atacada por los inversores bajistas!
> —¡No me digas!
> —Supongo que por eso ha caído tanto.
> —Debe haber sido por eso. ¿Y ahora qué hago?
> —A mí eso de los bajistas me da mucho miedo.
> —A mí también.
> —Deberías pensártelo bien.
> —Ya me lo he pensado. Mientras los bajistas estén atacando a la empresa, yo no compraré.

En el mundo de la Bolsa hay cosas que dan mucho miedo tan solo porque no se conocen, y la imagen que se ha creado de ellas es totalmente distinta de la realidad. Por eso es muy importante que tú las entiendas bien, para que inviertas mucho mejor y con mucha más confianza.

Una de estas cosas que dan mucho miedo, pero no debería ser así, son los inversores bajistas.

¿Qué son los inversores bajistas?

Los inversores bajistas son aquellos que ganan dinero cuando baja la Bolsa.

¿Cómo se hace eso?

Lo normal (cuando se invierte a corto o medio plazo) es primero comprar y después vender. Se compra cuando se cree que las acciones están baratas e idealmente se vende más adelante, cuando están caras.

Pues bien, los inversores bajistas hacen justo lo contrario: primero venden las acciones (sin tenerlas) cuando creen que están caras e idealmente las compran más adelante, cuando han caído de precio. Su beneficio es la diferencia entre vender caro primero y comprar barato después. Esto es lo que se suele llamar «atacar» a una empresa.

¿Se pueden vender unas acciones sin tenerlas?

Aquí está la clave para entender esto bien, así como tener claro que no debes tener miedo a los inversores bajistas, sino alegrarte de que gracias a ellos podrás comprar acciones a mejores precios.

Para vender unas acciones sin tenerlas, primero hay que pedirlas prestadas.

¿Quién tiene esas acciones y se las presta a los inversores bajistas? Normalmente los que prestan sus acciones a los inversores bajistas son los fondos de inversión y los ETF (fondos indexados).

Así que los inversores bajistas les piden prestadas a los fondos de inversión y los ETF un millón de acciones de BMW, por ejemplo.

Después, los inversores bajistas venden ese millón de acciones en el mercado.

Ahora es cuando ves en los medios de comunicación que «los inversores bajistas están atacando BMW», y muchos inversores tienen miedo de comprar acciones de BMW porque «eso de que los bajistas ataquen la empresa que ellos quieren comprar» no lo entienden y se asustan.

Por eso es muy importante que sepas cómo funciona esto realmente.

Cuando ves en los medios de comunicación que «los bajistas están atacando BMW (o la empresa que sea)», esos inversores bajistas ya han vendido ese millón de acciones en el mercado y ya han hecho caer la cotización de BMW todo lo que está a su alcance, al vender en poco tiempo ese millón de acciones.

La situación ahora es que esos inversores bajistas *deben* ese millón de acciones a esos fondos de inversión y ETF que se las prestaron.

Y como pasa con cualquier deuda, la tienen que devolver.

Si tú pides una hipoteca de 100.000 euros al banco, tienes que devolverle esos 100.000 euros a la entidad, más los intereses, en el plazo que hayáis acordado. En el caso de las hipotecas el plazo suele ser de entre veinte o treinta años.

Con las acciones prestadas pasa exactamente lo mismo. Los inversores bajistas tienen que devolver, sí o sí, las acciones que han pedido prestadas a los fondos de inversión y ETF.

La clave está en que tienen que devolver exactamente las mismas acciones que han pedido prestadas. Si han pedido prestadas un millón de acciones de BMW, no pueden devolver en su lugar un millón de acciones de Renault, o de Microsoft, o X millones de euros, etcétera.

Tienen que devolver exactamente un millón de acciones de BMW.

Más los intereses, claro, que estos sí se pagan en dinero en efectivo. Porque los fondos de inversión y los ETF no prestan sus acciones gratis, sino a cambio de unos intereses.

¿Y de dónde sacan ahora esos inversores bajistas un millón de acciones de BMW?

Las tienen que comprar en la Bolsa.

¿Qué quiere decir esto?

Que cuando tú ves en los medios de comunicación que «los inversores bajistas están atacando BMW», estos ya han vendido ese millón de acciones de BMW y lo que tienen que hacer ahora es *comprar* ese millón de acciones de BMW. Al comprar ese millón de acciones, lógicamente, harán subir la cotización.

Es decir, cuando mucha gente tiene miedo y no compra al ver esos titulares sobre los inversores bajistas, la situación real es que, muy probablemente, esa caída está terminando, pues más pronto que tarde los inversores bajistas tendrán que recomprar las acciones que vendieron hace unos días o semanas.

¿Qué plazo de tiempo tienen los inversores bajistas para devolver las acciones que pidieron prestadas, más los intereses?

No es un plazo fijo, porque lo acuerdan los inversores bajistas y los fondos de inversión en cada operación que hacen, pero generalmente son plazos cortos, de unas semanas o unos pocos meses.

¿En qué te beneficia a ti saber todo esto?

Lo primero es que, al conocer este funcionamiento, tendrás mucha más confianza y seguridad al invertir en Bolsa porque lo entenderás todo mucho mejor.

Lo segundo es que los bajistas suelen hacer caer las cotizaciones más de lo que caerían si no existieran los inversores bajistas. Pero son caídas temporales y puntuales porque, como hemos visto, poco tiempo después de provocar esas caídas tienen que recomprar esas mismas acciones, y con ello las cotizaciones vuelven a subir.

Tú puedes aprovechar esas caídas extras que provocan los bajistas, comprando acciones en esos momentos en los que han caído considerablemente y mucha gente tiene miedo de comprar. Porque tú ahora ya sabes que pronto los bajistas tendrán que comprar esas mismas acciones y, con ello, harán subir las cotizaciones.

> **Ideas principales**
>
> - Cuando mucha gente tiene miedo y no compra al ver esos titulares sobre los inversores bajistas, la situación real es que, muy probablemente, esa caída está terminando.
> - Tú puedes aprovechar esas caídas extras que provocan los bajistas, comprando acciones en esos momentos en los que han caído considerablemente y mucha gente tiene miedo de comprar.

Los ciclos bursátiles

He visto muchas teorías sobre los ciclos bursátiles (en qué año se marcarán los próximos máximos y mínimos de mercado), pero no he encontrado ninguna que funcione siempre.

Veo muy difícil que haya alguna que llegue a funcionar siempre, porque la economía está en constante movimiento y evolución, así que creo que no hay que dedicar tiempo a esto.

¿Qué comisiones hay que pagar para invertir en Bolsa?

Las comisiones más importantes al invertir a largo plazo son:

1. La comisión de mantenimiento: se paga todos los años, generalmente en dos o cuatro veces (semestral o trimestral).
2. La comisión de cobro de dividendos: se paga cada vez que se cobra un dividendo.

En general, a la hora de buscar bróker yo daría preferencia a los que tengan unas comisiones de mantenimiento y de cobro de dividendos lo más bajas posible. Actualmente ya hay varios brókeres que cobran cero euros por las comisiones de mantenimiento y de cobro de dividendos.

Otras comisiones habituales, menos importantes para los inversores de largo plazo, son:

1. Las comisiones de compra y de venta: se paga cada vez que se compran o se venden acciones.
2. Las comisiones por ampliaciones de capital, *splits*, *contrasplits*, compra de derechos, venta de derechos, etcétera: se pagan cada vez que se realiza una de estas operaciones, que son muy poco habituales. Son comisiones de pequeño importe.

Ideas principales

- Las comisiones más importantes son las de mantenimiento y cobro de dividendos. En muchos brókeres son cero euros.
- Las de compra y venta son menos importantes.
- Hay otras comisiones por operaciones especiales que suceden pocas veces y son pequeñas.

La psicología es decisiva, y eso es una buena noticia para ti

Porque si lo decisivo fuera la inteligencia, entonces una minoría muy inteligente se llevaría casi todas las ganancias y el resto de la gente estaría prácticamente condenada a perder.

El hecho de que lo más importante, con muchísima diferencia, sea la psicología es lo que hace que cualquiera, sea cual sea su nivel intelectual, pueda obtener buena rentabilidad en Bolsa, y eso es algo espectacularmente bueno.

Peter Lynch, uno de los inversores más famosos del mundo, dijo que «el destino de un inversor lo marca su estómago, no su cerebro», y es así.

En las fuertes caídas, no vendas nunca. Compra todo lo que puedas.

Y no te metas en burbujas cuando sepas que esa empresa que todo el mundo quiere comprar está cara.

Con un conocimiento muy superior a la media, pero una psicología traicionera, es muy difícil que un inversor obtenga buenos resultados.

Sin embargo, con un conocimiento básico pero una psicología correcta, es prácticamente seguro que te irá muy bien en la Bolsa.

> **Ideas principales**
>
> - Gracias a que la psicología es lo más importante, cualquiera puede obtener buena rentabilidad en Bolsa.
> - En las fuertes caídas, no vendas nunca. Compra todo lo que puedas.
> - No te metas en burbujas cuando sepas que esa empresa que todo el mundo quiere comprar está cara.

SI CONOCES ESTE «SECRETO», TE SERÁ FÁCIL COMPRAR CUANDO LA BOLSA ESTÁ BARATA Y CASI TODO EL MUNDO TIENE MUCHO MIEDO

> La Bolsa llevaba unos días cayendo a principios de mayo. No era una caída muy grande, pero Marisa empezó a ponerse nerviosa y vendió una pequeña parte de las acciones que tenía. Ese fin de semana había quedado para jugar al tenis con su prima Olga.
> —¿Has visto lo de la Bolsa?
> —¿Qué ha pasado? —preguntó Olga.
> —¿No has visto cómo está cayendo?
> —Bueno, yo no creo que tenga importancia. La verdad es que no he mirado mucho la Bolsa en los últimos días. Sí recuerdo haber visto de pasada que había caído alguna jornada, pero no me pareció que tuviera importancia.
> —Yo no lo veo claro, así que he vendido unas pocas acciones, por si acaso.
> Esa mañana ambas jugaron bien al tenis y se lo pasaron muy bien.

En la siguiente semana, la Bolsa subió algún día un poco, pero la mayoría de los días cayó.

Marisa siguió vendiendo sus acciones poco a poco. Ningún día hacía una gran venta de acciones, pero casi todos vendía algunas de ellas para reducir su riesgo en caso de que la Bolsa siguiera cayendo.

—Supongo que ahora sí habrás visto que la Bolsa está cayendo, ¿verdad? —le preguntó a su prima Olga por WhatsApp.

—Sí, ahora sí que lo veo. Pero tampoco me parece algo exagerado.

—Yo estoy vendiendo algunas acciones todos los días porque tengo miedo de que pueda caer mucho más.

—Yo creo que es mejor estar tranquila.

—¿Tranquila? ¿No has visto noticias como esta que te acabo de pasar?

Ese fin de semana hablaron más de la Bolsa que de tenis, pues Marisa estaba cada vez más nerviosa.

Unos días después, la Bolsa empezó a salir en los telediarios: «La Bolsa ha caído mucho desde que empezó el mes...».

Entonces Marisa se asustó de verdad y vendió todas las acciones que le quedaban.

A partir de ahí casi no hacía otra cosa que mirar las webs de noticias de Bolsa. Todo eran caídas, malas noticias y predicciones, analistas que daban datos malos y decían que el futuro estaba muy negro...

Pero parecía que Olga vivía en otro mundo.

—Pero ¡¿cómo vas a comprar acciones ahora?! ¡¿No ves las noticias?!

—Sí las veo, pero supongo que todo esto pasará.

—Sí, pasará, pero dentro de mil años. Cuando ya seamos viejas. No entiendo cómo puedes estar comprando acciones ahora, ¡si todo el mundo está preocupadísimo por la crisis que se nos viene encima y no paran de vender sus acciones. Además, ¿tampoco has visto que cada vez hay más posiciones bajistas de grandes fondos de inversión? ¿Qué pasa, que eres tú más lista que ellos?

> Marisa ya no podía dormir. No paraba de mandarle noticias catastrofistas a Olga continuamente, varias veces al día. Y la verdad es que todo el mundo estaba así, tanto en los medios de comunicación como en todo tipo de webs, grupos de WhatsApp y Telegram, etcétera.
> La rara era Olga, que estaba comprando acciones, porque casi todo el mundo había vendido ya todas las acciones que tenía, preparándose para la gran crisis que se venía encima.
> Unas semanas después, la Bolsa empezó a subir y todo el mundo comenzó a estar ya más tranquilo. Más tranquilos, pero muchos de ellos sin acciones, pues las habían vendido todas a precios más bajos y ahora no querían comprarlas más caras de lo que las habían vendido.
> Olga, sin embargo, estaba ganando dinero con las acciones que había comprado cuando todo el mundo estaba vendiendo.
> ¿Sabía Olga adivinar el futuro?
> No, ella sabía de lógica y de matemáticas.

Lo que acabamos de ver en la historia de Marisa y Olga es lo que sucede en todas las caídas fuertes de la Bolsa, y tiene una explicación muy lógica y racional que debes conocer porque te dará una gran ventaja y mucha confianza a la hora de invertir.

Las caídas de las Bolsas marcan los mínimos cuando más miedo tiene la gente a que la Bolsa caiga mucho más.

¿Por qué?

Parece que debería ser al revés, ¿verdad? Porque si todo el mundo, o casi todo el mundo, cree que la Bolsa va a caer mucho más, parece que lo lógico es que la mayoría acierte, y efectivamente la Bolsa caiga mucho más. Al fin y al cabo, son muchos millones de personas, con conocimientos sobre la Bolsa, y si todos ellos, o casi todos ellos, se ponen de acuerdo en que la Bolsa va a caer, tras haber analizado los últimos datos publicados, parece evidente que deben tener razón.

¿O es que acaso sería normal que si muchos ingenieros se pusieran de acuerdo en cómo diseñar un puente estuvieran todos equivocados? Es evidente que no, y el hecho es que no ha pasado nunca algo así.

Entonces ¿por qué la Bolsa funciona de una forma totalmente distinta a la ingeniería, si al fin y al cabo tanto en la Bolsa como en la ingeniería hay «muchos números»?

Porque la ingeniería no consiste en adivinar el futuro... y la Bolsa tampoco (aunque mucha gente cree que sí, y ese es su mayor error).

La ingeniería consiste en hacer cálculos usando leyes físicas, para llegar a la mejor solución en cada caso.

Sin embargo, por muchos cálculos que hagamos al invertir en Bolsa, nunca adivinaremos lo que va a suceder en el futuro.

Hay que tener conocimientos sobre cómo funciona la Bolsa, por supuesto. Pero esos conocimientos son fáciles de obtener y los puede conseguir cualquiera. Lo que marca la diferencia entre unos inversores y otros es la psicología (que no tiene ninguna influencia sobre la ingeniería, como es evidente).

Así que, sí, tanto en la Bolsa como en la ingeniería hay «muchos números». La diferencia es que en la ingeniería esos números son la clave mientras que en la Bolsa son algo secundario, pues la clave de la Bolsa está en la psicología. Lo cual es muy buena noticia para ti, porque adquirir la psicología adecuada es algo que puede hacer todo el mundo, mientras que hacer montones de cálculos para intentar adivinar el futuro no tiene ninguna utilidad.

Entonces ¿por qué la Bolsa marca los mínimos de sus caídas cuando más gente tiene mucho miedo a que caiga mucho más?

Porque cuando los inversores miedosos tienen más miedo a que caiga la Bolsa, ya han vendido todas sus acciones y ya no tienen más acciones que vender. Vuelve a leer la frase, y quédate con lo de que «ya no tienen más acciones que vender».

Vamos a suponer que Marisa representa a todos los inversores susceptibles de ponerse nerviosos cuando llega una caída fuerte de la Bolsa.

Y Olga representa a todos los inversores tranquilos, que no van a vender sus acciones porque caiga la Bolsa, pues conocen este «secreto» que vamos a ver ahora. Y no solo no van a vender, sino que irán comprando más acciones cuanto más bajos sean los precios.

Empezamos en una situación de equilibrio, en la que Marisa tiene 100 acciones y Olga tiene otras 100 acciones.

Suponemos, para facilitar el ejemplo y que se entienda mucho mejor, que en todo el mundo solo existen estas 200 acciones.

En cuanto la Bolsa empieza a caer un poco, los inversores más nerviosos (Marisa) venden 5 acciones, por si acaso la Bolsa cae más.

¿Quiénes compran esas 5 acciones?

Los inversores más tranquilos (Olga).

Así que ahora Marisa tiene 95 acciones y Olga tiene 105. Es muy importante que te fijes en que ya se ha roto el equilibrio: ahora los inversores más nerviosos tienen menos acciones que los inversores más tranquilos.

Unos días después, la Bolsa cae un poco más y los inversores más nerviosos venden otras 10 acciones, que compran los inversores más tranquilos.

Así que Marisa reduce su número de acciones a 85 y Olga lo aumenta a 115.

Cuando las caídas empiezan a coger una velocidad mayor de lo habitual, el nerviosismo de los inversores más nerviosos empieza a acelerarse y venden más acciones. Por ejemplo, 35 acciones más.

Así que Marisa se queda solo con 50 acciones, mientras que Olga ya tiene 150.

En los últimos coletazos de la caída, cuando las bajadas de la Bolsa salen a diario en todos los telediarios y los pronósticos de que viene una crisis tremenda ya los oye continuamente hasta la persona más despistada, el miedo de los inversores más nerviosos llega a su tope y venden las 50 acciones que les quedaban.

¿Quiénes son los únicos que pueden comprar esas 50 acciones?

Como ya te habrás imaginado, los únicos que pueden comprar esas 50 últimas acciones que acaban de vender los inversores más nerviosos son los inversores más tranquilos.

Así que Marisa se queda con 0 acciones y Olga pasa a tener las 200 acciones que existen en el mundo. Esas 200 acciones son ahora propiedad de los inversores más tranquilos, que no las piensan vender.

¿Cómo está ahora Marisa?

Más nerviosa que nunca. Esperando que en cualquier momento «estalle el planeta» y todo el mundo se quede en paro, quiebren todas las empresas, etcétera.

Por eso ahora es cuando Marisa pone más mensajes, y más catastrofistas que nunca, en todas las redes sociales y grupos de WhatsApp, e incluso lo comenta en sus conversaciones con sus amigos, compañeros de trabajo y familiares.

Pero piensa una cosa: ¿qué puede hacer ya Marisa para que caigan más las cotizaciones?

Realmente, nada.

Cuando tenía 100 acciones sí que podía hacer algo para que cayera la Bolsa.

¿Qué podía hacer entonces?

Ir vendiendo sus acciones a precios cada vez más bajos, que es lo que hizo. Porque, en realidad, no es que la Bolsa baje por sí sola, como si tuviera vida propia, y eso asuste a los inversores nerviosos. Sino que son los inversores nerviosos los que hacen que la Bolsa, vendiendo sus acciones a precios cada vez más bajos.

Por eso, cuando Marisa aún tenía acciones podía hacer caer la Bolsa, vendiendo sus acciones a precios cada vez más bajos.

Pero ahora que ya no tiene ninguna no puede venderlas, ni a precios cada vez más bajos ni a ningún precio, pues ya no tiene ninguna acción que vender.

Lo único que puede hacer es expresar su miedo, su enorme miedo, en público. Pero como Olga es una inversora tranquila y conoce este «secreto» que acabamos de ver (que los inversores más nerviosos ya no tienen acciones y, por tanto, no pueden seguir vendiendo acciones a precios cada vez más bajos), lo que va a hacer es ignorar los mensajes de Marisa y mantener sus 200 acciones.

¿Cuándo empezará Olga a vender sus 200 acciones?

Cuando Marisa se tranquilice y empiece a darse cuenta de que se equivocó. Esa tremenda crisis que iba a arrasar con todo no ha llegado, y resulta que Marisa ya no tiene acciones, pero sí tiene en su cuenta el dinero que le dieron por venderlas.

El problema para Marisa es que Olga, que es una inversora tranquila y sabe todo esto, no le va a vender una parte de sus acciones al mismo precio que se las compró, sino más caras.

Y así es como pasa el dinero de los inversores nerviosos a los inversores tranquilos en todas las caídas de la Bolsa. No es magia, ni conocimientos ocultos extraños, ni nada por el estilo. Es simple lógica y sentido común.

Por eso, la próxima vez que caiga la Bolsa recuerda que, cuanto más nerviosos están los inversores, más débiles mentalmente y más lo muestran en las redes sociales y en cualquier otro sitio, menos acciones les quedan por vender y, por tanto, más cerca está el final de esa caída. A pesar de todos los mensajes catastrofistas que veas o, precisamente, gracias a ellos. Porque todos esos mensajes catastrofistas te están indicando que los inversores más nerviosos ya están a punto de quedarse sin acciones, si no lo han hecho ya, y no podrán hacer caer más la Bolsa.

Así que el final de esa caída y el inicio de la siguiente subida están cada vez más cerca.

Ideas principales

- Las caídas de las Bolsas marcan los mínimos cuando más miedo tiene la gente a que la Bolsa caiga mucho más.
- Porque cuando la gente tiene más miedo a que caiga la Bolsa, ya han vendido todas sus acciones y no tienen ninguna que vender.
- Así es como pasa el dinero de los inversores nerviosos a los inversores tranquilos en todas las caídas de la Bolsa.
- Lo que marca la diferencia entre unos inversores y otros es la psicología.

Anunciarte el fin del mundo es un muy buen negocio

Carolina estaba pensando en invertir en Bolsa, pero entró en YouTube y vio un vídeo que anunciaba una gran crisis.
—No sé qué hacer —le dijo a su marido.

—Yo creo que antes de invertir tienes que informarte mucho sobre esa crisis. Esa gente que ves son expertos, así que es mejor hacerles caso.

—Buena idea, sí.

En las siguientes semanas Carolina encontró cada vez más vídeos anunciando una gran crisis inminente. Cada vez tenía más miedo y, lógicamente, no paraba de ver los mismos canales de YouTube una y otra vez. Cada día tenía más ansiedad y dormía peor, pero tenía que ver toda la información que pudiera para saber si vendría esa gran crisis o no.

Cuando jugaba con sus hijos no disfrutaba como antes porque estaba pensando en cuándo saldría el próximo vídeo de todos esos canales de YouTube que seguía, para ver qué novedades contarían sobre esa crisis, que parecía evidente que era segura.

Meses después, Carolina estaba mucho más cansada, más irritable y de peor humor. Y, aunque la gran crisis no llegaba, parecía que ya era algo inminente, así que estaba cada vez más hundida por toda esta situación y había perdido la alegría de vivir.

Poca gente lo sabe hoy en día, pero amargarle la vida a Carolina (y a ti) es, simplemente, un negocio. Ni más ni menos.

Nadie sabe cuándo vendrá la próxima gran crisis. Puede ser mañana, o dentro de veinte años. Nadie lo sabe.

Pero lo que sí saben algunas personas es cómo generar adicción a la información en su audiencia y ganar dinero con ello.

Suena mal, sí. Es porque hay pocas formas tan inmorales de ganar dinero como esta.

Pero está a la orden del día, y si no la conoces la vas a sufrir a diario y te van a amargar el resto de tu vida. Porque el negocio de esta gente, y la forma en la que ganan dinero, es amargarte el resto de tu vida... si tú te dejas, claro.

Porque si no te dejas, no podrán ganar dinero contigo y, lo más importante, no podrán amargarte la vida.

¿Cómo funciona esto de ganar dinero amargándoles la vida a los demás?

Es muy fácil saberlo si entiendes cómo funciona la mente humana con este tema.

Imagina que un periódico, un canal de YouTube, una cuenta de Twitter, etcétera, dijera todos los días:

«**Hoy han pasado algunas cosas, pero realmente ninguna es importante, así que puedes seguir haciendo tu vida sin preocuparte de todo esto**».

Esta es la realidad de casi todos los días del año, y eso es lo que deberían decir quienes informasen de verdad de lo que pasa en la realidad.

¿Pero cuál es el problema de actuar así?

Que no se gana dinero y, por tanto, no puedes ganarte la vida informando de este modo a la gente.

¿Por qué?

Muy fácil. Vuelve a leer la frase anterior y fíjate en lo que marco en negrita:

«Hoy han pasado algunas cosas, pero realmente ninguna es importante, así que puedes seguir haciendo tu vida sin preocuparte de todo esto».

¿Cuál sería el problema de decir esto?

Pues que, efectivamente, la gente se despreocuparía de ese tema, haría su vida y no volvería a consultar ese medio de comunicación, canal de YouTube o lo que sea hasta mucho tiempo después.

Y entonces ese medio de comunicación o canal de YouTube no ganaría dinero.

¿Cómo se gana dinero con un medio de comunicación, canal de YouTube, etcétera?

Se gana dinero si mucha gente vuelve continuamente a visitar ese medio de comunicación, canal de YouTube o lo que sea.

¿Y cuál es la mejor forma de que todas esas personas vuelvan y lo hagan lo antes posible?

La mejor forma de que vuelvan es asustarlos tanto que sientan la necesidad de volver, a ver si ese medio de comunicación o canal de YouTube les resuelve esa preocupación que no les deja vivir. Cuanto más angustiadas y preocupadas estén esas personas, mucho mejor.

Pero ese medio o canal nunca les resolverá esa preocupación porque, si lo hace, iríamos al punto inicial de «usted no se preocupe que realmente no ha pasado nada importante, así que haga su vida y no hace falta que vuelva por aquí».

Esto es generar adicción a la información, y consiste en amargarle la vida a la audiencia para que vivan siempre asustados y estén constantemente volviendo con la esperanza de encontrar una solución que jamás les darán porque, si se la dan, se acabaría el negocio.

Por eso es muy importante que tengas claro esto:

1. La gente que predice el «fin del mundo» no tiene ni la más mínima idea de si se va a producir o no. Lo que sabe esa gente es lo que te acabo de contar sobre la adicción a la información, y por eso han montado un negocio basado en la despreciable idea de que cuanto más amarguen la vida a su audiencia, más dinero ganarán ellos.
2. A lo mejor algún día se acaba el mundo de verdad, pero no será porque toda esa gente lo haya predicho y, en caso de que así sea, los primeros sorprendidos serán ellos mismos, pues pensarán: «Pero si yo solo estaba asustando a la gente para ganar dinero con su miedo. ¡Quién se iba a imaginar que esto fuera a pasar de verdad!».
3. En caso de que se acabe el mundo, dará igual lo que hayas hecho con tu dinero antes. Pero si el mundo no se acaba, que es lo que ha pasado hasta ahora, ganarás mucho más dinero comprando cuando casi todo el mundo quiera vender, como hemos visto antes. Y, para conseguir esto, lo mejor que puedes hacer es ignorar a todos los que anuncien el «fin del mundo».

Ideas principales

- Amargarte la vida es, simplemente, un negocio. No te dejes.
- Nadie sabe cuándo vendrá la próxima gran crisis.

¿Se necesita mucho tiempo para invertir así?

—Nacho, ¿has visto cómo ha subido esta empresa?
—No.
—¿Y la bajada de esa otra?
—Tampoco, la verdad.
—¿Y qué te parece cómo se está moviendo el IBEX últimamente?
—La verdad es que no sé cómo se está moviendo el IBEX últimamente...
—Pero, bueno... ¡no tienes ni idea! ¿No dices que tienes casi todos tus ahorros metidos en la Bolsa a largo plazo por dividendos? ¡¿Cómo puede ser que tengas casi todo tu dinero metido en algo de lo que no tienes ni idea?!
—Sí que tengo idea. Y mucha. Lo que no hago es perder el tiempo con cosas que no son importantes. Te explico: yo sé lo que es importante y no pierdo mi tiempo con cosas que realmente no importan para esta estrategia. Prefiero dedicar mi tiempo a nadar y a tomar un café con mis compañeros del club de natación. Para invertir en Bolsa a largo plazo solo hay que tener clara cuál es la estrategia, cómo elegir las empresas que comprar, cuándo comprar, cómo diversificar y ese tipo de cosas. Pero las noticias con las que periodistas e influencers alarman a la gente todos los días no sirven para nada. Todo eso no solo no te va a hacer invertir mejor, sino que te meterá miedo y te hará perder el tiempo e invertir peor. Así que no pierdo ni un segundo leyéndolas. Y te aseguro que me va bien así. Al final lo que hago es muy sencillo: cada vez que junto algo de dinero para comprar acciones veo como están las principales empresas para invertir a largo plazo, elijo las que están más baratas y compro. Eso es todo lo que hago. Y para hacer eso te aseguro que no me hace falta estar todo el día leyendo noticias aterradoras.

Una de las grandes ventajas de la inversión a largo plazo por dividendos es que, una vez que conoces la estrategia y las empresas en las que vas a invertir, te lleva muy poco tiempo. La inmensa mayoría de los días no pasa nada en la Bolsa que te resulte importante y útil, así que una vez que tienes clara la estrategia las noticias que salen a diario serán ruido para ti.

Lógicamente, de vez en cuanto verás noticias en los medios de comunicación y las redes sociales. Si tienes clara la estrategia, las sabrás interpretar rápidamente y verás que no cambian realmente tu forma de invertir porque no estás buscando los movimientos a corto plazo que hagan las cotizaciones, sino que estás invirtiendo a largo plazo, en la riqueza nueva que se crea constantemente, y viendo todo este proceso con tranquilidad y serenidad, alejado del ruido diario de los medios de comunicación y las redes sociales.

Ideas principales

- Una vez que conoces la estrategia y las empresas en las que vas a invertir, la inversión a largo plazo por dividendos te lleva muy poco tiempo.
- La inmensa mayoría de los días no pasa nada en la Bolsa que te resulte importante y útil.
- Estás invirtiendo a largo plazo, en la riqueza nueva que se crea constantemente, y viendo todo este proceso con tranquilidad y serenidad.

14

Vale, pero si necesito el dinero, ¿qué hago?

Como te he explicado, lo mejor es no vender nunca, y creo que esa es la mejor filosofía. Si te fijas, es lo que hacen las familias ricas de toda la vida, que van pasando sus inmuebles, sus acciones, sus empresas, sus obras de arte... de unas generaciones a otras. Precisamente por eso son ricas, porque no venden y transmiten su patrimonio de padres a hijos.

Pero la vida da muchas vueltas y se pueden producir muchos tipos de situaciones, así que aquí te voy a explicar qué haría yo si me encontrara en alguno de esos escenarios.

¿Universidad o acciones?

—Papá, puedo elegir entre varias carreras y varias universidades, pero la que realmente me gusta es cara... no sé si podrás pagarla... Pero, vamos, que, si no puedes, no pasa nada, hago otra carrera y ya está.

Javier no dudó su respuesta ni un momento:

—¡Por supuesto que te voy a pagar la carrera que quieres!

—Pero ¿no dices siempre que tú no vendes acciones porque tu estrategia es invertir a largo plazo y lo que haces es ahorrar todos los meses, comprar más acciones, reinvertir todos los dividendos que cobras y no vender nunca? ¿Y así vas a poder pagarme esta carrera tan cara?

—Algo se me ocurrirá.

Lo ideal es ahorrar todos los meses para invertir ese dinero y reinvertir también todos los dividendos que cobres. Debemos buscar ese ideal, pero en la vida pueden pasar cosas que nos separen de esa situación ideal, aunque sea de forma temporal.

En un caso así lo ideal sería que Javier ganase mucho dinero y eso le permitiera pagar la carrera de su hijo, y, además, seguir ahorrando todos los meses y reinvirtiendo todos los dividendos. Pero ese no es el caso de Javier, así que tiene que abandonar ese propósito, aunque sea solo por un tiempo.

En esta situación lo primero que yo haría sería destinar el ahorro mensual a pagar la carrera del hijo en lugar de comprar acciones, y seguir reinvirtiendo todos los dividendos en comprar más acciones.

Si eso no es suficiente, entonces destinaría a pagar la carrera del hijo el ahorro mensual, y también los dividendos, que dejarían de reinvertirse durante unos años.

Y si eso tampoco fuera suficiente, ¿habría que vender las acciones o una parte de ellas?

Creo que vender las acciones debe ser siempre el último recurso. Porque, si vendemos las acciones, nos quedamos sin patrimonio y, en el futuro (cuando el hijo termine la carrera, en este caso), tendremos que empezar de cero. Por eso, antes que vender las acciones creo es preferible pedir un crédito para pagar esa carrera y abonar las cuotas del crédito con el ahorro mensual y los dividendos.

En cuanto el hijo termine la carrera, lógicamente, tanto el ahorro mensual como los dividendos deben volver a invertirse en comprar más acciones.

¿Nos vamos a una casa mejor o mantenemos las acciones?

—Luis, ya estoy harta de esta casa.
—Y yo.
—Llevamos ya demasiados años aquí. Se nos ha quedado pequeño el piso y, además, estoy cansada de la ciudad, quiero ir a

> un chalet, que sea más grande y que esté en un sitio muy tranquilo.
> —Estoy de acuerdo.
> —Entonces tenemos que ver cuánto podemos pagar de hipoteca. Tenemos tu sueldo, el mío y las acciones que hemos ido comprando. ¿Vendemos todas las acciones, solo una parte o las utilizamos para que nos den más crédito?

Este caso es parecido al de la universidad que vimos antes, con la diferencia de que el importe es mayor y el plazo de tiempo también. Porque, lógicamente, estamos hablando del caso de que la nueva casa sea más cara que la actual, ya que, si costasen lo mismo, el escenario sería parecido al de la universidad porque lo que habría que pagar serían los impuestos de la compra y venta, notario, registro, etcétera, que, dependiendo de la vivienda, son similares al coste de una carrera universitaria como la que vimos en el ejemplo anterior.

La solución que yo aplicaría sería la misma, pero teniendo en cuenta el mayor plazo de tiempo de las hipotecas.

En este caso creo que hay que tener cuidado con no comprar una casa demasiado cara y pensar mucho en el futuro de la familia. No hay que cambiar de vivienda por capricho, a costa de dejar sin futuro a la familia.

Creo que un cambio de casa, cuando aún se está formando el patrimonio, debe estar muy justificado. Por ejemplo, porque ha crecido la familia y la casa actual se ha quedado claramente pequeña. En la mayoría de los casos este cambio supondrá un esfuerzo importante, y hay que minimizarlo.

Comprar una vivienda mayor en el mismo barrio queda descartado, pues en nuestro ejemplo la situación de la familia es similar a la que tenían cuando compraron la casa actual. Puede que hayan subido algo sus sueldos, pero en este caso no se habría producido un salto importante en los ingresos de la familia, de forma que se pueda comprar una casa más grande que la actual en el mismo barrio, con el mismo precio por metro cuadrado.

Así que el camino debe ser comprar la casa nueva en un sitio lo mejor situado posible, pero donde el precio por metro cuadrado sea inferior. Hay que tener en cuenta que si esa casa nueva requiere comprar un coche (porque en el nuevo barrio no haya buenas conexiones de transporte público), entonces no solo aumenta el coste del traslado, sino que aumentan los gastos permanentes (por los gastos de uso y mantenimiento del coche).

Lo que yo haría es lo mismo que en el caso anterior: dedicar al pago de la hipoteca primero el ahorro mensual, y si eso no es suficiente, entonces también los dividendos que se vayan cobrando. Pero habría que tener muy en cuenta la edad de los compradores y el plazo de la hipoteca. Por ejemplo, si esto se hace con treinta años y se pide una hipoteca por otros treinta, entonces esa familia no va a poder ahorrar prácticamente nada desde los treinta hasta los sesenta años, y eso les va a complicar muchísimo su futuro. Necesitan una casa mayor, vale, pero esa casa es demasiado cara y es un exceso comprarla.

En el caso de la universidad, el periodo de tiempo en el que no se ahorre será de unos cuatro a seis años. Pero en el del cambio de casa, creo que debería ser, como mucho, de unos ocho a diez años.

Si para cambiar de casa hace falta una hipoteca de entre veinte o treinta años, durante los cuales no se pueda ahorrar, entonces creo que hay que buscar otra vivienda de ese mismo tamaño, pero con un precio por metro cuadrado inferior.

Me he quedado en paro: ¿vendo parte de mis acciones para montar un negocio?

Creo que aquí la diferencia la marca si realmente sabes montar un negocio y lo tienes lo suficientemente claro (sabiendo que cualquier negocio es arriesgado) o montas el negocio por desesperación.

Una de las situaciones en las que más se agradece, con muchísima diferencia, tener una cartera de acciones que te paga dividendos es cuando te quedas en paro. Si conoces a cualquier persona que haya estado en esta situación, te confirmará sin dudarlo que es así. Me refiero al caso de gente que aún no tiene la Independencia Financiera, pero cuyos dividendos le permite sobrevivir, ajustando mucho sus gastos, hasta que encuentre otro trabajo.

Así que creo que eso no hay que arriesgarlo a la ligera, montando un negocio por desesperación o por no saber controlar los nervios.

Como regla general, hay que medir mucho los riesgos en este caso. Creo que es preferible vivir con menos dinero, pero con la seguridad que da cobrar los dividendos, que arriesgarse a perder los dividendos por intentar ganar más dinero. Porque si se monta el negocio vendiendo las acciones y el negocio va mal, entonces ya no hay vuelta atrás. Y salir de esa nueva situación puede ser muy muy complicado, sobre todo si la edad de la persona supera los cuarenta y cinco años, aproximadamente.

Sin embargo, si esa persona tiene claro que sabe lo suficiente como para montar ese negocio y que ese es el giro que debe darle a su vida en ese momento, me parece correcto que venda la parte de sus acciones que necesite, o incluso todas, pero teniendo claro la gran importancia que tendrá esa decisión en el resto de su vida.

La Independencia Financiera no es un camino lineal

Como te explico en este libro, lo ideal para conseguir la Independencia Financiera lo antes posible es ahorrar todos los meses una cantidad de dinero e invertirla en comprar acciones a largo plazo, así como reinvertir todos los dividendos que cobres. Y de este modo, con el paso del tiempo, ir aumentando el número de acciones y los dividendos hasta que puedas vivir de las rentas.

Hay mucha gente que puede hacer esto. Pero hay otras personas que no, por diferentes circunstancias, como hemos visto con los ejemplos anteriores de este apartado.

Hay gente que tiene altibajos en su vida, de forma que hay fases en las que no pueden invertir lo que habían planeado.

¿Cae por tierra todo el trabajo que habían hecho hasta ese momento?

No, de ninguna manera. No solo no cae por tierra todo el dinero que han ahorrado e invertido hasta ese momento, sino que precisamente es ese patrimonio el que les facilita mucho la vida en esas curvas que a veces tiene la vida.

¿Qué habrían hecho en los ejemplos anteriores nuestros protagonistas cuando les llegó el momento de pagar la carrera de su hijo, cambiar de casa o quedarse en paro, por ejemplo, si no hubieran tenido su cartera de acciones?

Algo habrían hecho, seguro. Pero es evidente que, gracias a los dividendos, pudieron afrontar todas esas situaciones muchísimo mejor que si nunca hubieran ahorrado nada y no tuvieran esa renta independiente de su trabajo que son los dividendos, que fueron una grandísima ayuda para afrontar esas situaciones, y muchas otras.

Obviamente, esto retrasa el momento de conseguir la Independencia Financiera, pero no solo no hay que rendirse, sino que hay que dar las gracias a que se empezó el camino hacia la Independencia Financiera años atrás y retomarla con más fuerza en cuanto las circunstancias lo permitan.

Además, hay que tener en cuenta que durante ese camino no solo han aumentado su dinero, sino también sus conocimientos sobre cómo invertir y gestionar dinero. Y esos conocimientos les servirán cuando pase la mala racha, para volver a invertir y ganar dinero.

Ahorra... pero ¡no demasiado!

> Andrés estaba mirando el Mediterráneo desde la terraza del apartamento en la playa que compró su abuelo y que él había heredado. A sus noventa años reflexionaba sobre su vida.
>
> Llevaba décadas ahorrando e invirtiendo en Bolsa a largo plazo. Había estado décadas creyendo que lo estaba haciendo bien porque, gracias a que apenas gastaba dinero y lo ahorraba e invertía casi todo, el número de acciones que tenía y sus dividendos no paraban de crecer.

> Así había logrado, a sus noventa años, tener muchas acciones y muchos dividendos. Muchos. Pero tenía noventa años... y, de repente, empezó a pensar:
> «¿Qué hago yo ahora con todas esas acciones y dividendos?
> »Ya no puedo ni viajar, ni conducir un coche y, menos aún, una moto o una bici. Tampoco estoy para ponerme a comprar una casa mejor, con el lío que es una mudanza y los papeles de la compraventa. Ni siquiera me apetece ya gastar el dinero en restaurantes buenos, y hasta la ropa me da igual.
> »¿Para qué he ahorrado tanto?».

El objetivo de este libro es explicarte que si ahorras e inviertes vas a vivir muchísimo mejor que si no lo haces. Pero el objetivo realmente es vivir mejor, no ahorrar e invertir.

Ahorrar e invertir es el medio para vivir mejor, pero no debe convertirse en el objetivo.

El ejemplo de Andrés que te he puesto puede parecer un poco extremo, pero no es infrecuente. A medida que tu patrimonio y tus rentas vayan aumentando, tienes que ir pensando en gastar más dinero para que tú vivas mejor y para que todo el mundo viva mejor. Porque si Andrés hubiera gastado más dinero a lo largo de su vida, él habría vivido mejor, y los demás también, ya que ese dinero que habría gastado en vivir mejor lo habrían cobrado los trabajadores y accionistas de todas las empresas, de todos los tamaños, que hubieran vendido a Andrés más viajes, ropa, coches, etcétera.

Así que, recuerda: ahorrar e invertir es el camino para que vivas mucho mejor y, por eso, lo debe hacer todo el mundo.

Pero el objetivo realmente es vivir mejor, no acumular la mayor cantidad de dinero posible hasta que llegue un día que te sobre dinero y no puedas ya disfrutarlo.

15

¿No hablar de dinero a los niños?

> —¿Has hecho ya esa inversión que me comentaste la semana pasada?
> —Sí.
> —¿Y qué tal? ¿Puedes contarme más detalles?
> —Sí, claro. Verás...
> —Calla, calla.
> —¿Qué pasa?
> —Que estoy oyendo pisadas. Vienen los niños.
> —¿Y cuál es el problema?
> —No pensarás hablar de dinero delante de los niños, ¿verdad? ¡No ves que aún son niños!

Nuestra sociedad ha cometido varios errores históricamente que nos han hecho ser hoy una sociedad mucho menos rica de lo que deberíamos ser.

Uno de ellos, como vimos antes, ha sido ahorrar pero no invertir esos ahorros, impidiendo que se hayan creado enormes cantidades de riqueza.

Otro de los grandísimos errores que ha cometido nuestra sociedad ha sido no querer hablar de dinero a los niños.

Este error es la consecuencia de otro error, que consiste en que mucha gente cree que el dinero es algo malo. Hay infinidad de equívocos psicológicos que llevan a esta conclusión fallida. El caso es que, de buena fe, pero cometiendo un grave error, se intenta alejar a los niños del dinero porque se cree que el dinero es algo malo.

¿Te imaginas que se intentara alejar a los niños de aprender idiomas, o de aprender a razonar, o de aprender a usar las cosas más básicas de la vida?

Esto no tendría ni el más mínimo sentido, ¿verdad?

Igualmente, no tiene ni el más mínimo sentido querer alejar a los niños del dinero, pues es una de las cosas más importantes, necesarias y buenas de la vida.

Buenas, sí. Hay gente que hace cosas malas para conseguir dinero, pero el dinero es un invento muy positivo que nos facilita muchísimo la vida.

La consecuencia de este gravísimo error, como es evidente, es que mucha gente llega a la edad adulta sin que nadie le haya hablado nunca de cómo gestionar bien su dinero. Y, así, es normal que muchas personas cometan los errores que hemos visto a lo largo del libro.

Hay que hablar a los niños de dinero desde que tienen uso de razón porque así se desarrollarán mucho mejor, serán más inteligentes y tendrán una vida mucho más plena.

¿Y es fácil aprender a invertir?

Sí, todo el mundo puede, y debe, aprender a invertir, como hemos explicado en estas páginas. De hecho, yo creo que algún día se aprenderá a invertir de niños, no de adultos como sucede ahora.

Que hoy día se esté aprendiendo a invertir de adultos, para mí es la consecuencia del gravísimo error de no haber enseñado a invertir a la población cuando eran niños.

Afortunadamente, este error ya se está corrigiendo y cada vez más padres empiezan a enseñar a sus hijos desde que tienen uso de razón qué es el dinero, cómo invertirlo, etcétera, y eso está creando una sociedad nueva, mucho mejor y mucho más rica.

Ideas principales

- Uno de los grandísimos errores que ha cometido nuestra sociedad ha sido no querer hablar de dinero a los niños.

- No tiene ni el más mínimo sentido querer alejar a los niños del dinero, pues es una de las cosas más importantes, necesarias y buenas de la vida.
- Hay que hablar a los niños de dinero desde que tienen uso de razón porque así se desarrollarán mucho mejor, serán más inteligentes y tendrán una vida mucho más plena.
- Algún día se aprenderá a invertir de niños, no de adultos como sucede ahora.

16

Por qué la Bolsa ha sido una buena inversión a largo plazo y lo seguirá siendo

> —¿Has pensado qué pasaría si algún día desaparece la Bolsa?
> —¿Qué quieres decir con que «desaparezca la Bolsa»?
> —Imagina que un día, de repente, hay una gran crisis y todas las empresas que están en Bolsa quiebran, y pasan a valer cero.
> —¿Tú crees que eso puede pasar?
> —No lo sé. Pero imagina que un día pasa. ¿Tú qué harías?
> —Supongo que seguiría con mi trabajo y viviendo de mi sueldo.
> —Pero ¿estás seguro de que si eso pasa tú seguirías teniendo un trabajo y cobrando un sueldo?

Es muy importante que entiendas que las grandes empresas que cotizan en Bolsa son la fuente original de la riqueza.

¿Qué quiere decir esto de la «fuente original de la riqueza»?

Para entender bien esto tenemos que hacer un repaso rápido de cómo ha evolucionado la sociedad.

Vamos a situarnos en el momento en que se crearon las primeras empresas, hace varios siglos.

Si en aquella sociedad hubieran quebrado de repente todas las empresas, el mundo habría seguido funcionando.

¿Por qué?

Porque había pocas empresas y no eran el núcleo de la economía. El núcleo de la economía seguía siendo el trabajo individual de la mayor parte de la población, en la agricultura, la ganadería, la artesanía y poco más.

Aquella era una economía mucho más básica que la actual. Esas primeras empresas eran un avance prometedor, pero inicialmente la economía no dependía de ellas. Si todas hubieran quebrado de repente, eso habría sido algo malo para el desarrollo futuro de la humanidad, pero la inmensa mayoría de las personas que existían en aquel entonces habrían seguido teniendo una vida muy parecida o prácticamente igual.

Lo que sucedió es que se vio que las empresas eran una forma muy eficiente de crear riqueza, y poco a poco se fueron creando más y más empresas. La economía se fue haciendo más compleja y las empresas pasaron a ser el núcleo de la economía.

Hoy en día, el mundo tal y como lo conocemos ya no puede funcionar sin las empresas porque, si desaparecieran todas, habría que volver a aquella economía de subsistencia, basada en la agricultura, la ganadería, algo de artesanía y prácticamente nada más.

El problema es que aquella economía daba para que viviera una cantidad de personas muy inferior a la que existe actualmente, de modo que ese tipo de economía no puede dar de comer a ocho mil millones de personas.

Lo que quiero transmitirte con todo esto es un mensaje optimista, que te dé confianza y tranquilidad, porque las empresas de calidad que cotizan en Bolsa son muy seguras. Mucho más de lo que cree la gente que aún no invierte en Bolsa.

No todo el mundo trabaja en las grandes empresas que cotizan en la Bolsa, pero si lo piensas bien te darás cuenta de que las grandes empresas que cotizan en la Bolsa son el núcleo de nuestra civilización, esa fuente original de la riqueza que te decía antes.

Existen muchas empresas medianas y pequeñas, sí, pero la mayoría de ellas son proveedores de las grandes. Si no existieran estas, tampoco existirían sus proveedores y los trabajadores de todos esos proveedores no cobrarían un sueldo. Sueldo con el que actualmente compran productos y servicios en pequeños negocios de barrio, que, por tanto, al final dependen también de que existan esas grandes empresas.

Las relaciones son infinitas, pero se trata de hacer una explicación rápida y ligera, que son las que mejor se entienden y se recuerdan.

Por eso, lo que quiero que te quede claro para que inviertas con tranquilidad es que las empresas que cotizan en Bolsa son el núcleo de nuestra civilización, la fuente original de la riqueza, y que si algún día esa fuente se «secase» (cosa que no creo que vaya a suceder), el menor de tus problemas serían tus inversiones, pues nuestra civilización habría cambiado por completo, ya que todas las pequeñas empresas, todos los sueldos de los trabajadores, etcétera, también se «secarían».

Así que, tranquilo, porque el sitio más seguro en el que puede estar tu dinero es en la Bolsa.

Ideas principales

- Las grandes empresas que cotizan en Bolsa son la fuente original de la riqueza y el núcleo de nuestra civilización.
- El mundo tal y como lo conocemos ya no puede funcionar sin las empresas.
- El sitio más seguro en el que puede estar tu dinero es en la Bolsa.

17

¿Son realistas las suposiciones que he hecho a lo largo del libro?

En todos los ejemplos que he utilizado en este libro he utilizado diferentes rentabilidades para la Bolsa (como el 8 %) y para la renta fija.

¿Son realistas estos ejemplos que he puesto?

Sí, y creo que la mejor forma de que lo veas es mostrarte un estudio hecho con datos reales, en concreto, el estudio que publicó BME (Bolsas y Mercados Españoles) sobre la inversión a largo plazo entre enero de 1980 y junio de 2010. Las principales conclusiones de este estudio son:

1. **Bolsa.** 100 euros de 1980 se convirtieron en 2.539 en 2010, teniendo en cuenta solamente la revalorización de las cotizaciones. Si además se tienen en cuenta los dividendos, entonces esos 100 euros se han convertido en 9.254 euros. Descontando la inflación, estos 9.254 euros equivalen a 1.862 euros. Esto supone una rentabilidad anual acumulativa del 16,05 % sin contemplar la inflación y del 10,09 % si se contempla la inflación. Teniendo en cuenta los dividendos, aun en los peores casos, siempre que se ha mantenido la inversión al menos seis años se ha ganado dinero sin contemplar la inflación. Contemplando la inflación, siempre que se ha mantenido la inversión al menos once años se ha ganado dinero, aun en los peores casos.

2. **Renta fija.** En ese mismo periodo de tiempo, 100 euros invertidos en deuda pública a diez años se habrían convertido en 2.576 euros, reinvirtiendo todos los intereses cobrados en títulos de deuda pública a diez años. Descontando la inflación se habrían convertido en 518 euros. Siempre que se ha mantenido la inversión más de tres años se ha ganado dinero, y en el 99,42 % de los casos que se ha mantenido más de dos años también se ha ganado dinero (en ambos escenarios sin tener en cuenta la inflación). No da el dato teniendo en cuenta la inflación, pero será similar, porque es un periodo de tiempo corto (entre dos y tres años).
3. **Depósitos a corto plazo.** En ese mismo periodo de tiempo, 100 euros invertidos en depósitos a corto plazo se habrían convertido en 1.264 euros, reinvirtiendo todos los intereses en depósitos a corto plazo. Descontando la inflación, se habrían convertido en 254 euros.

A partir de aquí te expongo mis conclusiones sobre estos datos:

1. Me parece fundamental ver la diferencia entre tener en cuenta los dividendos y no hacerlo: 9.254 (con dividendos) versus 2.539 (sin dividendos). La mayor parte de la rentabilidad a largo plazo la dan los dividendos.
2. La diferencia de rentabilidad a favor de la Bolsa respecto a la renta fija (recuerda el ejemplo de Iván) y los depósitos de los bancos (recuerda al abuelo de Joaquín) es enorme.
3. En el peor de los casos y comprando de golpe en el peor momento posible, al cabo de once años se ha ganado dinero en la Bolsa, teniendo en cuenta la inflación de esos once años.
4. En renta fija a largo plazo se ha ganado dinero siempre que se ha mantenido el dinero al menos dos años, sin tener en cuenta la inflación. Lo cual quiere decir que, estando menos de dos años, se ha perdido dinero en ciertos momentos.
5. En este estudio BME ha utilizado el índice general de la Bolsa de Madrid. Este índice incluye empresas buenas, malas (incluso las que han quebrado) y regulares. Si se hace una selec-

ción de empresas correcta, como hemos visto en el libro, los resultados serían mejores. Es posible argumentar que esto ya es algo subjetivo y que podría hacerse bien o mal, pero podrían añadirse dos filtros totalmente objetivos y automáticos que mejorarían los resultados del estudio:
   a) No invertir en empresas que tengan pérdidas.
   b) No invertir en empresas que no paguen dividendos.

Un filtro adicional, que podría considerarse no tan automático como los anteriores, sería concentrar la inversión en las empresas que mejores dividendos paguen (porque ya hemos visto que la mayor parte de la ganancia viene de los dividendos).

6. En junio de 2010 estábamos en medio de una de las crisis más grandes de la historia y, por tanto, es uno de los peores momentos para la Bolsa para hacer un estudio de este tipo. En un momento medio (no digamos ya bueno), los resultados serían mucho mejores.

7. La inflación en el pasado ha sido mucho más alta de lo que es esperable para el futuro, por lo siguiente:
   a) En los primeros años ochenta se vivió la segunda crisis del petróleo y la inflación en España estaba en el 10-15 % anual.
   b) La peseta (y las devaluaciones que sufrió) también fue un factor inflacionista. Hasta principios de los noventa, en España eran normales inflaciones anuales del 5-8 %.
   c) La crisis del petróleo afectó a todo el mundo, pero la inflación de los países desarrollados fue bastante más baja que la española en las décadas de los ochenta y noventa.
   d) Una vez que entramos en el euro, la inflación de España es similar a la del resto de países desarrollados. Hay diferencias, pero mucho menores. Desde 1996 la inflación en España ronda el 2 % de media, aproximadamente.

8. Esas altas inflaciones de aquellos años se reflejaron en los intereses de la deuda pública, que en muchos años superaban el 10 % y el 15 %, llegando a zonas del 20 % en algunos casos. Con una inflación similar a la de los países desarrollados, en el futuro es muy difícil que pueda llegar a repetirse algo así, lo

cual quiere decir que el día de mañana la renta fija probablemente dé una rentabilidad menor que la que dio en estos treinta años que cubre este estudio.

9. En este estudio de BME los dividendos pagados por las empresas se reinvierten en el índice. Es decir, con parte de esos dividendos se compran empresas malas y regulares (con pérdidas o que no pagan dividendos). Si solo compramos empresas de calidad, como hemos visto a lo largo del libro, los resultados serán mejores.

Como ves, los ejemplos que he usado a lo largo del libro son realistas.

18

Así que
¿qué es realmente la Independencia Financiera?

> —Hay algo que no veo claro de la Independencia Financiera.
> —¿Qué?
> —Veo claro que eso es lo que quiero conseguir, veo claro que haber empezado ya el camino me ha cambiado la vida y me ha dado una ilusión y un optimismo que no tenía, y veo claro que la voy a conseguir y cuando lo consiga mi vida será aún mucho mejor.
> —Entonces ¿cuál es el problema?
> —Lo que no veo claro es qué pasará cuando todo el mundo consiga tener la Independencia Financiera. ¿Cómo funcionará el mundo y cómo pagarán dividendos las empresas si nadie trabaja?

Esta es una pregunta que me han hecho muchas veces. Muchísimas.

Efectivamente, si nadie trabajase el mundo no podría funcionar, todas las empresas quebrarían y volveríamos a la casilla de salida, viviendo de la agricultura, la ganadería y poco más.

Lo que pasa es que yo creo que este es un escenario hipotético que nunca se va a dar.

¿Por qué?

Por muchas razones. Por ejemplo, porque ya hay mucha gente que tiene la Independencia Financiera y sigue trabajando. Son trabajos que les gustan, evidentemente. Y con unas condiciones laborales mucho mejores que los de la gente que no puede permitirse rechazar una oferta laboral porque no tienen una buena situación económica.

Te puedes «hacer rico» teniendo un sueldo. Por supuesto, no me refiero a tener miles de millones, sino a lo que coloquialmente se conoce como «ser rico», en el sentido de tener una buena casa, un buen coche y llegar a vivir de las rentas de tu patrimonio. Y debes hacerlo, por ti y por los demás. Porque cuanto más dinero tengas tú, más ricos serán también el resto de las personas y más fácil será para las siguientes generaciones crearse ellos un buen patrimonio que algún día les permita vivir de las rentas.

Si te fijas, verás que mucha gente ya tiene la Independencia Financiera, aunque no lo vaya anunciando a bombo y platillo.

Piensa también que «no hacer nada» el resto de tu vida es aburrido. Actualmente hay mucha gente con trabajos que no les gustan, y es lógico que estas personas crean que el estado ideal es «no hacer nada», pero no es así.

Vamos a hacer un repaso de gente que es evidente que podría vivir sin trabajar, pero ha decidido seguir trabajando, porque considera que así vive mejor. Lógicamente, el dinero ya no es una preocupación para ninguna de estas personas.

Creo que estaremos todos de acuerdo en que Florentino Pérez, Ana Botín o Juan Roig, podrían vivir sin hacer nada, pero prefieren trabajar.

«Los multimillonarios, son de otro planeta», puedes pensar.

Puede ser, pero piensa también en los altos directivos de todas las empresas cotizadas en Bolsa, y de muchas otras empresas que no cotizan en Bolsa. Estas personas no tienen miles de millones cada una de ellas, pero está claro que también podrían vivir sin hacer nada. Sin embargo, pueden elegir y eligen seguir trabajando porque consideran que así viven mejor.

Piensa también en los deportistas de alto nivel retirados que pasan a ser comentaristas, entrenadores, directivos, etcétera.

Vamos a bajar un escalón más.

¿Nunca has conocido a gente que tenía pequeños negocios con horarios extraños? Por ejemplo, que solo abrían de lunes a jueves y que en verano cerraban un par de meses. Aunque no los hayas conocido, los hay.

Si estas personas vivieran de su negocio, se lo tomarían de otra forma. Es gente que tiene la vida asegurada por las rentas que les da su patrimonio. No quieren estar atados a su negocio seis días a la semana y once meses y medio al año, pero tampoco quieren dejarlo del todo. Como pueden elegir, eligen la parte buena de tener un negocio, teniendo a la vez muchos días de vacaciones al año.

¿Ganarían más dinero si dedicasen más tiempo a su negocio?

Sí, seguro que sí. Pero vivirían peor, porque no necesitan tener más dinero, sino más tiempo libre, a la vez que mantienen una actividad que les gusta, les hace sentirse útiles y se les da bien.

Otras personas que ya viven de las rentas dedican su tiempo a alguna asociación, por ejemplo.

Otras personas son millonarias y les gusta montar empresas y venderlas, pues eso las estimula mucho más que vivir la vida «no haciendo nada».

Lo importante es que sepas que la Independencia Financiera no es algo que a lo mejor llega a existir en el futuro, sino algo que ha existido desde siempre. Lo que tienes que decidir es si te unes a la gente que la tiene o no.

Piensa que la Independencia Financiera cambia el concepto de trabajo que tiene la gente que vive al día y nunca ha invertido ni ha dedicado tiempo a construir su futuro.

Sí que es verdad que hay gente que consigue la Independencia Financiera y dedica su tiempo al ocio exclusivamente (y eso también está bien), pero otros no.

La Independencia Financiera, en realidad, no es algo único para todo el mundo, sino que consiste en vivir la vida que cada uno quiera vivir, cuando uno no tiene que preocuparse por el dinero. Así que la Independencia Financiera es una cosa distinta para cada persona que hay en el mundo, y por eso no es realista ese supuesto hipotético de que «nadie haga nada y todo el mundo acabe muriendo de aburrimiento o de hambre».

Esto ha sido siempre así, pero además ahora vamos a vivir la revolución que va a suponer la inteligencia artificial, que reducirá en gran parte la carga de trabajo que tiene la población actualmente en su conjunto.

Pero esta reducción de la carga de trabajo no será algo uniforme, sino que las personas que inviertan se verán cada vez más beneficiadas por este fenómeno, y las que no inviertan y pretendan vivir solo de su trabajo muy probablemente vivirán cada vez peor porque no solo no se aprovecharán del incremento de valor (y de las rentas) de las inversiones que todo esto va a suponer, sino que es muy posible que los trabajos que tengan sean cada vez más inestables y tendrán cada vez menos valor (y, por tanto, sueldos con menor poder adquisitivo).

En cualquier caso, como sociedad llegamos ya tarde a la Independencia Financiera porque, si se hubieran hecho bien las cosas en el pasado, la mayor parte de la población la tendría ya. Y es que alcanzar la Independencia Financiera hace ya tiempo que debería ser lo natural para todo el mundo.

Lo que sí puedes hacer tú, porque eso está en tu mano, es subirte al carro de la gente que busca tener la Independencia Financiera y conseguirla lo antes posible.

Ideas principales

- La Independencia Financiera consiste en no preocuparte de tu economía para que puedas vivir la vida que realmente quieres vivir.

19

Cómo vivir de las rentas: cómo disfrutar de tu Independencia Financiera

Cuando ya puedas vivir de las rentas tendrás una cartera de valores grande y bien diversificada. No dependerás de lo que le pase a ninguna de tus empresas, sino al conjunto de todas ellas (o sea, al conjunto de la economía mundial).

Además de eso tendrás una Reserva Permanente en Renta Fija que te cubrirá alrededor de cuatro años de gastos. Te puede ir bien teniendo solo uno o dos años, pero, por seguridad, prudencia y salud recomiendo que cubra alrededor de cuatro años. Se trata de vivir tranquilos el resto de nuestra vida, no de batir ningún récord ni de ganar hasta el último céntimo a costa de que el dinero controle nuestra existencia, en lugar de ser nosotros los que controlemos nuestro dinero.

Hasta ahora tu cartera y tus dividendos han crecido por tres factores:

1. El dinero nuevo invertido, procedente del ahorro mensual y de los dividendos cobrados y reinvertidos.
2. La subida de los beneficios de las empresas.
3. La venta de inmuebles, fondos de inversiones, otros productos financieros que tuvieras, objetos de todo tipo, etcétera.

El punto 3, la reorganización del patrimonio que tuvieras al empezar esta estrategia de inversión a largo plazo por dividendos suele estar completado bastante antes de la jubilación.

Al dejar de trabajar deja de producirse el punto 1, ya que ese dinero (los dividendos) es el que usas ahora para vivir. Y ya no tienes ahorro mensual porque has dejado de trabajar.

El que sigue funcionando es el punto 2 (el crecimiento de los beneficios y dividendos de las empresas) que, por sí solo, hará que tus rentas crezcan más que la inflación, con lo que tu poder adquisitivo (y el valor de tu cartera de acciones) seguirá aumentando después de que dejes de trabajar. Esto es una diferencia enorme sobre las pensiones públicas, que en el mejor de los casos lo que hacen es mantener el poder adquisitivo de la pensión inicial.

Es decir, a partir de que dejes de trabajar cada vez vivirás mejor, pues tendrás más dinero para gastar y, a la vez, serás cada vez más rico.

No debes vender acciones, porque eso te empobrecería. Este punto es fundamental. Por eso los que han invertido en fondos de inversión, ETF, indexados, etcétera, viven su jubilación con escasez, porque no saben ni cuándo ni cómo ni en qué proporción ir «comiéndose» su patrimonio. Para vivir bien tienes que vivir de las rentas. El que intente vivir de «comerse» sus fondos de inversión o sus ETF lo pasará mal y tendrá una vida angustiosa con la demolición de su patrimonio, como ha pasado desde que se inventaron los fondos de inversión y los ETF. Porque estos, junto con los indexados, etcétera, no se inventaron para la gente que mete su dinero en ellos, sino para los gestores de todos esos productos.

Además de la Reserva Permanente en Renta Fija, sería bueno que tengas algo de margen entre los dividendos que cobras y lo que tienes pensado gastar.

Por ejemplo, si tienes pensado gastar 50.000 euros al año y cobras de dividendos exactamente 50.000 euros (después de impuestos), vas un poco justo si al poco tiempo hubiera una crisis y los dividendos de tu cartera se redujeran algo de forma temporal. Esto lo puedes solucionar de dos formas:

1. Esperar para dejar de trabajar a tener unos dividendos de 55.000-60.000 euros.
2. Tener un plan B de gastos, para bajarlos a 40.000 euros, por ejemplo, si diera la casualidad de que dejas de trabajar justo antes de una crisis importante.

La opción uno es más segura y la dos te permite dejar de trabajar antes. Ambas son perfectamente válidas. Incluso puedes hacer una combinación de las dos. Debes elegir la que mejor se adapte a tu forma de ver la vida.

Recuerda siempre que la única persona que puede decirte cómo gastar tu dinero eres tú. Porque no haces «todo esto» para vivir como se supone que les gustaría vivir a otros, sino para vivir como tú quieres hacerlo.

Ideas principales

- No dependerás de lo que le pase a ninguna de tus empresas, sino al conjunto de todas ellas.
- La Reserva Permanente en Renta Fija debería cubrirte alrededor de cuatro años de gastos.
- No debes vender acciones.
- A partir de que dejes de trabajar, cada vez vivirás mejor porque tendrás más dinero para gastar y, a la vez, serás cada vez más rico.

Epílogo

Tu Independencia Financiera es inevitable

Como te dije al principio, lo más importante para conseguir tu Independencia Financiera es que creas que es posible conseguirla. Es más, que entiendas que la vas a conseguir con seguridad si empiezas ahora mismo a dar los pasos necesarios para ello.

No hay que tener mucha inteligencia, ni saber hacer cosas complicadas que solo unos pocos saben hacer, sino tener un poco de lógica y de sentido común. Y también paciencia, para ver cómo el paso del tiempo te va haciendo ganar cada vez más dinero, de una forma imparable.

Seguro que no conoces a nadie que intentara de verdad conseguir la Independencia Financiera y no lo lograra.

¿Por qué?

Porque haciendo unas pocas cosas sencillas, y teniendo paciencia, la Independencia Financiera no es que sea posible, sino que es inevitable. Por eso, todo el que lo intenta de verdad lo logra.

Hay otra cosa muy importante que, probablemente, tampoco te hayan contado nunca, y es que la Independencia Financiera no es solo una cuestión de dinero.

Parece que la Independencia Financiera consiste *solo* en ganar dinero, lo sé. Pero no es así.

¿Qué más ganas con tu Independencia Financiera?

Salud, tranquilidad, autoestima, alegría de vivir, tiempo libre, independencia y pensamiento crítico, libertad, una visión y una actitud completamente diferente de la vida y del mundo, mejor humor y muchas más cosas.

Desde que empecé a hablar en internet de estos temas, en 2007, mucha gente me ha escrito para decirme que, tras empezar a invertir como yo invierto y explico, han superado una depresión, por ejemplo.

Y es muy lógico que sea así porque, como hemos visto a lo largo de estas páginas, la diferencia entre querer huir de tu futuro (gastando todo el dinero que se ingresa, sin ahorrar ni invertir nada) y construir tu futuro (ahorrando e invirtiendo, y teniendo una relación sana y equilibrada con el dinero) es enorme. Tan grande que afecta claramente a tu salud, a tu estado de ánimo, a tu forma de ver el mundo y la vida, y a muchas cosas más.

Está muy de moda decir que «¡Hay que vivir la vida!», pero la cuestión es «Vale, ¿y cómo se hace eso?».

Afortunadamente eso se hace de muchas formas, así que cada uno debemos encontrar la nuestra. Aunque hay una cosa que debes tener muy clara, y es que tu forma de invertir determina tu forma de vivir.

Hace años que una parte de nuestra sociedad ha perdido la alegría y la tranquilidad, por varios motivos, y hay que recuperar ambas cosas. Para lograrlo, uno de los pilares más importantes es una buena y sana gestión del dinero.

Si inviertes con tranquilidad, seguridad e ilusión y esperanza por tener un futuro mucho mejor, esa tranquilidad, seguridad, ilusión y esperanza se trasladarán al resto de tu vida y cambiarán por completo el modo en el que ves el mundo a partir del momento en que empieces a invertir.

La decisión es tuya.

Sobre mí

Me llamo Gregorio Hernández Jiménez y soy inversor en Bolsa a largo plazo autodidacta y escritor y divulgador. Sigo la Bolsa desde que tengo uso de razón, gracias a que mi padre me enseñó, siendo yo muy pequeño, cómo funcionaba el mercado de valores y qué eran las acciones, los dividendos, etcétera. Desde el primer momento, fue algo que me gustó mucho, y nunca he dejado de seguir la Bolsa y de aprender cosas nuevas y, por supuesto, de invertir (con éxito) en ella mi dinero.

En 2007 creé la web InvertirenBolsa.info, que está dedicada a formar a la gente en la inversión en Bolsa a largo plazo por dividendos, la gestión del patrimonio, la educación financiera... En definitiva, la web se dedica a ayudar a los usuarios a conseguir su Independencia Financiera.

Desde 2011 he publicado más de quince libros, y desde 2013 (el año en que Amazon empezó a ofrecer su servicio de autopublicación) soy uno de los autores autopublicados más vendidos (de todas las categorías) en Amazon España. Te sugiero que leas los comentarios que miles de personas han escrito libremente en Amazon en las páginas de mis libros. Estos han sido traducidos a once idiomas (inglés, francés, alemán, italiano, portugués, polaco, neerlandés, sueco, danés, noruego y finés).

En 2024 creé el Club de la Independencia Financiera (<https://independenciafinanciera.club/>), en el que doy la mejor formación teórica y práctica de la que soy capaz con toda la experiencia que he acumulado a lo largo de mi vida, para que aprendas a invertir como yo lo hago y alcances tu Independencia Financiera más rápido y de la forma más segura posible.

En 2025 lanzo la aplicación Tu Independencia Financiera (<https://tuindependenciafinanciera.app/>). Es una herramienta para automatizar lo máximo posible mi forma de invertir para que conseguir tu Independencia Financiera lleve el menor tiempo posible, y te sea fácil gestionar tu dinero, diversificar tu patrimonio y tomar tus decisiones. Esta herramienta también es útil si tienes inmuebles, por ejemplo, y otro tipo de activos, porque te ayuda a gestionar tu patrimonio de forma integral.

Puedes seguirme en YouTube (<https://www.youtube.com/c/GregorioHernándezJiménez>), Instagram (<https://www.instagram.com/goyohj>), LinkedIn (<https://es.linkedin.com/in/gregorio-hernández-independencia-financiera-dividendos>), Facebook (<https://www.facebook.com/goyohj>) y Twitter / X (<https://x.com/goyohjBolsa>).

Creo que hay muchas formas válidas de invertir en Bolsa, pero, en mi opinión, la inmensa mayoría de la gente obtendrá los mejores resultados, tanto por rentabilidad como por seguridad, si lo hace a largo plazo en empresas sólidas, buscando la rentabilidad por dividendo. De forma que las rentas que obtenga cada persona de su patrimonio vayan aumentando hasta que, con el tiempo, pueda vivir de ellas, que es lo que se conoce como conseguir la Independencia Financiera. Por eso, a lo que me llevo dedicando desde hace décadas, con todo lo que has visto, es a enseñar al mayor número posible de personas a lograr su Independencia Financiera de la forma más sencilla, segura y práctica posible. Y también para ello es para lo que he escrito este libro que ahora tienes en tus manos.

Pienso que para que una persona sea libre e independiente debe saber cómo gestionar su dinero para alcanzar la Independencia Financiera en algún momento de su vida.

Si te gusta este libro, te agradecería mucho que dejaras un comentario donde lo hayas comprado para ayudar a que, gracias a él, otras personas puedan conseguir su Independencia Financiera.